中國學術思想

研究輯刊

二十編

林慶彰 主編

第 16 冊

朱熹禮學思想淵源研究

王云云 著

花木蘭文化出版社

國家圖書館出版品預行編目資料

朱熹禮學思想淵源研究／王云云 著 -- 初版 -- 新北市：花木蘭
文化出版社，2015〔民 104〕
目 2+236 面；19×26 公分
（中國學術思想研究輯刊 二十編；第 16 冊）
ISBN 978-986-404-005-6（精裝）
1.（宋）朱熹 2. 三禮 3. 學術思想 4. 研究考訂
030.8   103026876

ISBN-978-986-404-005-6

中國學術思想研究輯刊
二十編　第十六冊   ISBN：978-986-404-005-6

朱熹禮學思想淵源研究

作　　者　王云云
主　　編　林慶彰
總 編 輯　杜潔祥
副總編輯　楊嘉樂
編　　輯　許郁翎
出　　版　花木蘭文化出版社
社　　長　高小娟
聯絡地址　235 新北市中和區中安街七二號十三樓
　　　　　電話：02-2923-1455 ／傳眞：02-2923-1452
網　　址　http://www.huamulan.tw 信箱 hml 810518@gmail.com
印　　刷　普羅文化出版廣告事業
封面設計　劉開工作室
初　　版　2015 年 3 月
定　　價　二十編 21 冊（精裝）台幣 38,000 元

朱熹禮學思想淵源研究

王云云　著

作者簡介

王云云，女，1983 年 12 月出生，安徽無爲人。2005 年 9 月進入西北大學中國思想文化研究所專門史專業學習，先後師從張茂澤教授、張豈之教授以中國儒學思想史爲研究方向。2013 年 7 月開始在安徽醫科大學人文社會科學學院工作，主要從事思想政治教育與中國傳統文化研究，現主持和參與多項科研項目。在《孔子研究》、《西北大學學報》（哲社版）、《安徽大學學報》（哲社版）、《中國思想史研究》等刊物上已發表過一系列論文。

提　要

　　禮學思想是一種以對「禮」的本質及其價值的理性認識爲核心，並將禮儀制度的意義以及禮學經典的價值作爲重要組成部分的思想學說。朱熹禮學思想的形成既得益於儒家傳統禮學思想的歷史淵源影響，也受到宋代社會政治發展和理學興起對禮學構思的現實影響。本文以「朱熹禮學思想淵源研究」爲題，對朱熹最終形成禮、理合一的禮學新思想的歷史淵源和現實緣由進行專門梳理。

　　儒家禮學思想的產生和發展具有獨特路徑：中國古代文明發生中，祭祀禮儀促進了王權政治國家的形成。西周時期隨即通過包涵人文道德屬性的禮儀制度來規範君天子臣諸侯的社會政治秩序。但隨著禮制規範意義在社會發展中的失效，儒學思想家開始對「禮」進行學理探討。孔子、孟子和荀子一致將人情作爲禮的內在價值基礎，而把人性道德修養看成是對禮的體驗過程，同時他們也都主張禮並非一成不變，其時宜原則正是要立足實際的人倫規範。然而，孟子更看重「禮」作爲人的內在道德本性的內涵，而荀子則注重「禮」維持社會差異結構的價值和功能。進入漢代皇權統治社會以後，《儀禮》、《禮記》和《周禮》相繼被漢代最高統治者確立爲儒學經典，而漢代儒家學者也在經典與政治的互動下提出「三綱五常」作爲禮治實踐的核心價值體系，東漢末年的鄭玄撰著《三禮注》是希望通過禮制理想來解決現實社會失序的時代問題。

　　宋代社會發展中，通過科舉考試而進入國家政治權力系統的士大夫與最高統治者共治天下，他們隨後就將對儒家經典的研究明確旨向實際政治事務，禮經研究因而有著明確的治道取向。《周禮》治太平成爲宋代政治革新的指導思想，使《周禮》地位攀升。《儀禮》記載古禮儀式，較爲難讀，再加上遭受政治打擊，遂使其在宋代的發展較爲曲折坎坷，而《禮記》研究則在宋代發展順利。朱熹的禮學代表作是《家禮》和《儀禮經傳通解》，二者實際上都是《儀禮》研究的新成果。其中，《家禮》是應社會之需，爲士庶階層確立通用之「禮」，而宗法思想是其主要特徵。《儀禮經傳通解》的編撰，貫穿著朱熹以《儀禮》爲經、以《禮記》爲傳、以《周禮》爲綱的「三禮」觀，並在禮制構思上形成由家、鄉、學、邦國到王朝的系統禮儀制度。

　　宋代諸多儒學思想家對禮論的闡發，是朱熹形成禮、理合一新思想的直接理論來源。儒學復興時期，范仲淹、歐陽修、孫復、胡瑗、石介通過「說經」的方式闡明「禮」的治道價值。儒學義理過渡中，李覯、王安石重在「禮」與人性關係的探討。而理學家周敦頤、張載、二程融「禮」入「理」的禮論推進，對於朱熹尤具啓發意義。在朱熹的學術生涯中，禮學研究終其一生，這也是他禮學思想理論創新的基本動力。

朱熹從體用的層面全面提升儒家的禮學思想，將「天理」和「人事」作為「禮」內涵的雙重規定。「禮」和「理」之間具有一致性，但「天理」是「禮」的形上根據，而「禮」則是「天理」的形下表現。因而，天道自然運行的秩序法則落實在人倫社會中，就是人倫道德實踐的基本準則，實際上也就是「天理」內在於人心本性之中的仁、義、禮、智的「性理」發用是「實理」，它們正是調節人倫關係、維持社會秩序的根本所在。所以，外在人倫社會秩序的有效維持其實取決於個人內在的人性道德修養水平，因而，「敬」的涵養工夫與「知」的為學方法相結合，成為「下學人事，便是上達天理」這一禮學精髓的入手處。在禮、理合一的禮學新思想下，「祭祀」也可以從天地之理的層次上來進行認識。總而言之，朱熹禮學思想的形成具有維護宋代士大夫政治以及捍衛儒家思想學說的明確主旨，而他在一生中充分吸收前人的禮學成果，才建構出一套精緻而又務實的禮、理新思想，使其在中國禮學思想史上具有獨一無二的地位。

目次

前　言

　　18 世紀的法國啓蒙思想家孟德斯鳩在《論法的精神》中探討法律和民族精神以及風俗習慣時，曾指出「中國人的生活完全以禮爲指南」〔註1〕，並認爲中國的立法者「把宗教、法律、風俗、禮儀都混在一起。所有這些東西都是道德。所有這些東西都是品德。這四者的箴規，就是所謂禮教。中國統治者就是因爲嚴格遵守這種禮教而獲得了成功。」〔註2〕孟氏此論確實一語道破「禮」在中國古代社會的特殊地位：上至治國典章制度，下至日用民生習俗，處處可見「禮」的蹤跡。事實上，不僅是 18 世紀對中國文化感興趣的西方學者有這樣的直觀感受，直至今天，一些西方學者在探討中國思想文化的根源時，仍然堅持認爲「禮」的「神奇魅力」是孔子爲代表的儒家思想的新穎而有創造性的洞見〔註3〕，是「整個規範性社會秩序之黏合劑」。〔註4〕

　　如果說對於這些域外學者的學識和洞察，我們尚且有所保留，還心存一絲謹慎的話，那麼，近年來，一些中國學者圍繞「禮」所做的大量研究和積極探索，就足以較爲有力地支持和論證了「禮」確實代表著中國文化的總體特徵，並且也正是中國文化綿延不絕，從而區別於其它文化的根本所在〔註5〕；甚至

〔註 1〕 〔法〕孟德斯鳩：《論法的精神》（上冊），張雁深譯，北京：商務印書館，1961年版，第 316 頁。

〔註 2〕 〔法〕孟德斯鳩：《論法的精神》（上冊），張雁深譯，北京：商務印書館，1961年版，第 313 頁。

〔註 3〕 〔美〕赫伯特・芬格萊特：《孔子：即凡而聖》，彭國翔、張華譯，南京：江蘇人民出版社，2002 年版，第 1～16 頁。

〔註 4〕 〔美〕本傑明・史華茲：《古代中國的思想世界》，程剛譯，南京：江蘇人民出版社，2004 年版，第 68 頁。

〔註 5〕 鄒昌林：《中國古禮研究》，臺北：文津出版社，1992 年版，第 10～13 頁。

更進一步說，作爲文化核心的哲學思想在中國的突破和發生，也是以春秋戰國時期的禮學思潮爲標誌的，它是儒、道、墨三家爲代表的思想家對夏、商、周三代以來禮樂傳統加以反思和超越的結果。〔註6〕

　　因此，以「禮」作爲研究課題，對於深入理解中國思想文化的特質是十分有意義的。然而，首先需要注意的是，即便是在孟德斯鳩那裡，中國的道德教化雖以「禮教」爲總體特徵，但在實際上也囊括了宗教、法律、風俗、禮儀四個方面，這就至少從一個側面反映「禮」的內涵十分豐富。所以，以「禮學」爲研究課題，對其研究對象的明晰界定是首要工作。

一、研究對象與意義

　　簡單地說，以「禮」爲對象的學術研究可以稱之爲禮學；禮學是一種專門討論「禮」的學問。20 世紀初，中國新史學的代表梁啓超先生在評述清代學者的禮學成就時，曾提出「禮學的價值到底怎樣呢」這一問題。在他看來，傳統經學角度的那些瑣碎繁重的名物（包括宮室、衣服、飲食）、制度（包括井田、封建、學校、軍制、賦役）、禮節（包括冠、昏、喪、祭），似乎是不值得勞精敝神地去研究的；但是，若要以新史家的眼光去整理它們時，則這些又都是中國法制史、風俗史等等一些專史的第一期重要資料，從而具有非常高的史料價值。〔註7〕梁先生的看法顯然是由其倡導新史學研究的價值取向所決定的，我們當然不必因此而否定經學角度研究「禮」的意義。客觀地說，

〔註 6〕　孫以楷先生明確指出，當用思潮來揭示中國哲學思想發展的不同階段時，以「子學」來標誌先秦學術思潮其實只是抓住了現象，卻並沒有揭示出春秋戰國時期學術思潮的實質；先秦諸子之學是圍繞「禮」而展開，而且正是因爲對「禮」的本質、價值與功用有著不同的回答，才構成了不同的哲學思想和學術派別。參見孫先生爲陸建華《荀子禮學研究》一書所作〈序二〉。（合肥：安徽大學出版社，2004 年版，第 13～14 頁。）此外，余英時先生在綜合韋伯、雅斯貝爾斯和帕森斯等人關於「軸心時代」和「哲學的突破」的研究基礎上，也有類似的看法。他認爲，「軸心突破」在中國古代有其獨特的取徑，「儒、墨、道三家都是『突破』了三代禮樂傳統而興起的」，「正是由於政治、社會制度的普遍崩壞，特別是禮樂傳統的崩壞，才引致軸心突破在中國的出現」；然而，這種「突破」與此前的傳統並非呈現出斷裂關係，反而是一種因革損益的歷史連續性關係，是對禮樂實踐從哲學角度的重新闡釋。見氏著〈軸心突破和禮樂傳統〉，收入《現代儒學的回顧與展望》（北京：生活・讀書・新知三聯書店，2004 年版，第 392～413 頁。）。

〔註 7〕　梁啓超：《中國近三百年學術史》，北京：東方出版社，2004 年版，第 215 頁。

以名物制度爲主要內容的經學研究在禮學發展及其研究過程中原本就處於顯要位置。

　　但是，若眞要依據中國古代學術典籍的分類法來判定禮學的歸屬，那麼，禮學也就不僅僅包涵在經部（經學）、史部（史學）之中。因爲在子部、集部中也有「禮」，而且往往也正是在子部或集部裏，才保留著歷代學人對「禮是什麼」的集中理解，引出對「禮」的起源、「禮」的本質、「禮」的功能和作用等問題的理論思索。所以，當今有學者探討中國禮學史的研究框架和思路時，明確主張禮學可以分爲四類：（一）禮經學，其研究對象是禮經（主要是指《周禮》、《儀禮》、《禮記》三部禮書）以及其他儒家經典中記載的禮，屬於經學範疇；（二）禮儀學，包涵儀制的撰作和儀制的研究，側重點在「儀」，名物、制度、禮節的考訂都屬此類；（三）禮論，是對禮的本質、價值、功能和歷史作用等問題進行理論性的論證和闡發；（四）泛禮學，即泛化的禮學，因爲禮在中國古代是無所不包的社會生活的總規範，影響到制度、器物、行爲、觀念、心態等各個層面，幾乎成爲「中國文化」的同義語，所以滋生了泛禮學。因此，「中國禮學史，應以泛禮學爲鋪墊、作襯托，而集中於禮經學、禮儀學、禮論這三類禮學的研究。」〔註8〕這樣的劃分說明，對於推進禮學史的分類以及細化研究有著重要的指導意義。以當前學術界禮學研究的現有格局來說，這種分類研究不僅獲得了大多數學人的認可，而且也確實在這一框架和思路的影響下取得了一批令人矚目的豐碩成果。〔註9〕

〔註8〕 楊志剛：〈中國禮學史發凡〉，《復旦學報》（社會科學版），1995 年第 6 期。

〔註9〕 這裡，僅以部分禮學研究專著作爲討論範圍，暫不列舉單篇學術論文。若按照楊志剛先生對禮學研究的劃分，姑且也不論一些經學專著中所涉及的禮學部分，像楊天宇先生的《鄭玄三禮注研究》（北京：人民出版社，2008 年版）、林存陽先生的《清初三禮學》（北京：社會科學文獻出版社，2002 年版），實際上就是立足於學術史的角度，專門研究某個人或某一歷史時期對三部禮書經典的理解和認識，這屬於「禮經學」研究的思路；楊志剛先生本人的《中國禮儀制度研究》（上海：華東師範大學出版社，2001 年版）以及 2002 年由湖南教育出版社出齊的陳戌國先生的《中國禮制史》（分先秦卷、秦漢卷、魏晉南北朝卷、隋唐五代卷、宋遼金夏卷、元明清卷），則是對歷代禮制沿革以及禮典概況所作出的通史性專門梳理，當然其中也包括對禮的起源、歷史作用以及禮與文明演化、制度文化的關係等問題的探討，可以說是「禮儀學」研究思路的代表性成果；著重於從理論上論證和闡發禮的基本問題的專著，目前大多以個案研究呈現，並且尤以對禮學發展的重要人物荀子的研究爲焦點，陸建華的《荀子禮學研究》（合肥：安徽大學出版社，2004 年版）和高春花的《荀子禮學及其現代價值》（北京：人民出版社，2004 年版）等都可以看

　　一方面，禮學的分類研究不僅可行，而且也十分必要；但另一方面，無論是禮經學、禮儀學，還是禮論，實際上都無法作純粹的、單一的、畫地爲牢似的研究，而是你中有我、我中有你的相互關聯著的。禮經中大多記載著各種各樣的具體禮儀制度，並且有對禮的理論探討；禮儀的撰作與研究，往往既離不開禮學經典的文本依據，又不能忽視社會環境、時代因素等提出的新問題，更不能抹殺撰作者或研究者的主觀意願；禮論的不斷深入，則常常是一些學者在理解禮學經典、製作禮儀的過程中，借助思想學說資源，通過歷史經驗和現實感悟以發現問題、分析問題、解決問題的一系列認知和實踐活動，大多是對前人禮論的提煉和昇華。所以，禮學的分類研究是相對而言的。在禮經學、禮儀學、禮論研究的過程中，三者的眞正有機結合應當是推進禮學整體研究的必然要求。

　　思想史是一門高度綜合的學科，以「理論化的人類社會思想意識的發展史」作爲研究對象。張豈之先生認爲這種理論化的社會思想意識，可以從多方面得到反映：既有對人與自然關係的思考，也有對人自身的思考，更有對人與社會問題的探究。其中，對人與社會問題的探究，包括「種種社會現象及歷史變遷的原因；或者提出社會的矛盾以及解決的方法，例如，如何制禮作樂，如何富國強兵，如何抵禦外侮，如何舉賢任能，如何吸取外來文化等等。」這裡，「如何制禮作樂」屬於社會思想意識範圍內的政治思想。〔註10〕從思想史的研究對象來說，禮制研究在中國思想史上佔有一席之地。而另一方面，張豈之先生分析中國思想史的特點時，又特別指出，中國古代的思想家往往通過注解經書來闡述自己的思想，從而使中國思想史和經學史有著密切的關係，因而，中國思想史具有「重經學形式」的特點。〔註11〕這就充分表明禮經學研究中所包涵的思想內容也是中國思想史的組成部分。「禮論」研

作「禮論」研究的代表；至於「泛禮學」的代表性成果，當數鄔昌林先生的《中國古禮研究》（臺北：文津出版社，1992 年）、《中國禮文化》（北京：社會科學文獻出版社，2000 年版），以及楊華先生的《先秦禮樂文化》（武漢：湖北教育出版社，1997 年版）等，但實際上這種「泛禮學」的現有成果無論在篇章結構，還是在具體內容上都包涵著對禮經、禮制和禮論的一些認識探討。

〔註10〕張豈之：〈論思想史與哲學史的相互關係〉，《張豈之自選集》，北京：學習出版社，2009 年版，第 76～85 頁。

〔註11〕張豈之：〈原序〉，《中國思想史》，西安：西北大學出版社，1989 年版，2003 年重印，第 3 頁。

究，是對「禮」的集中理論論證和闡發，毋庸置疑地歸屬於思想史研究範圍
之內。中國思想史上，一大批思想家都對「禮」的起源、本質等問題有自己
的認識和理解，因而，在探討這些思想家的思想體繫時，往往也將「禮」作
爲其個人思想的要點之一。比如，研究孔子或荀子的思想時，他們二人關於
「禮」的言論就是構成各自思想體系的重要部分。某種意義上說，「禮論」也
就是關於「禮」的思想的研究。

　　由此可見，思想史角度的禮學研究——禮學思想研究，恰好是融會禮經
學、禮儀學、禮論研究，避免三者割裂的有效切入點。結合學者們對禮學研
究現狀的摸索，本文認爲：所謂「禮學思想」研究，就是以對「禮」的本質
及其價值的理性認識爲核心，並在此基礎上又將禮學結構中禮儀制度、禮學
經典所蘊含的思想觀念作爲重要組成部分的學術研究。也就是說，「禮學思
想」，既要包涵思想家對「禮」的理論思考，也要包括思想家對禮學經典的理
解認識，甚至還要涵蓋思想家制禮活動的價值追求，因此，從根本上說，其
實質就是思想家在思想學說與社會制度二者互動過程中的一種學術實踐活
動，它所要解決的核心問題是爲理想的社會秩序的有效運行和維護提供一套
合理依據、合法證明和操作模式。就此而言，「禮學思想」研究無疑可以拓展
禮學研究的新方向。〔註12〕

〔註12〕目前，明確以「禮學思想」爲題的專門研究，可以劉豐的《先秦禮學思想與
　　　　社會的整合》（北京：中國人民大學出版社，2003 年版）和王啓發的《禮學思
　　　　想體系探源》（鄭州：中州古籍出版社，2005 年版）爲代表。儘管二人都以「禮
　　　　學思想」爲題，但在研究框架和思路的確定上，尚有一定的區別。大致說來，
　　　　劉著其實是以「禮論」爲輻射範圍的「禮學思想」研究，因而，以「禮學思
　　　　想的興起」、「禮學思想的哲學基礎」、「禮對人的控制」、「禮的社會控制——
　　　　權力關係」、「禮與社會秩序的整合」、「禮的社會價值——等級和諧」作爲具
　　　　體內容。而王著則在綜合考察「禮的起源及其宗教性」、「禮的內在化及其道
　　　　德意義」、「禮的外在化及其法的規範」性的基礎上，分析了先秦諸子對禮與
　　　　法的不同認識，又以《禮記・月令》說明古代自然法思想、《禮記・王制》說
　　　　明古代國家法思想，並思考《周禮》與古代理想政治的關係，最後以鄭玄《三
　　　　禮注》爲焦點，論述其思想史意義。可以看出，王著的最大特色就是將「禮
　　　　論」、「禮經」以及禮儀制度融合在「禮學思想體系」下做了有益嘗試。事實
　　　　上，彭林先生的《《周禮》主體思想與成書年代研究》（增訂版）（北京：中國
　　　　人民大學出版社，2009 年版）是較早從思想史角度著手，以一部禮經爲研究
　　　　對象的嘗試。另外，臺灣學者張壽安的《以禮代理——凌廷堪與清中葉儒學
　　　　思想之轉變》（石家莊：河北教育出版社，2001 年版）和《十八世紀禮學考證
　　　　的思想活力——禮教論爭與禮秩重省》（北京：北京大學出版社，2005 年版）
　　　　的出版，在學界引起了巨大反響，也屬於思想史角度的禮學研究。

　　值得一提的是，蔡尚思先生早在 1989 年完成《中國禮教思想史》時，曾自序其書「是一種思想專史」〔註 13〕。蔡先生認爲「禮教，即以禮爲教。古代也叫做名教，即以名分爲教。它起了與宗教同樣的作用，而不同於宗教的形式。它主要是倫理學或道德哲學，而不同於純哲學。它把倫理、政治二者密切結合在一起，而不是將倫理與政治分開。」〔註 14〕在蔡先生看來，中國禮教經歷先秦儒家以禮教代宗教、漢代禮教的天神化和宋元明清禮教的天理化，最終形成宗教；研究中國禮教思想史對於破除封建傳統的思想意識具有一定意義。因此，蔡著對「禮教」多持激烈的批評態度，涉及的內容也多以君權、父權、夫權、男權、女權等等爲重點。其實，這種研究取向是新文化運動以來禮教批判的延續，但「以禮爲教」與「名教」、「以名分爲教」之間並不能完全劃等號。

　　首先，「禮」並不等於「名分」，「名分」僅是「禮」的外在表現形式之一，它不足以揭示「禮」的全部內涵。在中國思想史上，孔子因爲對西周禮樂文明的嚮往，極力批評社會上各種僭越君臣禮制規範的現象，提出「爲政」的首要任務在於「正名」，要求君、臣、父、子應該明確各自「名分」的職責，「正名」因此與禮儀制度緊密相關。「名教」一詞首現於《管子》：「昔者周人有天下，諸侯賓服，名教通於天下」，「名」是「聲譽」〔註 15〕的意思，而「名教」則是指名聲和教化。漢儒董仲舒的「深察名號」思想，是在繼承三代禮治傳統以及諸子百家的名實理論基礎上提出的一種治國思路。〔註 16〕「名教」受到特別關注是在魏晉時期，它與「自然」的論辯一度成爲玄學思潮的主題，但玄學視野中的「名教」大多代指「儒家」，其意涵則指用來維護宗法等級制的道德規範和政治原則，「禮」僅是其中之一。〔註 17〕

<hr>

〔註 13〕蔡尚思：《中國禮教思想史·自序》，上海：上海古籍出版社，2006 年版，第 2 頁。

〔註 14〕蔡尚思：《中國禮教思想史·緒論》，上海：上海古籍出版社，2006 年版，第 1 頁。

〔註 15〕黎翔鳳撰：《管子校注·山至數第七十六》（下）卷 22，梁運華整理，北京：中華書局，2004 年版，第 1327 頁。

〔註 16〕王四達：〈「深察名號」與漢儒對禮制秩序的價值探索——以《春秋繁露》和《白虎通義》爲中心的考察〉，《學術研究》，2011 年第 3 期。

〔註 17〕郝虹：〈試論漢末名家思想的興起與魏晉「名教」一詞的出現——兼談與湯用形先生名教觀點之異同〉，《中國哲學史》，2006 年第 4 期；高晨陽：〈自然與名教關係的重建：玄學的主題及其路徑〉，《哲學研究》，1994 年第 8 期。

　　其次，「教」也不能僅僅理解爲具有「宗教」作用的一種特定精神文化現象，而應從更廣義的角度來理解。《中庸》說：「天命之謂性，率性之謂道，修道之謂教」，是將「教」認定爲依據「天」所給予的人的本性，實現人之所以爲人的動態活動。也就是說，「教」可以認定爲是展現人文化育的一種動態實踐過程。

　　因此，筆者以爲「禮教」、「以禮爲教」是一種以哲理化的道德學說爲其核心靈魂，並以程序化的禮儀規則爲其表現形式的道德文化形態，它以積極引導和消極約束相結合的方式來展現人性、實現人的價值，從而有效地促進人與人之間的相處，達到維持現有社會秩序的意義。不可否認，「禮教」是一個具有歷史內涵的概念。在中國古代社會發展中，「禮教」確實有被扭曲、僵化的階段，也存在著蔡著中極力批判、大加撻伐的極端問題，然而，絕不能僅從這一個方面來認識，「禮教」問題仍需具體辨析。前文所引孟德斯鳩將「禮教」界定爲宗教、法律、風俗、禮儀相混融的道德箴規，是從內涵和外延的角度揭示了「禮教」的一般意義，反而爲分析「禮教」的特定歷史內涵留下了空間。因而，蔡先生的「禮教思想史」雖是涉及「禮」的一種思想史研究，但卻與「禮學思想」研究的實質內容有一定區別，比如禮經研習就無法涵蓋到蔡先生的禮教思想史中進行說明。

　　朱熹是我國古代傑出的思想家之一，既是宋代理學的集大成者，也是儒家思想文化的集大成者。「禮」在儒學思想發展中一直居於重要地位，從禮樂文明的形成到儒家學派的創立，「禮」始終是思想家探討的核心話題之一。朱熹雖然是理學家，但卻非常重視「禮」的政治意義和社會教化功能，其禮學表現出強烈的「踐履」特點。「在中國禮學史上，朱熹是繼孔子、荀子、鄭玄之後，又一位極其重要的人物。」〔註18〕朱熹在擔任地方官員以及在朝任職期間，都異常重視禮儀問題，曾就某些禮儀踐行中存在的一些具體問題積極勇敢地發表自己的見解。中年時期編著《家禮》，是朱熹面對社會歷史條件的轉變，以家庭關係問題爲焦點的制禮活動的一次積極嘗試；晚年時期，朱熹又召集門人弟子，傾注全力編修《儀禮經傳通解》，是他創新禮論、踐行禮儀、理解禮經的最後總結，禮學研究因此成爲朱熹學術生涯的終結點。朱熹爲後人留下了豐富的禮學著作，其晚年的禮經學研究，是希望對傳統的「三禮」經典《儀禮》、《禮記》、《周禮》做出符合時代發展需要的整合研究，從而彰

〔註18〕楊志剛：〈中國禮學史發凡〉，《復旦學報》（社會科學版），1995 年第 6 期。

顯「禮」的社會規範價值——爲儒家思想中的「修身、齊家、治國、平天下」的禮治社會理想提供一套切實可行的操作模式。無論是朱熹踐行禮儀的經驗活動，抑或是其將禮經學研究作爲其個人思想發展的最終歸宿，都值得後人多加重視，學界因此而取得的諸多研究成果也說明禮學確實是朱熹思想學說發展的重要內容之一。

其實，在朱熹的思想學說體系中，對「禮」的哲學思考，是既得益於早期儒家禮學思想構成的歷史淵源影響，又在很大程度上與宋代的政治發展以及理學興起的社會現實融合在一起，這才使其體用合一的「禮」、「理」關係新論成爲中國古代禮學發展史上的重要里程碑。然而，朱熹禮學思想形成的這種淵源研究卻並沒有引起學人的應有重視，至今還未出現這方面的專門研究成果。簡要地說，朱熹禮學思想的淵源包容了禮學結構的全部意蘊。如果說中國古代禮樂文明所奠定的禮治社會理想追求，先秦儒家孔子、孟子、荀子對「禮」所進行的學理反思，以及皇權統治社會中禮經研究的治道取向，尚且是一般意義上的禮學思想的歷史淵源，那麼，當這種禮學思想構成的各要素在宋代士大夫政治以及儒學復興的實際情形中得到再現，並贏得宋儒的一致認同和進一步發展，那就已經確定無疑地成爲朱熹以理學重新詮釋禮儀文明傳統的現實因緣。所以，以朱熹禮學思想淵源爲題進行研究，不僅可以用個案研究的形式彰顯出儒家禮學思想的豐富內涵，還可以更加具體地展現朱熹在思想文化史上繼往開來的意義；系統全面地研究朱熹禮學思想的淵源，揭示「禮」、「理」合一的禮論新貌，也可以擴大朱子學研究的視野，突破傳統的以理、氣、心、性爲核心範疇的研究，從而更加明確地指向朱熹思想學說所要關注的現實問題，凸顯儒家禮學思想的社會價值。

朱熹是在禮學思想發展史上對於思想學說與社會制度二者之間的互動有著敏銳洞察力的典型代表，值得我們加以總結和反思。

二、研究現狀與創新

學術界對朱熹禮學的研究乃至一定意義上的朱熹禮學思想研究，雖然也有所涉獵，但誠如上文所指明的禮學研究現狀一樣，目前仍然處於單一的研究階段，大多止步於朱熹的禮經學研究和《家禮》研究，僅有爲數不多的論文探討朱熹的禮論或禮學思想，因此，現有的研究成果還不能全面反映儒家禮學思想的綜合構成，更不用說對朱熹禮學思想從其發展淵源的角度進行必要的探討。

　　首先，對於朱熹禮經學的總體研究，大多圍於「經學」框架內進行描述和評價，缺乏對朱熹禮經學研究特點形成的歷史追究。也就是說，朱熹最後整合「三禮」而編撰《儀禮經傳通解》，其中所反映的以《儀禮》爲本、以《禮記》爲末、以《周禮》爲綱領的「三禮」觀，究竟有何依據以及用意何在？這個問題還沒有得到令人信服的解答。

　　周予同在《朱熹》中將「禮經學」作爲「朱熹之經學」的主要內容進行了簡短地論述，認爲朱子治禮不拘於禮經，而欲依據古禮、斟酌人情，進而自創當時可行之禮儀，因此，「以經學言，朱熹多因襲之論；而以禮制言，則朱熹亦自有其創見也。」〔註19〕錢穆的《朱子新學案》也探討了「朱子之禮學」，指出朱子在經學中，「於禮特所重視」，由此詳述了朱子生平議禮、考禮的概況以及晚年編修禮書的經過，錢先生希望藉此說明朱子治禮和重禮的精義所在。〔註20〕束景南的《朱子大傳》也涉及朱熹的禮經學研究。束先生認爲在前《四書集注》的經學體系中，朱熹在《禮》學上沒有形成自己的《禮》學思想體系，僅以一種實際態度研究禮，因而以整頓推行《家禮》來挽救衰敗的世風，寫成《祭儀》、《家禮》和《古今家祭禮》；〔註21〕而在《四書集注》經學體系下，朱熹生平的第一次學問總結裏，其五經學思想總體上是對舊經學體系的告別和終結，《家禮》失竊使朱熹中斷了對家禮的研究，但卻使其與張栻一起對冠、昏、喪、祭禮儀作了總結，形成《四家禮範》；〔註22〕在第二次學問總結裏，朱熹的《禮》學是其「離經叛道的新經學體系」的三條主線之一，他批判崇《周禮》貶《儀禮》的王氏新學，在《禮書》的原始稿本中初步確立以《儀禮》爲經、以《禮記》爲傳的思想體系；〔註23〕在最後一次學問總結裏，朱熹儼然是一位經學大師，與其經學弟子們建立了五經學，並將經學著述重心轉到了《禮》學和《尙書》學上，其《禮》學一方面是以《儀禮》爲經，建立一個融會三《禮》的統一體系，另一方面則是從政治上以《周禮》爲綱，建立一個社會政治制度的理想體系，最終使《禮》學涵容在理學體系中，而《儀禮經傳通解》堪稱禮書大全。〔註24〕蔡方鹿的

〔註19〕周予同：《朱熹》，朱維錚編，《周予同經學史論著選集》（增訂本），上海：上海人民出版社，1996 年版，第 161～163 頁。

〔註20〕錢穆：《朱子新學案》（中），成都：巴蜀書社，1986 年版，第 1309～1354 頁。

〔註21〕束景南：《朱子大傳》（上），北京：商務印書館，2003 年版，第 325～329 頁。

〔註22〕束景南：《朱子大傳》（上），北京：商務印書館，2003 年版，第 417～418 頁。

〔註23〕束景南：《朱子大傳》（下），北京：商務印書館，2003 年版，第 790～808 頁。

〔註24〕束景南：《朱子大傳》（下），北京：商務印書館，2003 年版，第 1074～1080 頁。

《朱熹經學與中國經學》是一部全面探討朱熹經學成就的著作，書中有專章討論「朱熹的《禮》學」。蔡先生系統地探討了朱熹禮經學研究的主要內容及其研究特色，還歸納了朱熹《禮》學的指導思想，但他認為朱熹對三禮輕重地位的說明與其理學思想之間有出入。〔註25〕

姜廣輝主編的《中國經學思想史》是一部系統完整的著眼於「經學的價值思想」的力作，〔註26〕在涉及朱熹的《禮》學思想中，認為朱熹在宋代禮學發展歷程中，有著承上啓下、集成綜合的地位。論者從朱熹對三《禮》文本以及漢唐禮學著述的議論和評價入手，並以古今、天理和人欲、陰陽五行、體用等思想觀念來闡述朱子禮學思想的理論框架，認為《儀禮經傳通解》是一部禮儀大典，其編纂目的在於整齊世間風俗、重建理想的禮儀化社會生活，而《家禮》則是為當時的士庶家庭的禮儀生活提供一個禮儀範本，因此對後世宗法家族社會有深遠影響。〔註27〕殷慧的〈朱熹禮學思想研究〉〔註28〕是一篇試圖將思想與社會、政治結合起來綜合考察朱熹禮學思想及其形成的博士學位論文。作者在詳細參閱海內外研究成果的基礎上，有感於前人在研究範圍和研究視角等方面的不足，立意對朱熹禮學思想發展的歷程作動態的和整體性的論述。論文主體內容包括朱熹禮學思想產生的時代環境與禮學傾向、朱熹的《周禮》學思想、朱熹的《儀禮》學思想、朱熹的《禮記》學思想、朱熹的祭祀思想與實踐、朱熹禮學思想的特點等。可見，作者採取了一種較為簡便有效的研究方式——以三部禮學經典為中心來論述朱熹的禮經學研究以及禮學實踐中所包涵的一些思想內容。

另外，也有對朱熹《禮》學作出某一方面研究的單篇論文。白壽彝早年所作〈《儀禮經傳通解》考證〉對於認識朱熹晚年編修《儀禮經傳通解》的過

〔註25〕 蔡方鹿：《朱熹經學與中國經學》，北京：人民出版社，2004 年版，第 414～462 頁。

〔註26〕 姜廣輝主編：《中國經學思想史》（第一卷），北京：中國社會科學出版社，2003 年版，第 1 頁。

〔註27〕 姜廣輝主編：《中國經學思想史》（第三卷），北京：中國社會科學出版社，2010 年版，第 816～863 頁。

〔註28〕 殷慧：〈朱熹禮學思想研究〉（博士學位論文），長沙：湖南大學，2009 年 11 月。殷文部分章節的內容亦可見《湖南大學學報》（社會科學版）2008 年第 1 期、2009 年第 4 期、2010 年第 3 期、2011 年第 1 期、2012 年第 1 期以及《中國哲學史》2011 年第 4 期。

程具有一定意義。〔註 29〕彭林的〈論朱熹的禮學觀〉指出朱熹以理學明世，因而掩蓋了其禮學成就，認爲朱熹晚年撰修《儀禮經傳通解》是應時之需，秉承了「禮，時爲大」的核心精神，朱熹在禮學方面的貢獻轉變了一代風氣。〔註 30〕戴君仁的〈書朱子儀禮經傳通解後〉指明朱熹的《儀禮經傳通解》不僅是詳徵禮儀，更是深通禮意，將禮樂刑政、學校軍旅都包括在禮中，構成其整個大學系統。〔註 31〕王貽梁的〈《儀禮經傳通解》朱熹的禮學思想體系〉提出《通解》是朱熹的絕唱之作，但因其是一部禮制文獻資料彙編，故而後人對其價值與地位認識不足，認爲《通解》的眞正價值在於整體禮學思想體系，即在內容編排上，朱熹注重禮的實用，按家、鄉、學、邦國、王朝、喪、祭順序整理禮學，這是朱熹道德人本主義理學文化精神的反映，是其將儒學內以修身的道德自律與對外行事的禮制規範相結合統一的結晶；而在三《禮》關係上，朱熹擡高《儀禮》而貶低《禮記》，並非與王安石唱反調，而是重視實際施用、輕學究式的義理探討，《儀禮》爲經、《禮記》爲傳、《周禮》爲綱的觀點，是朱熹在當時政治背景下的獨特見解。〔註 32〕孫顯軍的〈朱熹的《大戴禮記》研究〉認爲朱熹對《大戴禮記》的認識基於學術自覺而有所保留，這體現在《儀禮經傳通解》對《大戴禮記》的吸收，還指出朱熹的《大戴禮記》研究也存在一些問題。〔註 33〕

　　禮經學角度的朱熹禮學抑或禮學思想研究，之所以能出現如此豐富多彩的研究成果，就在於朱熹是繼鄭玄以後又一位全面關注「三禮」經典的儒家禮學大師，但與鄭玄以《周禮》爲核心的「三禮」觀不同的是，朱熹以《儀禮》爲本、以《禮記》爲末、以《周禮》爲綱領。其實，朱熹的看法不僅符合「三禮」經典形成和發展的歷史事實，而且也與其體用合一的禮論新思有

〔註 29〕白壽彝：〈《儀禮經傳通解》考證〉，《白壽彝史學論集》（下），北京：北京師範大學出版社，1994 年版，第 1037～1068 頁。

〔註 30〕彭林：〈論朱熹的禮學觀〉，蔣秋華、馮曉庭主編，《宋代經學國際研討會論文集》，臺北：中央研究院中國文哲研究所，2006 年版，第 353～369 頁。

〔註 31〕戴君仁：〈書朱子儀禮經傳通解後〉，李日剛等，《三禮研究論集》，臺北：黎明文化事業公司出版，1981 年版，第 301～308 頁。

〔註 32〕王貽梁：〈《儀禮經傳通解》與朱熹的禮學思想體系〉，朱傑人主編，《邁入 21世紀的朱子學：紀念朱熹誕辰 870 週年、逝世 800 週年論文集》，上海：華東師範大學出版社，2001 年版，第 288～297 頁。

〔註 33〕孫顯軍：〈朱熹的《大戴禮記》研究〉，《蘇州大學學報》（哲社版），2009 年第1 期。

著內在一致性。從朱熹禮論新思的內在邏輯要求來說，《儀禮》爲本、《禮記》爲末，就是要通過具體事物的禮節儀式來彰顯抽象的天理；而從現實社會的合理有序來說，三禮經典的各司其職，也爲「修身、齊家、治國、平天下」的禮治理想提供了現實可行性，《儀禮經傳通解》由家禮、鄉禮、學禮、邦國禮等組成，反映的正是一套構思完整的社會制度；所以，從禮經與禮制的內在聯繫來說，朱熹在思想學說與社會制度之間的這一貫通，也是充分表明其儒者身份以及「明體達用」思維的根本所在。現實社會事物的合理存在是追尋具有終極意義的、普遍意義的價值理念的旨歸，而理想世界抽象超越的價值理念則是通過各種具體的、現實存在的事物才得以表現。可見，朱熹在「三禮」中再次肯定《儀禮》的本經地位，確實淵源有自。

其次，關於朱熹《家禮》的研究，一直是朱熹禮學研究的重點，不論是在文本考證，還是在意義解讀上，《家禮》都受到眾多學者的高度關注。事實上，《家禮》作爲家庭倫理關係的文本創新，所包涵的禮儀內容並非朱熹原創。《家禮》中，「通禮」由祠堂、深衣制度和司馬氏居家雜儀構成，雖位居全篇之首，但其內容都來源於司馬光的《書儀》；冠禮、婚禮、喪禮、祭禮緊隨「通禮」之後，基本上也都是依據《儀禮》中的禮節儀式，再適當地援引宋代社會習俗，從而以簡潔的禮儀形式來促進時人對日常禮儀的接受。《家禮》的最大特色在於強調祠堂和宗法內涵，這是士大夫政治成熟下家族組織興建的社會現象引起的。綜觀《家禮》研究的繁盛情形，卻沒有這方面內容的梳理，不能不說是一個缺憾。

朱熹早年所作《家禮》，由於文字記載和流傳上存在一些問題，致使後人懷疑其是否爲朱熹親作。清人王懋竑著《家禮考》，斷然否定朱子作《家禮》〔註34〕，以致四庫館臣採錄《家禮》亦以此爲見。錢穆〔註35〕、陳來〔註36〕、束景南〔註37〕等人針對王氏的論斷，通過細緻考證、文本分析，肯定《家禮》並非僞作，而是朱熹所作，具有重要意義。另外，《家禮》所蘊含的思想意義

〔註34〕〔清〕王懋竑：《朱熹年譜·朱子年譜考異》卷1，何忠禮點校，北京：中華書局，1998年版，第312～319頁。

〔註35〕錢穆：《朱子新學案》（中），成都：巴蜀書社，1986年，第1348～1349頁。

〔註36〕陳來：〈朱子《家禮》眞僞考議〉，《北京大學學報》（哲學社會科學版），1989年第3期；此文又載於陳來：《中國近世思想史研究》，北京：商務印書館，2003年版，第143～163頁。

〔註37〕束景南：〈朱熹《家禮》眞僞考辨〉，《朱熹佚文輯考》，南京：江蘇古籍出版社，1991年版，第675～686頁。

也由學者作了一定揭示。侯外廬等人的《宋明理學史》在評價「朱熹的歷史地位及其對後世的影響」時，指出朱熹的《家禮》為封建士大夫所奉行，具有規範風俗習慣的力量，但未展開具體闡述。〔註38〕李曉東所著《中國封建家禮》〔註39〕由於全書的體例安排，對朱熹《家禮》的若干思想內容也有零星提示。

　　韓國學者盧仁淑的《朱子家禮與韓國之禮學》〔註40〕在分析《文公家禮》的相關資料研究基礎上，敘述了《文公家禮》東傳及其展開的過程，進而揭示了《家禮》對韓國社會、政治、思想學術的深刻影響。彭林所著《中國禮學在古代朝鮮的播遷》〔註41〕也闢有專章討論《朱子家禮》在朝鮮時代的播遷，並論述了《朱子家禮》對朝鮮時代鄉風民俗的儒家化影響。日本學者吾妻重二關於朱熹《家禮》的各篇論文，由吳震彙編為《朱熹《家禮》實證研究》〔註42〕一書，分成「研究篇」和「文獻篇」兩部分。著者通過嚴密的實證研究，從文獻考證上認定《家禮》雖非完本，但確實是朱熹親作；並認為與《四書集注》相比，《家禮》不僅在近世中國後期（如明清時期），而且在近世東亞產生了廣泛和深遠的影響，比如江戶時期的日本在喪祭禮儀和深衣仿製等方面都曾受《家禮》影響，因此，以《家禮》為例的儒教禮儀並非只是停留在思想層面上的知識人的一種研究興趣或知識癖好，而是對人們的日常行為方式有深刻影響的一種社會生活實踐。所以，著者認為朱熹的《家禮》標誌著儒教儀禮由思想落實到生活、由經典轉化為常識，其實是打破漢唐以來「禮不下庶人」的傳統，引導和規範士大夫以及普通百姓的實用手冊。

〔註38〕 侯外廬、邱漢生、張豈之：《宋明理學史》（上），北京：人民出版社，1997年第2版，第425頁。

〔註39〕 李曉東：《中國封建家禮》，西安：陝西人民出版社，2002年第2版。

〔註40〕 〔韓〕盧仁淑：《朱子家禮與韓國之禮學》，北京：人民文學出版社，2000年版。

〔註41〕 彭林：《中國禮學在古代朝鮮的播遷》，北京：北京大學出版社，2005年版。彭先生對《家禮》的作者問題有所保留。他認為王懋竑是一位篤信朱熹、精熟朱熹學說的學者，因而其對《家禮》作者的看法應當不會含有偏見，所以，「《家禮》的作者是否就是朱熹」在中國學術界還是一個頗有爭議的問題，值得再探討，但他認為這並不影響《朱子家禮》與朝鮮社會儒家化關係的討論。見是書，第104頁。

〔註42〕 〔日〕吾妻重二：《朱熹《家禮》實證研究》，吳震等編譯，上海：華東師範大學出版社，2012年版。

　　楊志剛的〈《司馬氏書儀》和《朱子家禮》研究〉、〔註43〕粟品孝的〈文本與行爲：朱熹《家禮》與其家禮活動〉、〔註44〕安國樓的〈朱熹的禮儀觀與《朱子家禮》〉、〔註45〕史向前的〈朱子《家禮》與道德建設〉、〔註46〕陳彩雲的〈朱子《家禮》中的禁奢思想及對後世的影響〉、〔註47〕羅秉祥的〈儒禮之宗教意涵——以朱子《家禮》爲中心〉〔註48〕等論文，也都以朱熹的《家禮》作爲中心議題，從不同的角度作了專門探討。

　　再次，對朱熹禮學集中從思想觀念層面的相關分析研究，目前也有一些學者作出了積極努力，其中，既有從宗教思想或實踐角度評述朱熹踐行禮儀、制定禮儀的經驗活動，也有從哲學思想層面說明朱熹對「禮」觀念的理論創新。

　　陳榮捷的《朱子之宗教實踐》關心朱熹個人的宗教生活，將朱熹告先聖賢與禱雨、修德、修禮作爲其日常宗教實踐的主要內容。陳先生認爲朱熹勤告先聖，是對孔子有熱烈的宗教信仰，具有宗教熱誠；其祭祀禱雨源於儒家的感應說，將禱神至誠、盡人力和修德三者結合；其終身重禮，考禮、釋禮、行禮、修禮，已是禮儀權威，對古禮的尊重，義理的嚴守，都是其宗教性的表現；其關於禮的討論，比太極理氣更多，以禮爲「天理之節文」，即人事根於天理，人應當遵循天志，是禮之宗教性。〔註49〕田浩在〈朱熹的祈禱文與道統觀〉中，將朱熹對孔子之靈的祈禱文作爲研究朱熹鬼神觀與道統觀的關鍵，其中也涉及祭祀禮儀的解讀。他認爲朱熹對於實踐的現實關心是首要的，從對祖先祭祀，到對自然界天地山川之靈的祭祀，祭祀者與接受祭祀的神靈

〔註43〕楊志剛：〈《司馬氏書儀》和《朱子家禮》研究〉，《浙江學刊》，1993 年第 1 期。

〔註44〕粟品孝：〈文本與行爲：朱熹《家禮》與其家禮活動〉，《安徽師範大學學報》（人文社會科學版），2004 年第 1 期。

〔註45〕安國樓：〈朱熹的禮儀觀與《朱子家禮》〉，《鄭州大學學報》（哲學社會科學版），2005 年第 1 期。

〔註46〕史向前：〈朱子《家禮》與道德建設〉，《合肥學院院報》（社會科學版），2007 年第 6 期。

〔註47〕陳彩云：〈朱子《家禮》中的禁奢思想及對後世的影響〉，《孔子研究》，2008 年第 4 期。

〔註48〕羅稟祥：〈儒禮之宗教意涵——以朱子《家禮》爲中心〉，《蘭州大學學報》（社會科學版），2008 年第 2 期。

〔註49〕陳榮捷：《朱學論集・朱子之宗教實踐》，上海：華東師範大學出版社，2007 年版，第 118～133 頁。

之間具有所屬或聯結關係，因而，對孔子之靈的祈禱，既有助於增強朱熹獲
取並繼承孔子之「道」的信心，也使其成爲經典的權威解讀者和道學夥伴的
首領。〔註 50〕秦加懿所著《朱熹的宗教思想》也將「禮」列爲一章進行專門
探討。他認爲「禮」最基本的含義是禮儀習慣，其次要含義才包含道德適當
性或正確性的意思，因此，他更關注作爲宗教習慣的禮儀，並將其認定爲是
對「理」進行哲學討論時的必要部分，但他認爲朱熹對禮的適當性少有討論，
更多的是對禮儀的討論，總體而言，朱熹不但以一個學者的身份對經典著作
及其評論作了歷史性的研究，而且以一個有抱負的實踐改革家的身份，希望
爲自己的時代提供一套新的禮儀體系。朱熹試圖適應禮儀實踐的需要，促使
其解決禮儀中所敬拜的神靈是否存在的問題。〔註 51〕

　　朱熹對「禮」觀念的創造性理解，是其理論創新的表現，也是構成其理
學思想體系的重要部分，因此，有學者從哲學思想的角度來探討朱熹思想學
說中的「禮」。日本學者上山春平在〈朱子的人性論與禮論〉中指出禮的理論
是儒學最根本的理論，而朱子的禮論構造是從作爲存在論的理氣學說出發，
再通過作爲人性論的性即理學說，完成對禮的理論的完整推理，是作爲「理」
的禮和作爲「事」的禮的統一。作爲理的禮是性之本體，先天地存在於心裏，
是先天之理；作爲事的禮是形而下的、後天的東西，在日常經驗活動中。《四
書集注》代表作爲「理」的禮，編著小學書代表作爲「事」的禮，而《儀禮
經傳通解》則是將禮的兩面性相統一，其中，「家禮」和「鄉禮」是習俗世界
的禮，「邦國禮」和「王朝禮」是政治世界的禮，而聯結二者的「學禮」包含
了作爲「事」的禮和作爲「理」的禮的統一。從歷史的角度來看，先天之禮
是不變的，其具體表現是「三綱、五常」；後天人爲之禮是變化的，「文治、
三統」是其具體表現。「尊德性而道問學」使朱子禮論中事與理、不變與變的
對立面相統一。〔註 52〕另外，上山春平也曾專門考察過朱熹禮學的代表性著
作《家禮》和《儀禮經傳通解》的成書過程及大致構造，認爲前者是針對日

〔註 50〕〔美〕田浩：《朱熹的思維世界》（增訂版），南京：江蘇人民出版社，2009
　　　　年版，第 251～275 頁。

〔註 51〕〔加〕秦加懿：《朱熹的宗教思想》，曹劍波譯，廈門：廈門大學出版社，2010
　　　　年版，第 96～122 頁。

〔註 52〕〔日〕上山春平：〈朱子的人性論與禮論〉，滕穎譯，《中國哲學史研究》，1986
　　　　年第 3 期；又見辛冠潔等編譯，《日本學者論中國哲學史》，北京：中華書局，
　　　　1986 年版，第 340～364 頁。

常實踐的運用，後者的意圖則在於禮學的古典體系的集大成。〔註53〕

孫以楷先生的〈朱子理學——禮學的本體提升與普世效應〉〔註54〕，認為朱子的偉大貢獻就在於他始終把理學與禮學統一起來，既給予禮學以本體的提升，又以本體之理為關照去追求禮的更廣泛的普世效應。牟堅的〈朱子對「克己復禮」的詮釋與辨析——論朱子對「以理易禮」說的批評〉〔註55〕認為朱熹對「克己復禮」的深化詮釋，是為了解決理學從北宋發展到南宋所面臨的「有理而無禮」的中心問題，朱子與宋明理學的精義就在於對禮的重視。龔鵬程提出朱子的禮學未受重視，主張對朱子進行新解讀。他認為朱子的學說是仁禮雙彰，朱子論禮制與時人的最大不同是斟酌古今之宜，務必簡以易行，因此，與二程、橫渠、溫公在禮儀上商榷；與永嘉學派爭執對《周禮》的看法；與胡五峰不僅論《周禮》不合，更在禮的基本見解上大異。朱子以禮為本體，對禮的重視，超過五峰，他強調儒者之學，重點不僅在於識仁，更應制禮，是針對宋代社會現狀來提倡鄉里自治。這種仁禮雙彰而實欲以禮行仁的朱子學格局，對儒學在現代社會的發展具有啟發性。〔註56〕

此外，宋大琦的《程朱禮法學研究》〔註57〕立足於法律思想史中「禮法」的主題，也涉及對朱熹的「禮」的研究，為我們提供了又一視角。

綜上，學界對朱熹禮學，甚至禮學思想的研究已經取得了相當一批成果，但仔細審視現有成果，不難發現其最大遺憾就是多停留在單線式研究，或以朱熹禮經學的研究成果作為考察重點；或嘗試從思想觀念層面切入對朱熹禮論的分析。儘管也有學者試圖將朱熹禮經學研究與其禮論上的理論創新進行綜合考察，但卻沒有從禮學自身結構所包含的要素即禮儀制度、禮論、禮經的內在聯繫上作出必要的分析和解釋，這就無法從整體上說明朱熹在禮學發展史上的創造性和重要性。因為，禮學構成是儒家對中國古代禮樂文明的學理反思和實際應用，其中，禮儀制度包涵著鞏固社會結構、調節社會秩序的

〔註53〕 〔日〕上山春平：〈朱子《家禮》與《儀禮經傳通解》〉，吳震等編譯，《思想與文獻：日本學者宋明儒學研究》，上海：華東師範大學出版社，2010年版，第147～176頁。

〔註54〕 孫以楷：〈朱子理學——禮學的本體提升與普世效應〉，龍念主編，《朱子學研究》，2008年版，第77～84頁。

〔註55〕 牟堅：〈朱子對「克己復禮」的詮釋與辨析——論朱子對「以理易禮」說的批評〉，《中國哲學史》，2009年第1期。

〔註56〕 龔鵬程：《儒學新思》，北京：北京大學出版社，2009年版，第360～399頁。

〔註57〕 宋大琦：《程朱禮法學研究》，濟南：山東人民出版社，2009年版。

價值訴求，禮論涉及人性道德修養與人倫道德規範之間的互動轉化，而禮經
則反映儒家對禮治社會經驗和理想的價值取向。朱熹的禮學思想是在特定歷
史條件下形成的，所以，梳理朱熹生活時代的社會政治發展以及禮學進展，
也是全面理解朱熹禮學思想的基本要求。因此，本文在充分吸納朱熹禮學研
究的現有成果基礎上，結合儒家禮學思想的構成、宋代士大夫政治和儒學復
興中的禮學新進展，來彌補朱熹禮學思想的淵源探究，進而從哲學思想的層
面來具體分析朱熹的禮論。

三、研究思路與方法

　　朱熹一生的禮學研究包涵思想學說和社會制度兩個層面，並努力在二者
之間實現貫通，使規範現實社會秩序的「禮」立足於普遍的「天理」基礎上，
而以「天理」爲根本依據的「禮」又通過各種具體制度的存在來實現規範意
義。朱熹禮學研究的這一基本內容，具體表現爲：在新的歷史條件下，朱熹
將宋儒根據「先王之道」來治理社會的政治行動，彙聚成禮經研習和整合下
的文本創新和禮制構想的價值追求，即《家禮》宗法內涵的社會意義以及《儀
禮經傳通解》禮制組成的制度理想；在儒學復興的大背景下，朱熹在宋儒禮
論深化推進的基礎上，以理學詮釋禮儀文明傳統，最終建立體用合一的禮論
新思想。因此，「朱熹禮學思想淵源研究」總體上採取社會史、思想史、學術
史相結合的研究方法，主要包括以下內容：

　　首先，運用社會史與思想史相結合的方法，揭示朱熹禮學思想形成的歷
史淵源與時代因緣。任何思想的產生都不是無源之水、無根之木，而是有著
寬廣的社會歷史根源和深厚的學術思想淵源。儒家禮學自其誕生之日起，就
深深地紮根於中國古代文明傳統，是將儒學理論與社會現實相聯繫的重要環
節。姜廣輝先生曾經指出，從思想史角度解讀禮學、研究禮學，「重要的是把
握其歷史脈動的規律和社會功能，把握其內在的價值和意義，因此對禮學發
生、發展的歷史考察不能就事論事，而要有一種整體觀照的情懷和角度。」〔註
58〕這也是本文研究朱熹禮學思想淵源的基本出發點。

　　儒家禮學的產生和發展有其獨特的路徑：宗教祭祀禮儀在早期國家政權
建構中的意義，隨後通過一整套的具有人文道德屬性的禮制規範來反映並強

〔註58〕姜廣輝：〈序〉，王啓發，《禮學思想體系探源》，鄭州：中州古籍出版社，2005
　　　　年版，第5頁。

化，從而滲透到整個社會生活的方方面面，以便維持現實社會秩序的穩定；而當社會的發展已不能納入原有的禮制規範，出現「禮壞樂崩」的局面時，以孔子為首的儒家仍然嚮往著先王之道的禮樂文明傳統，將「復禮」作為畢生的信念和事業所在，但同時又深化了對「禮」的理性認識，強調「禮」的精神實質是最根本的，其賴以存在的基礎是人人都具有的血緣親情，由此，「禮」也成為人性道德修養水平的重要評判標準，這就從根本上確立儒家的社會理想是禮治社會。孟子強化了禮的內在心性根據，將「禮」立足於人性善的基礎上，強調「禮」的實行要講究權變。荀子身處戰國末期，從社會歷史的角度深究「禮」的起源及其意義所在，將「禮」作為人類社會和自然界的共同準則，並創造出「禮法」這一概念，開啟禮法並重的治國之道。三位儒家大師是從學理的角度，將人情作為禮的內在價值基礎，人性修養轉化為「禮」的體驗過程，人倫規範構成「禮」的時宜原則。儒學獨尊時期，確立禮經旨在將皇權統治實踐的禮治模式代代相傳，因而，禮經研習也以現實政治發展作為重要依據並為其服務。鄭玄對三部禮經的綜合研究也不例外，禮學研究由此成為儒家學者將思想學說與政治制度相結合的重要學術實踐。

宋代立國以後，社會秩序的新建，倫理道德的復興，儒家學術的重振，都為禮學的發展創造出新的契機。禮樂治道的本末體用，是宋代君臣士大夫努力不懈的一致方向，並以崇禮義、尊經術、復三代為其顯著特色。朱熹禮學思想即在此時代背景下孕育，具有鮮明的現實意義。具體來說，士大夫政治的成熟，不僅使儒學知識分子有機會進入政權運作系統，也使儒學倫理道德成為君臣政治實踐的基本方略。宋代君臣討論治國方略時，明確將「治道」歸結為「經術」與「世務」相結合的「先王之道」的實施，這使宋代的禮經學研究有著明確的「政治功用」追求。《周禮》在王安石等人看來是記載先王治理國家的各項制度及其實施情況的文化經典，因而在宋代政治革新中具有指導意義。《儀禮》因其本身是古禮儀式的記載，內容難讀，再加上科舉改革的打擊，使其在宋代的發展倍加曲折坎坷，直到朱熹再次肯定其本經地位，也是考慮到門閥士族衰落與士大夫階層崛起所帶來的家族組織新建需要新的禮儀制度。無論是《家禮》的文本創新，還是《儀禮經傳通解》的編撰，都是朱熹對社會歷史轉變的悉心察覺。兩部《儀禮》學著作的編撰是應時之需，其最大特色是兼顧禮的「本」與「文」，寓倫理道德於儀章度數之中。這是「天理之節文，人事之儀則」的新禮論的實際運用。

天理和人事的雙重規定，不僅是朱熹更新禮論、發展禮學的重要內容，更是其整個禮學思想體系的出發點和落腳點。禮論創新，其實也飽含著朱熹對儒家思想學說的拳拳深情和擔當精神。佛、道禮俗在民眾的日常生活中產生一定影響，與其對宇宙和人生的獨特認識密切相關。但與佛、道所講的「虛理」大爲不同的是，儒家正是通過「禮」的人倫規範意義來表明其對整個世界的現實關懷，因而，「天理」與「人事」相統一的禮論，既是儒家與佛、道的根本區別所在，也是儒家抗衡佛、道的有力武器。朱熹的新禮論是對儒家傳統禮學的理論提升，也是對其理學前輩張載、二程等人禮學思想的超越。「理」和「禮」二者之間具有一致性，甚至可以互釋。但「天理」是「禮」的形上根據，而「禮」則是「天理」的形下表現，即無形無影的「理」需要通過禮文來表現，而事事物物的節文儀則又來源於「天理」。自然界天道運行的秩序法則，落實在人類社會中即是人倫道德實踐的準則，其實也就是內在於人心本性的「實理」，即仁、義、禮、智，它們才是調節人倫關係、維持社會秩序的根本所在。這就意味著外在社會秩序的有效運行實際上取決於個人內在的德性修養水平，因而，「敬」的涵養工夫與「知」的進學方法相結合，就是「下學人事，便是上達天理」這一禮學精髓的入手處。

其次，運用學術史的方法，梳理朱熹的禮經學成果在禮學發展史上的歷史來源和現實緣由。這主要是針對朱熹的「三禮」觀問題，展開一定的追溯和綜述。朱熹對《儀禮》、《周禮》、《禮記》三部禮經的獨到認識，與儒家經典確立時期的禮經發展相一致：最初的禮經就是指《儀禮》，《禮記》和《周禮》是在經典研習中被皇權統治者後來確立爲經典的。在宋代社會，因爲統治者對禮經的導向，使得《周禮》地位上昇、《儀禮》遭受排斥，而《禮記》則未受任何阻力的順利發展，並且還與理學思潮的興起相得益彰。朱熹糾正時人對禮經的誤解，以《儀禮》爲本，一方面暗合了禮經形成的歷史事實，另一方面也源於其禮論新學說的實際要求，是對「天理之節文，人事之儀則」的落實。這裡，之所以要採取學術史的方法，則是由「學術史」和「思想史」二者之間的差別以及聯繫所決定的。張豈之先生特別指出：「學術史不同於政治史、法律史等，也不同於思想史。在思想史中含有一定學術史的內容，同樣，在學術史中也含有一定思想史的素材，但這二者也不能等同，因爲思想史更加偏重於理論思維（或邏輯思維）演變和發展的研究。顧名思義，學術史必須研究『學術』，而『學術』的載體主要是學術著作。著作是學術成果的

一種表現形式，當然還有其他形式。因此，要求學術史研究並評論有代表性的學術成果，以闡明其學術意義（在學術史上有什麼地位與作用）和歷史意義（對於當代社會以及後來社會有什麼影響）。」〔註59〕可見，學術著作是學術成就的直觀表現，而對其來龍去脈的把握正是學術史研究的主要內容。朱熹的禮學思想體系既蘊含著思想史研究的內容，也不乏學術史研究的內容，特別適用於說明學術史和思想史二者的聯繫。《家禮》的編訂是以《儀禮》爲藍本，同時又採納了司馬光、二程、張載等人的禮學見解，以推進「禮」在人們日常生活中的實際應用爲宗旨。《儀禮經傳通解》的文字內容基本上源自「三禮」和其它一些歷史文獻，但卻打破「三禮」界限，將禮經中原有的篇目安排在家禮、鄉禮、學禮、邦國禮的禮制設計中，體現出儒家修身、齊家、治國、平天下的價值追求。禮經通過朱熹的整合，在思想學說與社會制度的內在關聯中有了更爲全面系統的表現。

　　最後，有必要指出，研究朱熹禮學思想淵源的基本方法，即社會史、思想史、學術史三者的有機結合，才能從整體上闡明朱熹禮學思想的時代意義、理論貢獻和學術成就。因爲，社會歷史是產生思想觀念和成就學術地位的土壤，而理論思維是在解決現實問題和沉澱學術經驗中發展和定型的，學術意義則往往以關照社會現實和提升理論層次爲考量標準。另外，歸納、分析、比較等一些基本方法的綜合運用，也將貫穿於朱熹禮學思想淵源研究的始終。

〔註59〕張豈之：〈序〉，張豈之主編、王宇信、方光華、李健超撰述，《中國近代史學學術史》，北京：中國社會科學出版社，1996年版，第1頁。

第一章　儒家禮學思想的構成

　　「儒家」和「禮」淵源頗深。馮友蘭先生考察儒家起源時，將「儒」和「儒家」作出嚴格區分，認為：「儒指以教書相禮等為職業之一種人」〔註1〕，「後來在儒之中，有不止於以教書相禮為事，而且欲以昔日之禮樂制度平治天下，又有予昔之禮樂制度以理論的根據者，此等人即後來之儒家。」〔註2〕其實，馮先生的這一認識不僅說明了儒家學派的起源，而且還言簡意賅地勾勒了「禮學」的構成及其發展歷程。「相禮」作為一種職業，表明「儒」對一些重要場合或重大活動中所要舉行的「禮儀」非常熟悉，禮儀常識是「儒」的一種必備知識；「欲以昔日之禮樂制度平治天下」，意味著「禮制」規範社會秩序是一種良好的經驗傳統，由此亦成為「儒家」的為學宗旨所在；「予昔之禮樂制度以理論的根據者」，說明「禮制」的存在和發展需要不斷尋求超越的價值理念，而這正是「儒家」保持其生命力和「儒學」思想不斷向前推進的源動力。縱觀早期中國歷史的進程，從祭祀禮儀在文明發生中的意義，到禮樂制度在安邦定國中的全面實施，乃至學說爭鳴時期對禮樂傳統的系統反思以及緊隨其后皇權統治社會中對禮學經典的價值認同，早期儒家就是在禮學的這一發展歷程中受其滋養，並與其結緣的。

〔註1〕　馮友蘭：〈原儒墨〉，《中國哲學史・附錄》（下），上海：華東師範大學出版社，2000 年版，第 349 頁。

〔註2〕　馮友蘭：〈原儒墨〉，《中國哲學史・附錄》（下），上海：華東師範大學出版社，2000 年版，第 363 頁。

一、中國古代文明發生中的祭祀禮儀

漢人許慎在《說文解字》中說：「禮，履也，所以事神致福也。從示，從豐，豐亦聲。」清人段玉裁據此作注：「禮有五經，莫重於祭。故禮字從示，豐者行禮之器。」〔註3〕近人王國維結合古文字研究，進一步梳理「禮」的含義：禮字最早是指用器皿盛放兩串玉來祭祀神靈，後來也引申爲用酒來獻祭神靈，再後來則將一切祭神之事都統稱爲禮。〔註4〕由前人對「禮」的字義考察中可知：「禮」的原義與神靈祭祀活動密切相關。雖然字源角度的這種認知是以祭祀行爲的程序化、規範化，即祭祀禮儀在神靈崇拜中所承載的意義及功能爲立足點的，它還不能從歷史的角度揭示出「禮」在人類社會發展中的豐富意涵和眞正起源，但也正是「儀式」本身所具有的象徵意義〔註5〕及其社會屬性〔註6〕，成爲認清「禮」的起始演化及其功能結構的關鍵所在。因此，楊寬先生關於「禮」的起源的探究，不僅相對全面、正確〔註7〕，而且還有一定的啓發意義。在《「冠禮」新探》中，他提出：

> 「禮」的起源很早，遠在原始氏族公社中，人們已慣於把重要行動加上特殊的禮儀。原始人常以具有象徵意義的物品，連同一系列的象徵性動作，構成種種儀式，用來表達自己的感情和願望。這些禮儀，不僅長期成爲社會生活的傳統習慣，而且常常被用作維護社會秩序、鞏固社會組織和加強部落之間聯繫的手段。進入階級社

〔註3〕 〔漢〕許慎撰、〔清〕段玉裁注：《說文解字注》，杭州：浙江古籍出版社，1998年版，第2頁。

〔註4〕 王國維：《觀堂集林·釋禮》（外二種），石家莊：河北教育出版社，2003年第2版，第143～144頁。

〔註5〕 所謂「象徵」，是指「在某種文化環境或語境中，某種對象或形象，某種情境或情節，某種觀念或思想，成爲表達另一種意義的手段。」（參見李幼蒸：《理論符號學導論》，北京：中國社會科學出版社，1993年版，第194頁。轉引自荊雲波：《文化記憶與儀式敘事：《儀禮》的文化闡釋》，廣州：南方日報出版社，2010年版，第162頁。）

〔註6〕 在人類學家那裡，儀式研究傳統是一個從內涵到外延都不容易界定的巨大的話語包容，但「儀式」作爲一個專門術語出現在19世紀，則被確認爲是人類經驗的一個分類範疇概念。儘管人類學家對「儀式」的界說見仁見智，但「儀式首先被限定在人類的『社會行爲』這一基本表述之上」。參見彭兆榮：〈人類學儀式研究評述〉，《民族研究》，2002年第2期。

〔註7〕 楊志剛先生歸納分析前輩學人關於「禮的起源問題」的看法時，認爲楊寬先生的說法最具有包容性，也比較全面和正確。參見氏著：《中國禮儀制度研究》，上海：華東師範大學出版社，2001年版，第4～7頁。

會後，許多禮儀還被大家沿用著，其中部分禮儀往往被統治階級所
利用和改變，作爲鞏固統治階級內部組織和統治人民的一種手段。
我國西周以後貴族所推行的「周禮」，就是屬於這樣的性質。

　　西周時代貴族所推行的「周禮」，是有其悠久的歷史根源的，許
多具體的禮文、儀式都是從周族氏族制末期的禮儀變化出來的。
〔註8〕

楊寬先生並未將「儀式」局限爲祭祀活動所表現的「禮儀」，而是從人類行爲
活動的一般意義上，揭示「禮」的存在價值與歷史演變的始終相隨：在原始
氏族社會向西周王權國家的歷史轉變中，「禮儀」從原初的人情意願表達演化
成被人爲操控實行的貴族統治制度——「周禮」，其存在形式也從社會生活習
慣呈現爲王權政治體制。「周禮」作爲一種王權制度形式，因爲制度本身的屬
性是「已有的社會慣例、結構的儲存，通過這種儲存我們使集體記憶、表述、
價值、標準、規則等外部化」〔註9〕，所以，周人氏族時期各種具體儀式在得
以保存和延續的同時，爲了凸顯西周時期實行的王權貴族統治，「周禮」又是
一整套與王權政治相適應的嶄新禮儀制度。

　　事實上，對於「禮」從「禮儀」到「禮制」的演化，郭沫若先生早已將
其認定爲是一種必然趨勢：

　　　　禮是後來的字，在金文裏我們偶而看見有用豐字的，從字的結
　　構上來說，是在一個器皿裏面盛兩串玉具以奉事於神，《盤庚篇》裏
　　面所說的「具乃貝玉」，就是這個意思。大概禮之起起於祀神，故其
　　字後來從示，其後擴展而爲對人，更其後擴展而爲吉、凶、軍、賓、
　　嘉的各種儀制。這都是時代進展的成果。愈往後走，禮制便愈見浩
　　繁，這是人文進化的必然趨勢，不是一個人的力量可以把它呼喚得
　　起來，也不是一個人的力量把它叱咤得回去的。〔註10〕

雖然，郭先生描述「禮」的發展歷程，仍以字源角度的分析爲基礎，但若將
「儀式」聚焦在祭祀禮儀這一特殊的人類行爲之上，那麼，由祀神儀式到各

〔註8〕　楊寬：《古史新探》，北京：中華書局，1965年版，第234頁。
〔註9〕　〔英〕馬克斯・布瓦索：《信息空間：認知組織、制度和文化的一種框架》，
　　　　王寅通譯，上海：上海譯文出版社，2000年版，第390頁。轉引自干春松：《制
　　　　度儒學》，上海：上海人民出版社，2006年版，第84頁。
〔註10〕郭沫若：《十批判書・孔墨的批判》，《中國古代社會研究》（外二種）（下），
　　　　石家莊：河北教育出版社，2000年版，第688～689頁。

種儀制的擴展，所反映的正是中國早期社會的歷史進程。因爲吉、凶、軍、賓、嘉等儀制活動的舉行，無一不以「邦國」〔註11〕爲價值追求和意義實現的落腳點：「以吉禮事邦國之鬼神示（祇）」、「以凶禮哀邦國之憂」、「以軍禮同邦國」、「以賓禮親邦國」、「以嘉禮親萬民」〔註12〕。這些儀制活動涉及到宗教、政治、軍事、外交等多方面，是維護政權統治的規章制度，正因爲如此，「禮制」才與最初的祀神意義上的「禮儀」既有區別，又有聯繫。

祀神意義上的「禮」，如許愼所言是爲了「致福」。這就表明，祭祀禮儀作爲人類崇拜神靈的一種外在行爲活動，儘管是以神靈信仰爲前提，但它同時也是神靈觀念支配下人們內心意願和世俗生活要求的一種表達，而這正是祭祀禮儀或者說宗教儀式高度形式化、程序化背後所蘊藏的根本價值所在，也是促使原始氏族社會「禮儀」到西周王權國家「禮制」這一人文進化的關鍵所在。

「當代文化人類學的研究已經證明，在文明和國家的起源過程中，宗教有著不可替代的關鍵作用。」〔註13〕格爾茨也認爲：「雖然任何宗教儀式，無論它多麼明顯地是自發的或是習慣的（假如它眞的是自發的或僅僅是習慣的，它就不是宗教的），都要涉及生活準則及世界觀的融合，它主要是某種更周密的、通常也是更公開的儀式，一方面是有情緒和動機，另一方面是形而上的概念，纏繞在一起。它們形成了一個民族的精神意識。」〔註14〕也就是說，宗教儀式所包涵的世俗生活要求和思想觀念足以標示出一種文明的獨有精神面貌。

根據現代考古發掘，可以認爲：「五帝時代是中國文明的起源期，時間包括夏代建國前的若干世紀，空間包括整個中國疆域。」〔註15〕換句話說，夏朝建國之前，以黃帝〔註16〕等人爲首領的各氏族、部落的共同發展已經開啓了中國文明的進程。然而，這種時空角度的文明起源界定，雖然可以表明中國文明的悠久歷史和多元特徵，卻並不足以揭示中國文明與世界其他文明相

〔註11〕有必要指出，周代的「邦國」，指的是在周天子領導下的各諸侯王國。

〔註12〕《周禮・春官・大宗伯》

〔註13〕童恩正：〈中國古代的巫〉，《中國社會科學》，1995 年第 5 期。

〔註14〕〔美〕克利福德・格爾茨：《文化的解釋》，韓莉譯，南京：譯林出版社，1999 年版，第 138 頁。

〔註15〕張豈之主編：《中國思想學說史》（先秦卷）（上），桂林：廣西師範大學出版社，2007 年版，第 1～2 頁。

〔註16〕古史中的「五帝」，究竟是指那些人，說法不一。以司馬遷《史記・五帝本紀》所載，則指黃帝、顓頊、帝嚳、堯、舜五人。

比的本質特徵所在。從這個意義上說，侯外廬先生以「文明路徑」來闡述中國古代文明的發生，仍然具有重要的學術價值。他認為，「文明是與國家的成立相抱相育，相資相助。世界史皆然，中國古代也不能例外」〔註17〕，但中國古代進入文明社會的方式是「由家族到國家，國家混合在家族裏面，叫做『社稷』」〔註18〕，因此，「氏族遺制保存在文明社會裏。」〔註19〕在此基礎上，侯外廬先生一針見血地指出，中國古代文明的實質是「禮器」所象徵的權力關係。他說：「殷器有鼎彝尊爵，卜辭裏也出現了這些字。但從這些神器，除了知道對祖宗一元神的祭享權而外，看不出禮器代表政權的概念，也看不出禮器象徵專政的概念……到了周代，『器』才求『新』。『新』的意義是指什麼呢？即彝器表現一種政權的形式……所謂周公作禮就是由宗廟的禮器固定化做氏族專政的宗禮……禮器就是所獲物與支配權二者的合一體，由人格的物化轉變而為物化了的人格，換言之，尊爵就是富貴不分的公室子孫的專政形式……禮器也者是周代氏族貴族專政的成文法……古代文明的實質，乃是『器惟求新』的專政。」〔註20〕侯先生的這一看法表明：「禮」可以成為中國文明的本質特徵，在於它是權力關係的象徵；禮制文明能夠標示出中國古代文明的獨特發生過程。〔註21〕

〔註17〕侯外廬：《中國古代社會史論》，石家莊：河北教育出版社，2000 年版，第 41 頁。

〔註18〕侯外廬等：《中國思想通史》（第一卷），北京：人民出版社，1957 年版，第 11 頁。

〔註19〕侯外廬等：《中國思想通史》（第一卷），北京：人民出版社，1957 年版，第 10 頁。

〔註20〕侯外廬等：《中國思想通史》（第一卷），北京：人民出版社，1957 年版，第 15 頁。

〔註21〕按照侯外廬先生的看法，進入文明社會需要伴隨著國家的成立。但時至今日，文明與國家是否同步發生？這已經成為一個學術爭議問題。比如，郝昌林先生就明確提出，「在文明的起源過程中，必然是文明產生在先，而國家形成在後」，但他同時也提出：「由於中國有一個文明從氏族制度中自然引出來的過程，故其奠基時期的這種文明形成，卻並沒有消失，而是以不同的形式，延續發展下來，成為中國文明不同於西方文明的根本區別。」郝先生說的這一沒有消失的「文明」，即是「禮儀文化傳統沒有中斷」。（見氏著：《中國古代國家宗教研究》，北京：學習出版社，2004 年版，第 44、83 頁）由此可見，當比較中國文明與西方文明的差異時，侯先生和郝先生雖然在具體問題上有不同看法，但他們都在「文明」的持續發展過程中，認同「禮」代表著中國文明的獨特性。所以，這裡不妨以具有動態意義的「文明發生」來代替「文明起源」。

那麼，照侯先生所說，「禮器」在反映神靈信仰對象的同時，如何能從一種宗教權力分配的象徵衍生出政治權力？這應該是從根本上決定中國文明實質是禮制的關鍵所在。中國古代由氏族社會向王權國家的轉變中，「絕地天通」的宗教改革對於促進宗教權力與世俗政治權力的二者結合，有著不容忽視的意義。或者可以明確說，宗教改革是祭祀禮儀向禮制文明轉變的深層歷史動因。

據文獻記載，中國原始宗教經歷了三個發展階段：其一，「民神不雜」、「民神異業」階段，有神職人員「巫」、「覡」負責事神活動，而一般民眾則從事物質生產活動，因而，「民是以能有忠信，神是以能有明德，民神異業，敬而不瀆，故神降之嘉生，民以物享，禍災不至，求用不匱。」其二，「民神雜糅」、「民神同位」階段，自九黎亂德以來，人人祭祀，家家作巫，導致「民匱於祀，而不知其福。烝享無度，民神同位。民瀆齊盟，無有嚴威。神狎民則，不蠲其為。嘉生不降，無物以享。禍災薦臻，莫盡其氣。」其三，「絕地天通」階段，顓頊帝「命南正重司天以屬神，命火正黎司地以屬民，使復舊常，無相侵瀆，是謂絕地天通。」〔註22〕徐旭生先生認為「絕地天通」的宗教改革是我國古史的巨大變化之一，它使得「有人專管社會秩序一部分的事，有人專管為人民求福免禍一部分的事」。〔註23〕勞思光先生進一步認為「絕地天通」的深層歷史意義在於：「今顓頊既建立一宗教領導中心，在文化上之影響即是『圖騰崇拜』日衰，而共同宗教信仰漸漸形成。於是中原地區原屬於華夏、東夷各部落分據之局面，受此種宗教改革影響，亦開始轉變，而有部落共主制度之產生。陶唐氏、有虞氏、夏后氏、以及殷人，步步加強共主制，終致周人興起時遂有初步之統一王國出現。則顓頊此一運動，倘說為共主制度及王國制度產生之先驅，亦不為過。」〔註24〕

從根本上說，「絕地天通」的變革就是人神溝通權力的集中和被壟斷。上古時期，神靈祭祀原來由巫、覡負責，是因為「巫」能「以舞降神」，「巫師能舉行儀式請神自上界下降，降下來把信息、指示交與下界」。〔註25〕但是，到

〔註22〕《國語‧楚語下‧昭王問於觀射父》

〔註23〕徐旭生：《中國古史的傳說時代》（增訂本），北京：文物出版社，1985年版，第6～7頁。

〔註24〕勞思光：《新編中國哲學史》一卷，桂林：廣西師大出版社，2005年版，第29頁。

〔註25〕張光直：《中國青銅時代》（二集），北京：生活‧讀書‧新知三聯書店，1990年版，第48頁。

了少暤氏衰落，九黎族擾亂德政以後，家家爲巫，人人都可以與神靈溝通，則會導致神權約束力的喪失和物質生產的破壞。〔註26〕當顓頊帝命令「重」專管事神活動時，溝通神靈的權力就開始被氏族首領所授予的專人壟斷。這一宗教變化歷程表明：其一，神靈在人類社會早期具有主宰地位，其權能無所不在，對神靈的崇拜直接關係到人間的禍福狀況以及社會發展的正常有序，因此，與神靈溝通的能力──事神儀式，是神權主宰衍化而生的一種宗教權力的象徵；其二，神權主宰地位的有效維持，要求宗教權力的集中，這就必然要求宗教權力的重新再分配，由此使得世俗社會的政治權力有機會凌駕於宗教權力之上並對其進行干預，從此宗教權力納入到世俗政治權力的分配管理之中。

中國文明起源的「五帝」時期，黃帝「生而神靈，弱而能言」，顓頊「依鬼神以制義，治氣以教化，絜誠以祭祀」，帝嚳「生而神靈……明鬼神而敬事之」，堯「其仁如天，其知如神」，〔註27〕這些雖不足以證明五帝本身就是「巫」，但卻表明五帝具有通神的能力，掌握著宗教權力。有些學者更認爲，「先商時期，商族的巫很可能是由氏族首領兼任的」〔註28〕，「周公原本爲巫祝」。〔註29〕可見，從黃帝到周公，他們可能都擁有原本只有巫師才具有的通神能力，可以兼行巫師的職責，這使他們集宗教權力和政治權力於一身，更加便於利用宗教來爲其政治目的服務。在此意義上，有學者指出「沒有『巫』的配合，也就沒有中國的文明。」〔註30〕但實際上，「巫」正是靠其掌握著人神溝通的「儀式」，才成爲神權的代表，進而影響著人們的世俗生活。

總之，宗教權力與政治權力的結合，取決於人類社會早期的神靈信仰需要，遂使神靈崇拜過程中的儀式（祭祀禮儀）從最初的宗教權力象徵，演變成象徵王權統治的禮制，自此以後，納入禮制的神靈祭祀也就成了眞正意義上的「國之大事」。在這一轉變過程中，神靈信仰對於推進世俗社會的發展具有重要的意義。正因爲如此，勞思光先生斷定「絕地天通」的宗教改革是「圖騰崇拜」階段的結束和超部落共同信仰的開始成立。〔註31〕但事實上，在「圖

〔註26〕勞思光：《新編中國哲學史》一卷，桂林：廣西師大出版社，2005 年版，第27 頁。

〔註27〕《史記・五帝本紀》

〔註28〕晁福林：〈商代的巫與巫術〉，《學術月刊》，1996 年第 10 期。

〔註29〕郝鐵川：〈周公本爲巫祝考〉，《人文雜誌》，1987 年第 5 期。

〔註30〕童恩正：〈中國古代的巫〉，《中國社會科學》，1995 年第 5 期。

〔註31〕勞思光：《新編中國哲學史》一卷，桂林：廣西師大出版社，2005 年版，第28 頁。

騰崇拜」到超部落共同信仰的邁進中，神靈信仰對象的確定及其作用的發揮，也不可能不受到時代進展的反作用，因而從王權政治的推動者，最終滑向了王權政治的服務者——爲其所用。

二、宗周社會的禮制

「圖騰崇拜」是氏族社會的一種宗教信仰。呂大吉先生認爲：「圖騰崇拜本質上是氏族制度在宗教上的表現，它既是宗教體制，又是社會制度。圖騰崇拜可能是與氏族和氏族制同步形成的、人類早期出現的體制性的宗教形式。」〔註32〕這是從社會組織結構上闡明「圖騰崇拜」的本質。所謂「氏族制度在宗教上的表現」，即是以對同一血脈相承的氏族始祖的祭祀崇拜作爲本氏族集體信仰的核心。

（一）圖騰崇拜、祖先崇拜到「天命」的德政訴求

氏族作爲人類社會發展早期的基本構成單位，其最顯著的特徵即以人類自身的血緣關係作爲維繫人與人之間關係的紐帶，從而形成一個以同一祖先爲標誌的社會共同體。由於受到物質生產活動中男、女分工及其相應貢獻的影響，人類對血緣關係的認定也經歷了由母系血緣到父系血緣的轉變，並最終以父系血緣關係作爲確立氏族成員的首要前提。以父系血緣關係作爲氏族社會後期單個成員融入氏族共同體的基本條件，因而也使父權家長制傳統在中國古代社會源遠流長。但無論是母系氏族階段，還是父系氏族階段，人類都已意識到同一血緣近親通婚不利於後代繁衍，因而，它們都禁止同一氏族內部成員之間婚配，而實行不同血緣群體之間的族外婚姻。氏族社會在婚姻制度上的這一規定，對於人倫關係的確定和維持具有重要意義，它有效地避免了同一血緣下長輩與晚輩以及同輩之間亂倫現象的出現。在此過程中，血緣關係得到了進一步的神聖化。因爲祖先不同造成了血緣的不同，所以，每一氏族的始祖就成了區分不同血緣群體的標誌。

氏族始祖是凝聚同一氏族成員的源動力，但在人類社會早期，始祖往往被認爲是其他種類的動物，這就是「圖騰崇拜」。而某一氏族的圖騰物總是會被賦予某種神秘的和超自然的特性，來引發氏族成員對它的尊敬和畏懼之

〔註32〕呂大吉：《宗教學通論新編》，北京：中國社會科學出版社，1998年版，第472頁。

情，這種敬畏之情通過一系列的崇拜行爲表現出來，即崇拜儀式，也就是氏族成員共同遵守的約定俗成的行爲規範。

中國古代文明發生中，也曾出現「圖騰崇拜」的階段，而且具有不同「圖騰」標誌的氏族或部落之間發生的軍事衝突，也是氏族社會走向王權國家的另外一種歷史動因。

> 昔者黃帝氏以雲紀，故爲雲師而雲名；炎帝以火紀，故爲火師而火名；共工氏以水紀，故爲水師而水名；大皞氏以龍紀，故爲龍師而龍名。我高祖少皞摯之立也，鳳鳥適至，故紀於鳥，爲鳥師而鳥名；鳳鳥氏，歷正也；玄鳥氏，司分者也；伯趙氏，司至者也；青鳥氏，司啓者也；丹鳥氏，司閉者也……自顓頊以來，不能紀遠，乃紀於近，爲民師而命以民事。〔註33〕

> 炎帝欲侵陵諸侯，諸侯咸歸軒轅。軒轅乃修德振兵，治五氣，藝五種，撫萬民，度四方，教熊羆貔貅貙虎，以與炎帝戰於阪泉之野。三戰，然後得其志。蚩尤作亂，不用帝命。於是黃帝乃徵師諸侯，與蚩尤戰於涿鹿之野，遂禽殺蚩尤。而諸侯咸尊軒轅爲天子，代神農氏，是爲黃帝。〔註34〕

在前一段引文中，雲、火、水、龍、鳳鳥分別是代表不同氏族或部落的圖騰。以鳥名氏，即是以圖騰作爲各氏族的「姓氏」，並由此確立相應的官職，這是「圖騰」影響社會政治生活的具體表現。但自顓頊以後，「圖騰」已不受重視，取而代之的則是「民事」。後一段引文描述了黃帝通過部落戰爭成爲「天子」的過程。其中，熊、羆、貔、貅、貙、虎，郭沫若先生認爲是以野獸命名的六個氏族，它們共同組成一個部落〔註35〕，打敗炎帝。軍事鬥爭中，黃帝自身的「德」行、整頓軍隊、研究四時節氣變化、開展農業生產、安撫民眾等都是其贏得其他諸侯歸附，並最終保障以戰爭的手段統合天下的前提，由此，軍事上的優勝權也成爲政治統治權的重要組成部分。

如上所述，五帝時代，「圖騰崇拜」下的氏族社會既以「圖騰」加強了同一血緣群體的整體認同，也將不同的血緣群體嚴格區分開來，而當不同血緣

〔註33〕《左傳・昭公十七年》
〔註34〕《史記・五帝本紀》
〔註35〕郭沫若主編：《中國史稿》（第一冊），北京：人民出版社，第118頁。轉引自呂大吉：《宗教學通論新編》，北京：中國社會科學出版社，1998年版，第493頁。

群體之間發生矛盾時，「戰爭」則成了解決問題的有效途徑，軍事強權因而也成為一種不同血緣群體融合在一起的極端方式。隨之而來的，則是與始祖有著神秘聯繫的「圖騰崇拜」在不同血緣群體整合而成的新的社會共同體中逐漸退居次要地位，甚至結束。由此，超部落共同信仰的確立就十分必要。

商王朝在鞏固國內統治和穩固方國聯盟時，不僅祭祀從女始祖到遠祖的的各位祖先，甚至還祭祀異姓部族的祖先，使祖先崇拜呈現出「政治化」的特色。〔註 36〕但與此同時，商人也進一步尋求可以使其祖先神跨越血緣限製成為天下共神的創新性因素。將對「天」的原始崇拜與商人的祖先結合起來，形成對至上神「上帝」的尊奉，就發揮著共同信仰——天下共神的意義。對於這一點，有關殷商始祖來源的說法，就頗值得留意。「天命玄鳥，降而生商。宅殷土茫茫。」〔註 37〕司馬遷作〈殷本紀〉時，還詳細說道：

> 殷契，母曰簡狄，有娀氏之女，為帝嚳次妃。三人行浴，見玄鳥墮其卵，簡狄取吞之，因孕生契。契長而佐禹治水有功。帝舜乃命契曰：「百姓不親，五品不訓，汝為司徒而敬敷五教，五教在寬。」封於商，賜姓子氏。〔註 38〕

契作為殷商的始祖，竟是其母吞鳥卵所生，無疑是一個神話傳說，但其背後所蘊含的思想動機卻值得重視。即使契被帝舜封賜，是因其對改善人類生存的自然環境有所貢獻，因而需要承擔起教化民眾的職責，但何以還有「玄鳥生商」的說法呢？有學者指出，這就是「圖騰制度的殘跡和史影」，「玄鳥」正是商民族的圖騰殘留，也是殷商「子」姓的緣故。〔註 39〕然而，「玄鳥」是由「天命」，就表示「天」比「玄鳥」這一圖騰物具有更高的地位，是「天」最終決定著殷商始祖的誕生。不僅如此，甚至後來商湯在討伐夏桀時，還宣稱：「有夏多罪，天命殛之」，「夏氏有罪，予畏上帝，不敢不正。」〔註 40〕商湯借助上帝的權威，以上天的命令作為滅夏的理由，使其取夏而代之的王權統治從一開始就與「天命」密切相關。

〔註 36〕張岱之主編：《中國思想學說史》（先秦卷）（上），桂林：廣西師範大學出版社，2007 年版，第 135 頁。

〔註 37〕《詩經·商頌·玄鳥》

〔註 38〕《史記·殷本紀》

〔註 39〕鄭開：《德禮之間：前諸子時期的思想史》，北京：生活·讀書·新知三聯書店，2009 年版，第 204～207 頁。

〔註 40〕《尚書·湯誓》

　　商人將自己的祖先與「上帝」聯合的意識，使其祖先神的地位進一步拔高，在爲商王室尊崇的同時，也爲商王朝控制下的其他部族或方國所尊崇。因而，「殷人通過祖先崇拜，增加了商王朝和諸方國、諸部落的聯繫。」〔註41〕但隨著商王朝統治的結束，周人王權統治的開始，祖先神與「上帝」的合一，乃至原有的「天命」觀念都面臨著新的挑戰。

　　小邦周取代大邦殷，是中國古代史上的重大事件。王國維先生認爲殷周改朝換代之際，所引發的政治與文化變革最爲劇烈，它是國家制度和思想觀念的一次重大轉變：「欲觀周之所以定天下，必自其制度始矣。周人制度之大異於商者，一曰立子立嫡之制，由是而生宗法及喪服之制，並由是而有封建子弟之制、君天子臣諸侯之制；二曰廟數之制；三曰同姓不婚之制。此數者，皆周之所以綱紀天下。其旨則在納上下於道德，而合天子、諸侯、卿、大夫、士、庶民以成一道德之團體，周公製作之本意，實在於此。」〔註42〕儘管有學者提出殷人已有嫡庶觀念的形成，而且嫡長制在康丁武乙時代已經形成，所以，王氏此論有調整增刪的必要。〔註43〕但以「道德」作爲周人設立相關制度的宗旨，乃至將「殷周之興亡」，歸結爲「有德與無德之興亡」，〔註44〕確實是王國維先生的慧見。「『敬德』的觀念和強調是周文化的一個顯著特徵」。〔註45〕

　　周人雖然在戰爭中打敗了殷人，但在爲其王權統治尋找理論根據時，仍然以「天命」作爲其取代殷商的合理理由。不過，周人的「天命」與殷商相比，已經有了很大的改變，這就是「天命」會選擇「明德」之人作爲統治者，只有「敬德」才能保持國家統治的長久，因此，其天命觀「已經具有『倫理宗教』的品格」。〔註46〕所以，周人將殷商「上帝」與祖先神合一的宗教傳統，改造成「上帝」凌駕於祖先神之上，「上帝」與祖先神之間「分立而又配合」

〔註41〕張豈之主編：《中國思想學說史》（先秦卷）（上），桂林：廣西師範大學出版社，2007 年版，第 151 頁。

〔註42〕王國維：《觀堂集林・殷周制度論》（外二種），石家莊：河北教育出版社，2003 年第 2 版，第 232 頁。

〔註43〕王暉：《商周文化比較研究》，北京：人民出版社，2000 年版，第 5～7 頁。

〔註44〕王國維：《觀堂集林・殷周制度論》（外二種），石家莊：河北教育出版社，2003 年第 2 版，第 244 頁。

〔註45〕陳來：《古代宗教與倫理：儒家思想的根源》，北京：生活・讀書・新知三聯書店，2009 年版，第 319 頁。

〔註46〕陳來：《古代宗教與倫理：儒家思想的根源》，北京：生活・讀書・新知三聯書店，2009 年版，第 183 頁。

〔註47〕，而周人先王則憑藉「明德」贏取「天命」。相反，殷人「惟不敬厥德，乃早墜厥命」〔註48〕。《尚書・康誥》中說：

> 惟乃丕顯考文王，克明德慎罰，不敢侮鰥寡，庸庸，祗祗，威威，顯民。用肇造我區夏，越我一二邦，以修我西土。惟時怙冒聞於上帝，帝休，天乃大命文王，殪戎殷，誕受厥命，越厥邦厥民。
>
> 別求聞由古先哲王，用康保民。弘於天，若德裕乃身，不廢在王命。〔註49〕

正因爲文王的德政措施，才使上帝授予其滅殷的大命，進而代替殷人來統治國家和民眾。故而，周人在「敬天」的同時，更加注重人事方面的美德要求，將「保民」作爲「德」的一項具體內容。

（二）分封與宗法結合的政治體制

周人在意識到德政統治的現實意義時，亦將「德」貫徹到政治實踐的一系列制度創建中，正如王國維先生所言：以一套道德原則組織和形成一種道德團體，留下所謂「周公制禮作樂」的說法。周公「制禮作樂」的文獻記載，最早見於《左傳》文公十八年：

> 季文子使大史克對曰：先大夫臧文仲教行父事君之禮，行父奉以周旋，弗敢失墜。曰：「見有禮於其君者，事之，如孝子之養父母也；見無禮於其君者，誅之，如鷹鸇之逐鳥雀也。」先君周公制周禮曰：「則以觀德，德以處事，事以度功，功以食民。」〔註50〕

《禮記・明堂位》也指出：

> 武王崩，成王幼弱，周公踐天子之位以治天下，六年朝諸侯於明堂，制禮作樂，頒度量而天下服。〔註51〕

楊向奎先生認爲：「說禮樂出自某一位聖賢的製作，是不可能的；但謂周公對於傳統的禮樂有過加工、改造，是沒有疑問的。」〔註52〕陳來先生也進一步

〔註47〕 侯外廬等：《中國思想通史》（第一卷），北京：人民出版社1957年版，第76頁。

〔註48〕 《尚書・詔誥》

〔註49〕 《尚書・康誥》

〔註50〕 《左傳・文公十八年》

〔註51〕 《禮記・明堂位》

〔註52〕 楊向奎：《宗周社會與禮樂文明》（修訂本），北京：人民出版社，1997年第2版，第358頁。

揭示：「歷史上所謂『周公制禮作樂』的禮樂，分明是指一套制度與文化的建構。」〔註53〕

其實，周人在確保其王權統治的政治體制上，從一開始就十分注重推行分封制度。周文王時，已開始重視在王畿內用分封制擴展周人佔有土地以及擴張勢力；武王克商以後，在原來殷商的王畿之內設置三監，同時又在王畿之內分封同姓親屬；成王時，周公更進一步大規模地推行分封制，分封親屬以擴展周的疆土和統治勢力。〔註54〕但周公在平定三監叛亂以後，所推行的分封制與武王時期的分封已經有了顯著不同：不僅在對待殷人的處置方式上不同，更重要的是，在所封貴族的地位與周王室之間在權利、義務關係上也存在著很大不同。〔註55〕《左傳‧定公四年》中，子魚講述周公分封魯國時，提到：

> 昔武王克商，成王定之，選建明德，以藩屏周。故周公相王室，以尹天下，於周為睦。分魯公以大路、大旂，夏后氏之璜，封父之繁弱，殷民六族，條氏、徐氏、蕭氏、索氏、長勺氏、尾勺氏，使帥其宗氏，輯其分族，將其類醜，以法則周公，用即命於周。是使之職事於魯，以昭周公之明德。分之土田陪敦、祝、宗、卜、史，備物、典策，官司、彝器；因商奄之民，命以伯禽而封於少皞之虛。

〔註56〕

其中，將殷遺民六族分配給魯國，既消除了其對原住地區的威脅，又可以形成對周王室中心地區的屏障，這就與武王在殷商王畿之內設置三監的舉措不同。而魯國在瓦解殷商舊勢力、承擔起拱衛周王室職責的同時，也開始擔負起管理地方的重任，這樣，周王室與魯國之間就形成一種中央與地方的君臣關係。從根本上說，分封制確立的君天子臣諸侯的關係是「政治權力的層級分化」，〔註57〕而這種君臣關係也在分封諸侯時所舉行的策命典禮中得到具體

〔註53〕陳來：《古代宗教與倫理：儒家思想的根源》，北京：生活‧讀書‧新知三聯書店，2009 年版，第 244 頁。

〔註54〕楊寬著、高智群編：《先秦史十講‧周代中央對地方的控制——從分封制到郡縣制》，上海：復旦大學出版社，2006 年版，第 77 頁。

〔註55〕楊志剛：《中國禮儀制度研究》，上海：華東師範大學出版社，2001 年版，第 78 頁。

〔註56〕《左傳‧定公四年》

〔註57〕鄭開：《德禮之間：前諸子時期的思想史》，北京：生活‧讀書‧新知三聯書店，2009 年版，第 100 頁。

表現。上述引文即講述了分封魯侯時舉行策命禮的情況。一般而言，在太廟舉行策命典禮時，「不僅有『史由君右執策命之』，還該有司空『授土』和司徒『授民』的儀式。」〔註58〕其中，「策」指策命文件，如周公分封魯國時頒發的《伯禽》、分封衛國時頒發的《康誥》等；「授土」、「授民」表示所封諸侯需要遷居封地，承擔起管理地方民眾的職責。周天子一旦冊封諸侯，雙方在權利與義務方面就形成一種制度上的規定。比如，周天子有權對諸侯國進行巡狩並實行賞罰，而諸侯國則有義務向周天子述職，接受周天子的賞罰；諸侯國有向周天子繳納貢賦的義務，而當諸侯國受到外敵入侵或者發生內訌時，周天子都要給以保護等等。

「以藩屏周」是周公推行分封制的明確政治意圖，然而「封建親戚以藩屏周」、「以親屏周」〔註59〕又發揮著「糾合宗族」的社會意義。也就是說，西周的分封制度與以血緣為基礎的宗法制度〔註60〕是緊密聯繫在一起的。楊寬先生指出：

> 宗法制度不僅是西周春秋間貴族的組織制度，而且和政權機構密切結合著的。它不僅制定了貴族的組織關係，還由此確立了政治的組織關係，確定了各級族長的統治權力和相互關係。
>
> 按照宗法制度，周王自稱天子，王位由嫡長子繼承，稱為天下的大宗，是同姓貴族的最高族長，又是天下政治上的共主，掌有統治天下的權力。天子的眾子或者分封為諸侯，君位也由嫡長子繼承，對天子為小宗，在本國為大宗，是國內同宗貴族的大族長，又是本國政治上的共主，掌有統治封國的權力。諸侯的眾子或者分封為卿大夫，也由嫡長子繼承，對諸侯為小宗，在本家為大宗，世襲官職，並掌有統治封邑的權力。卿大夫也還分出有「側室」或「貳宗」。在各級貴族組織中，這些世襲的嫡長子，稱為「宗子」或「宗主」，以貴族的族長身份，代表本族，掌握政權，成為各級政權的首長。〔註61〕

〔註58〕楊寬著、高智群編：《先秦史十講·周代中央對地方的控制──從分封制到郡縣制》，上海：復旦大學出版社，2006 年版，第 88 頁。

〔註59〕《左傳·僖公二十四年》

〔註60〕有必要指出，以「宗法」一詞作為專題理論探討，其實始於北宋張載，這在下文有論述。但是，作為一種宗族血緣制度，宗法制在西周社會已經存在，這與「宗法」這個詞語的晚出並不衝突。

〔註61〕楊寬著、高智群編：《先秦史十講·周代的社會結構和社會性質》，上海：復旦大學出版社，2006 年版，第 190 頁。

所以，從政治目的上看，宗法制度使周代貴族階層從周天子到同姓諸侯到卿大夫之間，建立起自上而下的尊卑等級關係；而在確立政治統治的同時，宗法制度也使大宗與小宗之間形成一個以血緣親情、同一祖先爲紐帶的宗族生活共同體。因此，周天子既是國家的最高統治者，也是天下最大的宗族的首領。這種政治地位與血緣關係合而爲一的現實身份，是現實社會組織結構中縱向王權統治和橫向宗族群體的交叉點所在。但周天子至尊地位及其相應職責的實現，在依賴宗法血緣關係的支持和保障的同時，又以血緣親疏作爲政治權力分配的自然依據，使得宗法關係納入王權國家的制度設計中，則會導致王權統治下政治尊卑凌駕於血緣親情之上的結果。

（三）宗統與君統的矛盾張力

以「親親」爲原則的血緣親情與以「尊尊」爲前提的政治尊卑在西周社會，既保持著原始的緊密聯繫，同時也存在著一定的矛盾張力。而西周社會的組織結構中，「君統」與「宗統」各自追求的價值目標，以及實現相應目標的方式有所不同，則是造成矛盾張力存在的現實條件。因爲，君統以維持王權統治的長久和穩定爲目標，是以君臣關係的政權分配作爲聯結方式的政治系統；而宗統則以加強宗族共同體的團結和凝聚爲目標，是以血緣關係的祖先崇拜作爲信仰內涵的宗法系統。所以，「君統」與「宗統」的這一差異，是西周以倫理道德原則組織王權政治體系的根本原因。

宗法系統中，「尊祖敬宗」的倫理義務，對大、小宗的具體要求和規定是不同的。對此，《禮記》中的相關表述，約略可以反映：

> 王者禘其祖之所自出，以其祖配之，而立四廟。庶子王亦如之。別子爲祖，繼別爲宗。繼禰者爲小宗。有五世而遷之宗，其繼高祖者也。是故祖遷於上，宗易於下。尊祖故敬宗，敬宗所以尊祖、禰也。庶子不祭祖者，明其宗也。〔註62〕

> 別子爲祖，繼別爲宗，繼禰者爲小宗。有百世不遷之宗，有五世則遷之宗。百世不遷者，別子之後也。宗其繼別子之所自出者，百世不遷者也。宗其繼高祖者，五世則遷者也。尊祖故敬宗，敬宗，尊祖之義也。〔註63〕

〔註62〕《禮記‧喪服小記》
〔註63〕《禮記‧大傳》

可見，嫡長子繼承制下的庶子、別子在祭祖權利和義務方面明顯低於宗子。所謂「別子爲祖」，鄭玄注解：「諸侯之庶子，別爲後世爲始祖也。謂之別子者，公子不得禰先君」；〔註64〕孔穎達也疏解道：『『別子』謂諸侯之庶子也，諸侯之適子適孫繼世爲君，而第二子以下悉不得禰先君，故云『別子』並爲其後世之始祖，故云『爲祖』也。」〔註65〕按照鄭注孔疏，「別子」是諸侯的庶子，因其不能繼承王位，不可以禰先君，需要另立新宗，所以繼「別子」以下的子孫後代就以此「別子」爲始祖。在父系血緣關係下，繼承「別子」的嫡子嫡孫是「百世不遷」的大宗，而與嫡子同父的庶子兄弟就是小宗。小宗從繼禰者開始，經過繼祖者、繼曾祖者到繼高祖者，五世以後的子孫又要另立新宗，即「五世則遷之宗」。在履行「尊祖敬宗」的倫理義務時，儘管小宗庶子不具有祭祖的權力，是爲了突出大宗的尊崇地位，但它卑於大宗、負有敬大宗的義務，從根本上說，也是「尊祖」意識的一種現實轉化。在此，尊卑意識限制著大、小宗之間祭祖權力的分配，而祭祖權力的行使又以強化「祖宗」觀念爲宗旨，從而使宗統範圍內的倫理義務與祭祖權力呈現出互動式關聯。

而在政治系統中，祭祀權力的享有，在君天子臣諸侯的關係下也存在顯著等差。前文引語中，「王者禘其祖之所自出，以其祖配之」，既包涵著「王權」源於「天命」的思想觀念，也表明了舉行祭祀儀式的制度規範。「不王不禘」規定只有王權政治的最高統治者——周天子，才可用「禘祭」形式來祭祀天帝。但周人在取得現實的王權統治中，是以文王施行德政爲先決基礎，所以，對西周王權統治來說，文王的創業之功，足以令後世天子將其作爲始祖來配祭天帝。在此，王者身份和地位是舉行「禘祭」的首要前提。所以，即便是「庶子」，一旦他具有「王」的身份，成爲天子，也是可以同等享有這種祭天權力的。這就說明，現實的政治身份和地位，決定著祭祀權力享有的實際級別。這種情形下，祭祀典禮有著嚴格的規定：

> 天子祭天地，祭四方，祭山川，祭五祀，歲遍。諸侯方祀，祭山川，祭五祀，歲遍。大夫祭五祀，歲遍。士祭其先……非其所祭

〔註64〕《十三經注疏》整理委員會整理：《禮記正義》（第三冊），北京：北京大學出版社，2000年版，第1122頁。

〔註65〕《十三經注疏》整理委員會整理：《禮記正義》（第三冊），北京：北京大學出版社，2000年版，第1175頁。

而祭之，名曰淫祀，淫祀無福。天子以犧牛，諸侯以肥牛，大夫以
索牛，士以羊豕。〔註66〕

在祭祀對象和祭祀物品上，從天子到士，皆有不同規定：天子可祭天，諸侯不可以；諸侯可祭祀封地內的山川，大夫不可以；大夫可以祭祀戶、竈、中霤、門、行五神〔註67〕，士不可以……不遵守規定的祭祀、祭錯對象或用錯祭品，都是「淫祀」，會帶來「無福」的後果，從而違背「事神致福」的祭祀初衷。儘管祭祀級別的享受所透露出的政治等級，是以王權體制為出發點，但祭禮「求福避禍」的原始訴求，表明人的內心意願在很大程度上影響著政治規範的實際效果。從天子到諸侯，到大夫，到士，血緣親情促使他們形成自上而下的統治系統，而這種尊卑有序的政治身份限定著包括祖先祭祀在內的祭禮級別，則會引發王權政治下血緣親情與政治尊卑之間既親密而又矛盾的關聯。

宗法系統中「別子」作為新宗始祖卻不可禰先君，與王權系統中天子禘祭可以「始祖」相配，形成鮮明對比，這種現象值得深究。「別子」不得舉行儀式祭祀其父祖先輩，是抑制祭祖賴以存在的血緣親情；「天子」祭天帝時以始祖相配，則是神化配祭意義上表現出的血緣親情。但實際上，對血緣親情的抑制也好，神化也罷，都以西周的現行王權體制為立足點。無論大宗統領小宗的宗統，還是以君統臣的君統，其實現系統目標的方式中都蘊涵著尊卑觀念。換言之，血緣親情和尊卑觀念並非彼此絕緣的，而是從整體上服務於宗統與君統並存的王權制社會。因此，西周採取血緣親情基礎上的「孝」和「友」這兩種道德原則來協調「父子」和「兄弟」的基本人倫時，卻又以構成王權統治保障的「刑罰無赦」來對待「不孝不友」的罪大惡極之人〔註68〕，從而使倫理道德協調與刑罰強制規範緊密集合。

在倫理道德意識與社會組織結構的整體關係中，本文認為關於宗法制適用範圍的爭議和討論〔註69〕，從根本上說，就是個體人格在人類自然的血緣

〔註66〕《禮記·曲禮》
〔註67〕《十三經注疏》整理委員會整理：《禮記正義》（第一冊），北京：北京大學出版社，2000 年版，第 178 頁。
〔註68〕《尚書·康誥》
〔註69〕金景芳先生在〈論宗法制度〉一文中對這個問題的由來有所說明，並試圖解決。他認為：「宗法之制，以分封制為前提條件，上不及天子諸侯之至尊，下不及庶人之至卑，僅行於大夫士階層。」在他看來，宗統與君統是兩個完全不同的範疇：宗統範圍內，是血緣身份決定的族權發揮作用；而君統範圍內，則是政治身份決定的政權發揮作用。周天子既是國家最高統治者，就不可列

親情與社會存在的王權體系之間如何處理二者複雜關係的問題。如果捨取倫理道德意識和社會組織結構中的任一方，宗法作爲一種禮制都無法實現其效果，要麼因血緣親情的自發而損害人倫規範的價值實現，要麼因王權體系的強制而妨礙規範的心理接受。從「系統哲學」的「範式」來說，「人是一種具體的，實際存在的系統，嵌套在同樣是具體的和實際的物理、生物和社會系統的重重疊疊的自然形成的等級體系中」〔註70〕，所以，不論周天子抑或普通民眾，在其個人與他人、宗族共同體、社會整體的關係中，履行與其具體身份相一致的權利和義務時，血緣情感與政治地位都不應是阻力，反而應是其個體生命鮮活的動力。

人類自然親情與社會制度規範的二重作用，決定了個人在意識到生理欲求與倫理要求的落差時，可以通過主體的內在心性修養，實現外在行爲規範的客觀效果，達到人心本性與倫理道德的一致。所以，郭沫若先生指出：「德字不僅包括著主觀方面的修養，同時也包括著客觀方面的規模——後人所謂『禮』……禮是由德的客觀方面的節文所蛻化下來的，古代有德者的一切正當行爲的方式彙集下來便成爲後來的禮。」〔註71〕「德」、「禮」統合不分是西周王權政治實踐與人倫道德原則相結合的抽象凝煉，迨至春秋戰國「禮壞樂崩」、「天下無道」的現狀時，「德」、「禮」不分的經驗傳統，已成爲一個亟須反思和創新的爭議話題。在眾多的話語表達中，以社會交往關係中的個體成人與人性禮儀化基礎上的聖王德政作爲中心內容的，惟有儒家。所以，是儒家對禮儀常識的掌握與禮制規範的審視，促成了禮學結構的豐富完善。

三、儒家對「禮」的學理反思

楊向奎先生說：「沒有周公不會有武王滅殷後的一統天下；沒有周公不會

入大、小宗的宗法系統中來討論。（參見氏著：《古史論集》，濟南：齊魯書社，1981 年版，第 111～141 頁。）龔建平則認爲：「在血緣仍起作用並被認爲是『天定』的條件下，天子不行宗法不可理喻。」（參見氏著：《意義的生成與實現——《禮記》哲學思想》，北京：商務印書館，2005 年版，第 339 頁。）

〔註70〕〔美〕歐文・拉茲洛：《系統哲學引論——一種當代思想的新範式》，錢兆華等譯，北京：商務印書館，1998 年版，第 359 頁。

〔註71〕郭沫若：《青銅時代・先秦天道觀之進展》，《中國古代社會研究》（外二種）（上），石家莊：河北教育出版社，2000 年版，第 322 頁。

有傳世的禮樂文明；沒有周公就沒有儒家的歷史淵源，沒有儒家，中國傳統的文明可能是另一種精神狀態。」〔註72〕言外之意，西周的禮制文明在經過儒家的傳承後，才彰顯出中國文明的獨特精神風貌。具體而言，有學者已經表達了儒家對西周禮制的發揚：「春秋戰國之際的『禮壞樂崩』並不意味著禮制徹底走向崩潰，這只是中國古代禮樂文化發展階段上的一次轉型。西周禮制經過此次轉化，找到了更加堅實的理論基礎；特別是經過儒家的努力，禮在『制』的基礎上滲入了『學』，有了思想的支撐，禮學形態更加完備。」〔註73〕將儒家對西周禮制的傳承和發揚精確定位在「學」的意義上，認為思想的支撐使得「禮」在學術形態上更加豐富完善，這就意味著繼祭祀禮儀、宗周禮制之後的「禮」在其自身演化中，正式進入禮學階段。

（一）儒家與「禮」

由前文可知，「禮儀」和「禮制」時期的「禮」也並非沒有意識觀念的內涵，只是鑒於人類理性認知水平的有限，「禮」在社會存在中的意義和價值多以「儀式」和「制度」的形式來凸顯。而到了「禮學」階段，傳統表現「禮」的意義和價值的方式，因為不能及時反映社會組織結構的變動，致使「儀式」和「制度」本身的存在和意義遭到質疑。這種情形下，決定「禮」在現實社會中的意義和價值的最終根據，成為相關人士爭相討論和力求解決的一個學理問題。因而，理性探討中的「禮」，圍繞著禮的本質、禮的價值與禮的功用等一系列問題，通過人們在過往的實際經驗和超越的理想信念間的總結和反思，以一種豐富完善的思想學說形態──「禮學」的面貌呈現。

春秋戰國時期，矢志於禮儀常識的掌握和禮制傳統的繼承，並認為在思想學說與社會制度的互動中，需要對歷史經驗和現實存在加以理性認知的，首推儒家。事實上，儒家與「禮」的淵源，自漢代以來已被人們從各種角度廣泛認可。司馬談指出：

> 儒者博而寡要，勞而少功，是以其事難盡從；然其序君臣父子
> 之禮，列夫婦長幼之別，不可易也。〔註74〕

班固也提出：

〔註72〕楊向奎：《宗周社會與禮樂文明》（修訂本），北京：人民出版社，1997年第2版，第141頁。

〔註73〕劉豐：《先秦禮學思想與社會的整合》，北京：中國人民大學出版社，2003年版，第36頁。

〔註74〕《史記・太史公自序》

> 儒家者流，蓋出於司徒之官，助人君順陽陽明教化者也。遊文
> 於六經之中，留意於仁義之際，祖述堯舜，憲章文武，宗師仲尼，
> 以重其言，於道最爲高。〔註75〕

如果說司馬談是從學派宗旨的角度，強調儒家所確立的人倫關係之「禮」具有規範社會秩序的實質意義，因而標示著儒家的本質特徵，那麼，班固則是從學派起源的角度，突出以孔子爲創始者的儒家是在對禮儀知識的掌握與禮制傳統的繼承中，通過經典文化的教學和倫理道德的發揚，保持著眞理追求的廣度與深度。儘管胡適先生對於諸子之學出於王官〔註76〕不以爲然，認爲包括孔子在內的諸子之學「皆應時而生」，是「憂世之亂而思有以拯濟之」〔註77〕，但他仍提出最初的「儒」是殷商遺民，是「『殷禮』的保存者與宣講師」〔註78〕。這樣，「儒」與「儒家」、禮儀知識與西周禮制之間的聯繫，在胡先生那裡似乎都被割斷了，遑論「儒家」與「禮」的淵源。在此情形下，馮友蘭先生考察儒家起源時，尚能留意到「儒」到「儒家」的發展伴隨著對禮儀常識的一種職業性熟悉到禮制根據的一種學理性訴求，並強調「孔子不是儒之創立者，但乃是儒家之創立者」〔註79〕，足見其心思縝密。

侯外廬先生曾從春秋時期的社會變化角度，斷定平王東遷以後，有血有肉的西周思想文物成了形式的具文和教條，詩書禮樂的思想變成單純的儀式而無內容。但因爲這些教條和儀式並非常人所能勝任，而是需要一批專門傳授者來爲貴族裝點門面，所以，鄒魯縉紳先生及時出現。縉紳先生是以詩書禮樂爲職業的儒者，其「先王爲本，今世爲用」的過渡思想，一方面把西周的思想作爲「儒術」而職業化，是受西周傳統力量的束縛，將西周的思想文化形式化；另一方面由春秋的縉紳儒術蛻變出前期儒家思想，則是適應由諸

〔註75〕《漢書・藝文志》

〔註76〕具體到以孔子爲首的儒家，「王官」即指班固最早提出的司徒之官。按照《周禮》所反映的周代職官制度，「司徒」以教化民眾、安邦定國爲職責，通過祀禮、陽禮、陰禮、樂禮、儀、俗、刑等等內容的教導，喚醒民眾的道德意識和政治義務。可詳見《周禮・地官・大司徒》。

〔註77〕姜義華主編：《胡適學術文集・中國哲學史・諸子不出於王官論》上，北京：中華書局，1998 年版，第 591 頁。

〔註78〕姜義華主編：《胡適學術文集・中國哲學史・說儒》下，北京：中華書局，1998 年版，第 620 頁，第 626～627 頁。

〔註79〕馮友蘭：〈原儒墨〉，《中國哲學史・附錄》，上海：華東師範大學出版社，2000 年版，第 363 頁。

侯而大夫的過渡階段，反映春秋「私肥於公」的社會變化。〔註80〕其實，侯先生將儒家思想的形成看成社會變化的需要，與胡適先生斷定諸子之學是「應時而生」，並無根本差異；但侯先生對思想傳承與文化傳統的重視，卻與胡先生在此問題上的忽視正好形成對比。

在儒家創始人孔子那裡，「世之亂」的社會危機可以「天下無道」來概括，其禮樂崩壞的社會現象背離了西周時期確定的「文」化規模：

> 天下有道，則禮樂征伐自天子出；天下無道，則禮樂征伐自諸侯出。自諸侯出，蓋十世希不失矣；自大夫出，五世希不失矣；陪臣執國命，三世希不失矣。天下有道，則政不在大夫。天下有道，則庶人不議。〔註81〕

所謂「天下有道」，是一種王權政治社會，「禮樂征伐自天子出」；而發生禮樂征伐自「諸侯出」、「大夫出」乃至「陪臣執國命」的情形，則是王權政治受到挑戰、霸權政治迭興的反映。西周禮制文明確定的君天子臣諸侯關係，在平王東遷以後，已被夷狄入侵和諸侯爭霸的現實困擾所動搖。禮制規範動搖的直接後果，就是引發對「禮」的存在價值及其表現方式的猜疑。但自孔子以來的儒家在表明「從周」立場時，更進一步確定了「禮」的內在價值基礎，並將「禮」定位成一種社會生活方式，貫穿在「人」的生命成長和價值實現的整個人生中。

有學者提出，儒學中「禮觀念」的神聖性價值源於春秋中、後期對「禮」的信仰，而不是西周禮制的以「天」為源頭；對「禮」的信仰是對「禮」體現的生命理想的一種共同信念，而不只是貴族生活的規範儀式，它以人類價值的穩定「斯文」為精神目標；春秋時期「禮」受到普遍信賴並被神聖化的歷史原因之一，是對夏商周三個王族輪流佔據華夏歷史發展中心的認同，以及夷狄入侵造成的諸夏對「文」、「野」得失的戒懼，反向促使著禮、文價值成為超越政治成敗的人類基準。〔註82〕這種看法有其獨到之處，尤其對於理解「禮」與「華夷之辨」、「文野之分」的歷史淵源大有裨益。一定意義上說

〔註80〕侯外廬等：《中國思想通史》（第一卷），北京：人民出版社，1957 年版，第139～141 頁。

〔註81〕《論語‧季氏》

〔註82〕顏世安：〈原始儒學中禮觀念神聖性價值的起源〉，《中國哲學史》，2005 年第4 期。

「禮」成為一個觀念範疇，其思想史事件發生在西周之後的春秋時期〔註83〕，也未嘗不可。但有必要指出，思想史中的「禮觀念」，在儒家先師孔子那裡是以人類自然親情與社會制度規範的關係問題為實質內容的，而這實際上是自人類社會有史以來就實際存在的。因此，本文對於儒學中「禮」觀念的內涵，從儒家代表人物對此問題的解決上來加以說明。

（二）禮的內在價值基礎：人情

儒家明確將人情作為禮的內在價值基礎。原始文明發生時，人類對神靈的敬畏之情是宗教行為和氏族生活的基本原則，而西周禮制創建中，人類血緣親情的親疏遠近是宗族倫理義務和政治地位高低的天然基礎，這些都是儒家面臨人類自然情感與社會制度規範關係問題的歷史淵源。早期儒者為人相禮治喪，是以其對禮儀形式的的職業熟悉為條件的。但孔子在答覆「禮之本」的疑問時，卻著重人類真實情感的質樸表達是禮的根本所在，它甚至超過禮儀形式的過分講究和求全責備：「禮，與其奢也，寧儉；喪，與其易也，寧戚。」〔註84〕因此，即便是對鬼神采取敬而遠之的理智態度，孔子仍然強調一旦參加祭祀活動時，祭祀者需要抱持「祭神如神在」的虔誠態度，對祭祀對象懷有一種真切感受。這種喪祭活動中對人類真情實感的要求，使得禮儀因人情而充實，人情因禮儀而表達，因此，禮儀基礎上的禮制，歸根結底也在於日常生活中的情感交流。所以，當宰我試圖將「三年之喪」的喪期縮短為一年時，孔子指出：「子生三年，然後免於父母之懷。夫三年之喪，天下之通喪也。予也有三年之愛於其父母乎？」〔註85〕正是父母對子女的親情養育，才使子女為父母守孝三年其實表達的也是一種感恩之情。李澤厚先生對此作出分析：「孔子把『三年之喪』的傳統禮制，直接歸結為親子之愛的生活情理，把『禮』的基礎直接訴之於心理依靠……這就把『禮』以及『儀』從外在的規範約束解說成人心的內在要求，把原來的僵硬的強制規定，提升為生活的自覺理念，把一種宗教性神秘性的東西變而為人情日用之常，從而使倫理規範與心理欲求融為一體。」〔註86〕所以，若縮短喪期真能心「安」，也就無謂遵

〔註83〕 顏世安：〈禮觀念形成的歷史考察〉，《江蘇行政學院學報》，2003 年第 4 期。
〔註84〕 《論語·八佾》
〔註85〕 《論語·陽貨》
〔註86〕 李澤厚：《中國古代思想史論》，天津：天津社會科學院出版社，2003 年版，第 14 頁。

循禮制傳統，但孔子認為只要是念及父母與子女間親情傳遞的人，是絕對不會違反「三年之喪」的傳統的，除非此人「不仁」。

　　在孔子眼中，喪祭禮儀透露的是人類最自然的眞情實感。因此，儒家重視喪葬禮儀，但卻並不主張「厚葬」，這從孔子制止其弟子為顏淵舉行葬禮時為其「請椁」以及孔鯉死後「有棺而無椁」就可以看出。〔註 87〕孟子則進一步認為，埋葬親人遺體的喪禮之所以產生，其實也是發自於人的內心情感需要：

> 蓋上世嘗有不葬其親者，其親死，則舉而委之於壑。他日過之，狐狸食之，蠅蚋姑嘬之。其顙有泚，睨而不視。夫泚也，非為人泚，中心達於面目，蓋歸反虆梩而掩之。掩之誠是也，則孝子仁人之掩其親，亦必有道也。〔註88〕

孟子推測「上世」不葬親人遺體是否屬實，在此不予評論。但孟子對喪禮起源從「道」的角度的說明，認為野生動物以暴露的親人遺體為食，會使人油然而生悔恨之情，從而促使著喪葬禮儀的產生，則與孔子強調喪禮重在哀戚之情的表達有著內在一致性。不過，因為孟子時代的墨家學派提倡「節葬」，而孟子有意與其抗辯，遂認可「厚葬」。因而，在葬母時，孟子盡財力物力來打造「棺椁」。孟子的這一行為看似與孔子有別，而且也遭致時人的質疑，但他指出棺椁的禮制規定是以「盡於人心」為準，只要條件許可，「厚葬」父母就是理所應當。〔註 89〕這種「盡心」的禮制原則，自天子至庶人一概如此。因此，當齊宣王主觀上想縮短三年喪期為一年時，公孫丑認為這總比不守喪要好，但孟子卻表示反對。在他看來，「三年之喪，齊疏之服，飦粥之食，自天子達於庶人，三代共之。」〔註90〕

　　如果說孔子強調對禮制傳統的遵循，是以人類情感交流的現實狀態作為實行禮制的根本基礎，而孟子對傳統禮制的維護，是從個體情感發生的內在需要來衡量禮制傳統的心理接受，那麼，荀子對禮制人文的認可，則是在人類情感節制的內外要求上表現禮制文明的理性智慧。荀子認為先王制禮義，是出於人生欲望的合理滿足與社會資源的分配供給之間內在聯繫的需要。因

〔註87〕 《論語・先進》
〔註88〕 《孟子・滕文公上》
〔註89〕 《孟子・公孫丑下》
〔註90〕 《孟子・滕文公上》

為，爭奪有限的社會資源來滿足無限的個人欲望，會造成人類社會處於混亂無序狀態。所以，荀子認為一個理想安寧的社會狀態，需要宇宙自然、人類繁衍和政治教化的三者統一，因而，天地、先祖和君師是「禮」賴以存在的三個根源。〔註91〕但荀子又認為：「禮以順人心為主，故亡於禮經而順人心者，皆禮也。」〔註92〕可見，荀子的視野中，「禮」的客觀存在是人類社會群體有序狀態的需要，也是個體人性修養的主體性要求，是外在規範與內在心性的統一。然而，荀子「化性而起偽」的人性觀表明，人性包涵著生理欲望的自然屬性和道德理想的社會屬性。所以，荀子指出：

> 禮者，謹於治生死者也。生，人之始也；死，人之終也：始終俱善，人道畢矣。故君子敬始而慎終。終始如一，是君子之道，禮義之文也。夫厚其生而薄其死，是敬其有知而慢其無知也，是姦人之道而倍叛之心也。
>
> 喪禮者，無他焉，明死生之義，送以哀敬，而終周藏也。
>
> 三年之喪，何也？曰：稱情而立文，因以飾群，別親疏貴賤之節，而不可益損也。〔註93〕

對生命始終的敬重，是出於對「生」的歡樂和「死」的悲哀的人類自然情感。這種自然情感的表達，不因生命感知能力的有無而產生厚薄差異，是有道德內涵的「君子」人格的基本特徵。但在荀子那裡，對生命終結的悲哀之情既然要通過喪禮來表現，那麼，儀式本身所具有的象徵意義及其社會屬性就不能不在其中得到相應的體現。所以，「三年之喪」是禮制人文特徵的表現：一方面，是在規定的時間內表達失去至親的悲哀之情，其實是對人情的一種節制；另一方面，通過喪期內對各種禮儀規定內容（如服飾、飲食等）的遵守，又可以反映服喪者與死者的血緣親疏關係和貴賤等級關係。

可見，即便孔孟荀三人都將人情作為禮的內在價值基礎，但在情的作用機制與禮發生具體聯繫時，三人又各有不同。這種不同其實源於三人對人性看法的細微差異，因此，人的價值實現與人性修養在孔孟荀那裡也總是與「禮」脫不開干係。

〔註91〕《荀子・禮論》
〔註92〕《荀子・大略》
〔註93〕《荀子・禮論》

（三）禮的體驗過程：人性修養

張岱年先生指出人性學說是「古代思想家力求達到人的自覺的理論嘗試，也就是力求達到關於人的自我認識的理論嘗試」〔註94〕，「自來論性者，並非專爲研究性而研究性，而是爲討論修養、教育、政治，不得不討論性。應如何施教，應如何爲政，須先看人之本來狀態是如何，於是便提起性的問題」。〔註95〕儒家認爲，「禮」所具有的政治教化意義，是在人的本來狀態到理想狀態的實現，即「成人」過程中體現出來的。

孔子罕言「性」並不表示他不重視人性問題的探討，事實上，他通過自身的禮儀實踐，充分展現了人性修養的魅力所在。孔子年幼時在遊戲中「常陳俎豆，設禮容」，年長後進入太廟參加祭祀時又好問，對「禮」抱持著虛心求學的態度。他總結自己的人生各階段，「三十而立」是立於「禮」，「七十而從心所欲，不踰矩」〔註96〕是不踰越「禮」。孔子一生是不斷學習、提高自身修養、成就「聖人」的過程。孔子在「禮」中修養身心的過程，可從《論語》中的《鄉黨》篇得到有力說明。《鄉黨》記錄孔子在日常生活中的禮儀實踐，主要集中在衣、食、住、行、言五個方面，是孔子將履行外在儀式與內心情感表達相統一的過程。禮儀實踐與日常生活融爲一體，使得日常生活中無所不在的禮儀實踐，因其對人的形體姿式和神情容貌的具體規定，成爲修養身心的一種最佳方式。而通過孔子的親身實踐又可表明，禮儀實踐並非一種抽象的理論說明，而是一幕幕生活情境的展現。所以，芬格萊特認爲：「孔子最實質性的洞見之一，恰恰正是認爲人性可以通過禮的意象來理解和把握。他看到，正是善於學習傳統的禮儀實踐才把人和動物以及無生物區別開來。他看到，在學習精熟的傳統實踐中內在地具有一種多麼神奇的力量，一種多麼富於人性的力量，這種力量是與強迫威脅和命令完全不同的。」〔註97〕

如果說《鄉黨》的記錄是從行爲實踐上說明人性修養是「禮」的體驗過程，那麼，「克己復禮爲仁」〔註98〕反映的就是一種嚴肅的理論思考。人（己）、

〔註94〕張岱年：《中國倫理思想研究》，南京：江蘇教育出版社，2005年版，第78頁。

〔註95〕張岱年：《中國哲學大綱》，北京：中國社會科學出版社，1982年版，第251頁。

〔註96〕《論語・爲政》

〔註97〕〔美〕赫伯特・芬格萊特：《孔子：即凡而聖》，彭國翔、張華譯，江蘇人民出版社，2002年版，第63頁。

〔註98〕《論語・顏淵》

禮、仁三者的關係，再沒有比「克己復禮爲仁」更清楚的說明了。在孔子思想中，「仁」是「愛人」的一種內在心理情感，更是一個可以包羅一些具體德目，並賦予其它倫理規範以「意義」的最高層次的道德，因而具有普遍性價值；而「禮」在孔子眼中，是西周宗法社會的一種正當合理的行爲規範和準則，可看成「仁」在特定社會條件下的外在化表現。那麼，「克己復禮爲仁」該如何認識？杜維明先生的看法可資借鑒：「仁」與「禮」之間存在一種創造性張力，意味著它們的互相依賴；「克己」與修身的概念密切相接，並在實踐上等同；「復禮」是使人們與「禮」相符，但不是消極的順應而是積極的參與；「克己復禮爲仁」的涵義，即孔子消弭「仁」和「禮」衝突的方法在於維持二者間的創造性張力並從事道德的修身；「仁」與「禮」創造性張力的眞實基礎，是儒家關心的「成聖」問題，即完全實現成爲一個眞實的人過程；作爲「仁」的外在化的「禮」，其基礎存在於自我實現的概念中。〔註99〕可以說，「克己復禮爲仁」也是孔子人生經歷的一種概括，即孔子是在對周代禮制的創新發揚中達到聖人境界的。

與孔子的罕言「性」以及「性相近」的說法不同，孟子大大深化了「性」的道德意涵，主張性善說。但正如學者所說，孟子性善論的思路是「即心言性善」〔註100〕，以「心善言性善」〔註101〕，其實質是「性善論並不是『性本善論』、『性善完成論』，而是『心有善端可以爲善論』。」〔註102〕孟子認爲，人心中都包涵著四種善端，即仁之端、義之端、禮之端、智之端，它們是人心內在涵有的四種道德品質，從根本上來源於四種道德情感，即「惻隱之心，仁也；羞惡之心，義也；恭敬之心，禮也；是非之心，智也。仁義禮智，非由外鑠我也，我固有之也，弗思而矣。」〔註103〕具有四種道德情感的心善，只有經過人的自覺擴充，才能在人的外在行爲中得到表現，即「凡有四端於我者，知皆擴而充之矣，若火之始然，泉之始達。苟能充之，足以保四海；

〔註99〕杜維明著、郭齊勇、鄭文龍編：《杜維明文集·仁與修身》第4卷，武漢：武漢出版社，2002年版，第14～25頁。

〔註100〕唐君毅：《中國哲學原論·原性篇》，北京：中國社會科學出版社，2005年版，第13頁。

〔註101〕徐復觀：《中國人性論史·先秦篇》第六章，上海：上海三聯書店，2001年版。

〔註102〕楊澤波：《孟子評傳》，南京：南京大學出版社，1998年版，第320頁。

〔註103〕《孟子·告子上》

苟不充之，不足以事父母。」〔註104〕所以，在內在道德品性到外在道德行爲的擴充實現中，原本潛在意義上的心善，因爲人的道德主體性的發揮，成爲現實人性善的基本依據。對此，余紀元先生指出：「『性』之所以爲善，主要是因爲其本性基礎是善的。我們天生的四端提供了我們向善的潛在可能性。像天生趨向一樣，四端使人與動物區分開，不過，是它們的充分發展才使一個人眞正成之爲人。一個人是善的，這需要四端的圓熟。」〔註105〕由於仁、義、禮、智在人倫道德上的共存互動，所以，人性善的實現在孟子那裡也可由禮的體驗來集中說明。孟子認爲：

> 仁也者，人也。合而言之，道也。〔註106〕

> 君子所以異於人者，以其存心也。君子以仁存心，以禮存心。

> 仁者愛人，有禮者敬人。愛人者，人恒愛之；敬人者，人恒敬之。

> 〔註107〕

> 仁之實，事親是也；義之實，從兄是也；智之實，知斯二者弗
> 去是也；禮之實，節文斯二者是也……〔註108〕

> 動容周旋中禮者，盛德之至也。〔註109〕

源於人類自然親情的「仁」，可以從根本上反映人之所以異於禽獸的道德本性。但蘊涵著道德本性的良心、本心，可能因外在環境的「陷溺」、感官之欲「蔽於物」而放失，所以，存養良心、本心是成就現實人性善（君子）的可靠途徑。由於人的道德本性是以承認人與人之間倫理關係的存在爲前提，所以，人性善落實在現實社會的道德規範意義，就是在仁、義、禮、智的共存互動中，彰顯出人的道德主體地位。「禮」作爲人的道德本性之一，源於恭敬、辭讓之心。而「敬」在人際交往雙方間的互動，使人的道德本性不論是在根源存在（雙方都有恭敬之心），抑或現實表現（互敬行爲的產生）上都得到了一次確證。所以，現實人倫規範的「禮」，可以在「事親」之「仁」和「從兄」之「義」之間發揮「節文」的作用，從而在某種意義上發揮著統管仁、義、智的作用。因此，在

〔註104〕《孟子·公孫丑上》
〔註105〕〔美〕余紀元：《德性之鏡：孔子與亞里士多德的倫理學》，林航譯，北京：中國人民大學出版社，2009年版，第116～117頁。
〔註106〕《孟子·盡心下》
〔註107〕《孟子·離婁下》
〔註108〕《孟子·離婁上》
〔註109〕《孟子·盡心下》

孟子看來，發自內心的、神情舉止都能合乎禮儀要求的外在行為，就是人性道德的最完滿表現，「像孔子一樣，孟子也強調禮儀化的重要地位。」〔註110〕

荀子對孟子的「人之性善」不以為然，而且正是在「人之性惡」的基礎上，他闡發了禮義教化和刑罰政治相結合對於社會治理的必要性：

> 凡古今天下之所謂善者，正理平治也；所謂惡者，偏險悖亂也。是善惡之分也已。今誠以人之性固正理平治邪？則有惡用聖王，惡用禮義矣哉！雖有聖王禮義，將曷加於正理平治也哉！今不然，人之性惡。故古者聖人以人之性惡，以為偏險而不正，悖亂而不治，故為之立君上之埶以臨之，明禮義以化之，起法正以治之，重刑罰以禁之，使天下皆出於治，合於善也。〔註111〕

在荀子那裡，所謂「善」、「惡」是用來界定人類社會群體存在的治亂狀態的用語，因而不適用於判斷個體生命的本質屬性。也就是說，人性是不能用孟子那種道德上的善惡來一錘定音，否則聖王制定禮儀規範來約束個體行為就失去了根本意義。所以，與禮儀規範存在的現實合理性相一致的是，荀子倡導一種普遍的「化性而起偽」的人性修養學說。其中，「偽」是每一個生命個體在「生之所以然」的「性」的基礎上，經歷情性的「矯飾」和「導」、「正」，進而融入社會群體的身心修養過程所塑造出的理想人格上的一種「善」：

> 人之性惡，其善者偽也……從人之性，順人之情，必出於爭奪，合於犯分亂理而歸於暴。故必將有師法之化，禮義之道，然後出於辭讓，合於文理，而歸於治。用此觀之，然則人之性惡明矣，其善者偽也。

> 可學而能，可事而成之在人者謂之偽。〔註112〕

> 無性則偽之無所加，無偽則性不能自美。性偽合，然後聖人之名一，天下之功於是就也。故曰：天地合而萬物生，陰陽接而變化起，性偽合而天下治。〔註113〕

正因為如此，《四庫全書總目提要》評《荀子》時，一方面認為性惡善偽的說法「於理未融」；另一方面又解釋這個說法是荀卿「恐人恃性善之說，任自然

〔註110〕〔美〕余紀元：《德性之鏡：孔子與亞里士多德的倫理學》，林航譯，北京：中國人民大學出版社，2009年版，第189頁。

〔註111〕《荀子・性惡》

〔註112〕《荀子・性惡》

〔註113〕《荀子・禮論》

而廢學」。從這一論斷也能看出，人爲的經驗學習活動在荀子的人性修養思想中佔據重要地位。

事實上，荀子認爲無論從學習的對象還是目標來說，都離不開「禮」：

今人之性，固無禮義，故強學而求有之也；性不知禮義，故思慮而求知之也。〔註114〕

學惡乎始？惡乎終？曰：其數則始乎誦經，終乎讀禮……禮者，法之大分，類之綱紀也，故學至乎禮而止矣。夫是之謂道德之極。禮之敬文也，樂之中和也，詩、書之博也，春秋之微也，在天地之間者畢矣。〔註115〕

故學也者，禮法也。〔註116〕

一方面，對禮學經典的學習是獲取各種傳統文化知識的基本途徑；另一方面，對禮義的認知和禮法的學習也是履行禮制規範的基本前提。荀子指出：「聖人也者，道之管也。天下之道管是矣。詩言是，其志也；書言是，其事也；禮言是，其行也；樂言是，其和也；春秋言是，其微也。」〔註117〕「故學也者，固學止之也。惡乎止之？曰：止諸至足。曷謂至足？曰：聖也。聖也者，盡倫者也；王也者，盡制者也。兩盡者，足以爲天下極矣。故學者，以聖王之制爲法，法其法，以求其統類，以務象效其人。」〔註118〕可見，荀子所認定的「聖王」人格是將人倫規範的理性認知轉化爲實際效用的典範。因此，杜維明先生指出：「荀子認爲人完美化的過程包含著一個心靈認識功能和社會強制這兩者之間複雜的相互作用。人的完美的層次可由人性適應那經由人類心靈的智力所領悟、理解到的社會共同價值和標準的能力而得到界定。這樣，人有意參與完善化的過程就取決於自己內在的修身與對社會理想的依順。但以牢固地建立起來的禮儀形式爲準則，即『可塑性』這一概念無疑是荀子教育奮鬥的中心。」〔註119〕換言之，在荀子的思想中，人性修養的轉化過程也就是對「禮」的認知和踐行的體驗過程。

〔註114〕《荀子·性惡》
〔註115〕《荀子·勸學》
〔註116〕《荀子·修身》
〔註117〕《荀子·儒效》
〔註118〕《荀子·解蔽》
〔註119〕杜維明著、郭齊勇、鄭文龍編：《杜維明文集·仁與修身》第4卷，武漢：武漢出版社，2002年版，第62頁。

（四）禮的時宜原則：人倫規範

儒學發展脈絡中以「宜也」界定「義」，是將「義」作爲禮制規範賴以產生的基礎之一。但是，若要細究「義」與「禮」的這種關聯，《說文解字》的解釋則具有啓發意義：「義，己之威儀也。」段玉裁注解說：「義之本訓謂禮容各得其宜，禮容得宜則善矣。」〔註120〕這表明禮的形式化意義所反映的實質內容，應是「義」和「禮」發生聯繫的關鍵。綜觀儒學基本範疇的豐富和完善過程，「義」表達的正是個人的外在行爲活動與人倫社會規範之間的一種雙向互動——從內在品性到外在行爲的人的自我價值的實現受到人倫社會規範的制約，而同時，人倫社會規範的作用又是在個人自我人格由內而外的塑造過程中得到具體表現。也就是說，「義」的個人行爲的產生及意義，既是社會倫理規範持續存在的原因又是其結果，二者之間的動態關聯從根本上表明人的外在行爲方式始終是與其社會性相伴而生的。因此，人與人之間倫理關係的社會時代性在實際上構成禮儀規範的具體內容。

孔子說：「君子義以爲質，禮以行之，孫以出之，信以成之。君子哉！」〔註121〕在此，「義」是道德修養較高的君子人格的一種內在品質，而「禮」則是君子在外在行爲上的一種表現。孔子眼中「文質彬彬」的君子是由其內在道德品質出發，從而使其外在行爲必然符合人倫規範——「禮」的一種典範。就是說，「義」在此成爲「禮」的實質，而「禮」則是「義」的表現。這裡，「義」作爲內在道德品質的獨特含義應該是它與「禮」的規範意義發生作用的關節點。勞思光先生指出，《論語》中的「義」是指「正當」或「道理」〔註122〕。這說明，「義」其實又是以人的道德水平和認知能力爲先決條件來引導人倫社會關係下的個人行爲。禮儀習慣作爲一種現成的道德文化傳統雖然對個人行爲有著原始的潛移默化作用，但一旦人的道德修養水平和理性認知能力得到提升以後，禮儀習慣傳統本身在當下的正當性或合理性又會被重新審視，因此，這種禮學走向深入——禮儀習慣規範意義的實現與其實質性價值內容重構的過程，正好可以反映出「義」的內涵與「禮」之間的歷史淵源。換句話說，禮學在社會發展中的不斷深化和推進，正是構成「義」的實質的

〔註120〕〔漢〕許慎撰、〔清〕段玉裁注：《說文解字注》，杭州：浙江古籍出版社，1998年版，第633頁。

〔註121〕《論語·衛靈公》

〔註122〕勞思光：《新編中國哲學史》一卷，桂林：廣西師大出版社，2005年版，第83頁。

具體內容。在孔子那裡，「禮」的實行，其形式化意義與實質性內容所彰顯的人倫規範，總是能引起他的特別關注，並被賦予時代新解。

　　魯卿季氏僭用天子「八佾舞於庭」的樂舞儀式，是嚴重違背君天子臣諸侯的君臣倫理的一種行為，實行這種不符合政治身份的禮儀是對禮制規範社會秩序傳統的一種嚴重破壞。對嚮往西周禮制文明傳統的孔子來說，禮樂崩壞的社會現實使其更堅持「君君、臣臣、父父、子子」這種出於人倫規範的「為政以德」的主張。但與堅持政治秩序上相應禮儀相反的是，孔子也會對那些反映個人價值觀和道德品德的禮儀的時代變革，採取或贊成或否定的態度，以其自身態度來表明禮儀傳統並非不可改變——沒有一成不變的禮儀，創新禮儀才是禮制規範維持的現實出路。因為節儉是一種美德，所以，孔子接受大眾用黑絲來代替績麻製作禮帽。但是，當民眾見君上時把原本在堂下所行的跪拜禮改為堂上跪拜時，孔子又不能接受。這是因為跪拜禮所表達的恭敬態度經變革後已完全被驕慢充斥，所以，孔子才會「違眾」而「從下」〔註123〕。因此，孔子是通過對禮儀行為所表現的實質意義的鑒別，在為禮的形式化規範意義尋求內在價值基礎時，將禮的行為的最終根據落實在人類最原始的血緣親情基礎上，使包涵「愛人」情感並可以代表眾德的「仁」成為個人行為合「禮」的必要條件：「人而不仁，如禮何？」〔註124〕「孝悌也者，其為仁之本歟！」〔註125〕另一方面，從個人外在行為是否合「禮」的實際表現，也可以反過來判斷此人是否具有包括「仁」在內的道德品德。所以，孔子將「禮」作為「成人」，履行各種道德規範的標準：「若臧武仲之知，公綽之不欲，卞莊子之勇，冉求之藝，文之以禮樂，亦可以為成人矣」〔註126〕，「恭而無禮則勞，慎而無禮則葸，勇而無禮則亂，直而無禮則絞」。〔註127〕因而，勞思光先生曾經指出「仁」、「義」、「禮」是孔子理論的主脈，「孔子之學，由『禮』觀念開始，進至『仁』、『義』諸觀念。」〔註128〕生活在周禮傳統遭遇挑戰和破壞的時代，孔子因為對禮制規範社會秩序的嚮往和憧憬，使其將正當的、

〔註123〕《論語・子罕》

〔註124〕《論語・八佾》

〔註125〕《論語・學而》

〔註126〕《論語・憲問》

〔註127〕《論語・泰伯》

〔註128〕勞思光：《新編中國哲學史》一卷，桂林：廣西師大出版社，2005 年版，第81 頁。

合理的禮儀行爲的最終根源落實在人類自身的心理感受基礎上，從而在「禮」與「仁」之間，因爲「義」的行爲的產生和說明將禮儀的內在價值基礎與其人倫規範意義貫通聯繫起來。有學者指出：「『義』擁有規範力量，卻並不是自行建構一個標準。實現『義』不是貫徹執行什麼嚴格的方針。該行爲至少在某種程度上是自發和具有創新性的。」〔註129〕也就是說，從孔子創立儒學的「成人」主題來說，「義」是兼具道德修養與人倫規範雙重內涵的範疇，這正是「義」成爲「禮」的實質而「禮」是「義」的表現必須以「君子」人格爲前提和旨歸的根本原因所在。

因爲孔子對「仁」、「義」、「禮」的思考，《中庸》進一步指出：「仁者，人也，親親爲大；義者，宜也，尊賢爲大。親親之殺，尊賢之等，禮所生也。」這就明確將社會秩序上的禮儀制度，立足於人倫社會關係中道德人格的修養與政治倫理的規範的共同基礎之上。儘管如此，「見而知之，智也。知而安之，仁也。安而行之，義也。行而敬之，禮也。仁，義禮所由生也，四行之所和也」〔註130〕、「仁，內也。義，外也。禮樂，共也」〔註131〕、「仁生於人，義生於道。或生於內，或生於外」〔註132〕的系列說法，難免又使人得出「仁『生於內』即生於內心，義『生於外』即生成於人們的習俗規範」〔註133〕的論斷，從而缺失了孔子賦予「義」的人性修養與倫理規範同步作用的雙重內涵，這就與孟子批判的告子的「仁內義外」主張表現出相似性。孔孟之間的這段小插曲，促使孟子在仁、義、禮作爲人性本善的道德意義上考慮得更加深入，詳細闡發了人倫規範下「禮」的道德意義的內在作用機制。

孟子說「告子未嘗知義，以其外之也」〔註134〕，他提倡聖王那種「由仁義行，非行仁義」〔註135〕的由人的內在道德本性發出其道德行爲的個人行爲

〔註129〕〔美〕郝大維、安樂哲：《通過孔子而思》，何金俐譯，北京：北京大學出版社，2005年版，第120頁。

〔註130〕荊門市博物館編：《郭店楚墓竹簡‧五行》，北京：文物出版社，1998年版，第150頁。

〔註131〕荊門市博物館編：《郭店楚墓竹簡‧六德》，北京：文物出版社，1998年版，第188頁。

〔註132〕荊門市博物館編：《郭店楚墓竹簡‧語叢一》，北京：文物出版社，1998年版，第194頁。

〔註133〕梁濤：《郭店楚簡與思孟學派》，北京：中國人民大學出版社，2008年版，第188頁。

〔註134〕《孟子‧公孫丑上》

〔註135〕《孟子‧離婁下》

方式。因而，「敬長」行爲表達對長者的尊敬之情，在告子看來，不會因爲長者與自己是否是同胞關係而有所區別，這就意味著「義」是外在的〔註136〕；但在孟子看來，道德情感的發生源於道德主體，尊敬長者的情感是由尊敬者本人內心發出的，而不是從被敬者的內心發出，所以，「義外」從根本上不符合人的內心先天具有五種基本道德品質的人性善思想。另外，特定場合下「敬長」行爲可能會發生衝突，也從事實經驗上表明外在的道德行爲是發自於道德主體的內心情感活動。在舉行鄉飲酒禮的場合下，家族成員裏的兄長與鄰里鄉黨中的長者都需要尊敬，但在敬酒時，即便恭敬自己的哥哥，還是要向年長的鄉鄰先敬酒。這種禮儀場合下的敬長行爲，如果換在告子那裡，由於哥哥是長者，鄉鄰也是長者，那麼，根本無法確定何種行爲才是「義」。但是，孟子將道德情感深埋於道德主體的內心中，並且認定道德行爲是發自內心本性的擴充和實現，所以，心性活動的自我協調就爲外在行爲衝突的化解提供了一種內在根據，因此，爲了社會倫理行爲的適當伸張，鄉飲酒禮時先敬年長的鄉鄰，即使暫時抑制了家族倫理規範所表達的血緣親情，也是一種正當合理的行爲。也就是說，在這種人倫行爲可能面臨衝突的情形下，「禮」的行爲既是出於人的內在性情，同時也對內心產生的不同情感進行了一定的調節。

孟子一方面說仁義禮智是人先天具有的四種內在道德品質，分別出於惻隱之心、羞惡之心、辭讓之心、是非之心，另一方面又明確指出「仁之實，事親是也；義之實，從兄是也；智之實，知斯二者弗去是也；禮之實，節文斯二者是也」。〔註137〕可見，在孟子看來，人倫社會關係中，「禮」的實質是對各種道德行爲所抒發的內在心理情感的積極弘揚（「文」）和消極約束（「節」）。四心之中，自發性情感「惻隱」、「不忍」所引發的行爲「仁也者，人也」〔註138〕是孟子舉證人性先天具備「良知」、「良能」的性善思想的首要內容和根本前提；另一方面，對「心之官則思，思則得之，不思則不得也。

〔註136〕「義」在告子的視野裏，是否還具有情感的意味，有學者持否定看法。德國學者羅哲海闡述告子的「仁內義外」說時，就認爲：「雖然他把仁稱做『內』，卻不是對孟子的讓步，而是在他看來，仁只不過是血親之間的那種本能歸屬感，生物學的角度並未被他拋棄。至於『義』，則是遵循著習以爲常的『各處其宜』之概念，並沒有情感的基礎，因此只是外在、他律的規範。」參見〔德〕羅哲海：《軸心時期的儒家倫理》，陳詠明、瞿德瑜譯，鄭州：大象出版社，2009 年第 2 版，第 264 頁。
〔註137〕《孟子‧離婁上》
〔註138〕《孟子‧盡心下》

此天之所與我者」〔註139〕的肯定，也使心性活動的擴充存養整體上建立在理性認知的基礎上。因此，「羞惡」實際上表明人的外在道德行爲在根本上受道德主體的內心情感制約；「辭讓」是人際交往活動中道德行爲規範的存在和接受的心理感知的內在反映；「是非」則是對人倫社會關係下外在道德行爲必然由其內在道德本性發出心理意向的揭示。史華茲分析告子和孟子爭論「義」的內外問題時，指出：「『義』指的是文明人在任何複雜的生活環境中正確行動的能力，不可能導源於任何內在的本能或者先天的、直覺性的能力。它完全建立於個體把『來自於外面的東西』（from outside）加以內在化、依靠學習而獲得的行爲規則之上……作爲儒家的一員，孟子也相信禮的『客觀』規定性，甚至還相信人們必須學習禮。然而，他同時還有一個強烈的信念，即：我們所學習到的東西原本就是屬於自己的，因爲『禮』最終不過是一種就像整個身體有機組織一樣內在於人類有機體的『仁義』能力的外在表述而已。」〔註140〕可見，孟子將仁、義、禮、智作爲相互關聯的整體來界定人性善，是對人的內在心理作用的比較全面的把握，也是在人倫社會關係下，對人自身的道德修養能力可以成就理想人格的一種精緻思考。在此意義上，孟子又認爲：「嫂溺不援，是豺狼也。男女授受不親，禮也；嫂溺，援之以手者，權也。」〔註141〕現實人倫中，「男女授受不親」是一種「禮」，但在「嫂溺」的情境中，只有施以援手的權宜處理才能彰顯出人禽之別。這裡，對人倫規範之「禮」的權變實行因其指向人的道德本性而獲得合理性、正當性。對於孟子來說，「義」就是道德主體在意識到人倫規範存在的情形下，調動良心、本心的良知、良能活動，做出合乎情理的道德行爲，所以，孟子認爲：「仁，人之安宅也；義，人之正路也。」〔註142〕

　　孟子對孔子以後的儒學從學術論辯到學理致思的積極貢獻，無論如何都值得褒揚，然而，時代賦予的學術使命始終逃不過新陳代謝的時代。長久以來，諸侯列國的混戰紛爭不僅難以抑制人們對大一統社會秩序的渴求，更是使人性先天具有各種內在道德品質的性善說遭受到了現實社會的真實考驗和強烈質疑。正常有序的社會狀態僅僅可以依賴源於人的道德本心的擴充和存

〔註139〕《孟子・告子上》

〔註140〕〔美〕本傑明・史華茲：《古代中國的思想世界》，程剛譯，南京：江蘇人民出版社，2004年版，第277～278頁。

〔註141〕《孟子・離婁上》

〔註142〕《孟子・離婁上》

養？混亂紛爭的社會現狀難道不是對人性道德內涵發出的最有力質問？

　　生活在戰國末期的荀子從不以爲人的本性的標誌性內涵就在於道德性，而是以一種嚴謹務實的態度將「善」和「惡」界定爲人類社會群體存在的狀態，即社會秩序上的「治」和「亂」。因爲，人的本性在荀子看來，就是那種與生俱來的最普遍的自然本性，是「天之就也，不可學，不可事」的，包括「饑而欲飽，寒而欲暖，勞而欲休」的生理本能和「好色」、「好聲」、「好味」、「好利」、「好愉佚」的自然情慾。所以，從人類社會群體發展的角度來說，一味順從個人的自然性情，會導致「爭奪」、「淫亂」，乃至「歸於暴」的社會局面出現，這種後果說明「人之性惡，其善者僞也」〔註143〕。因此，先王「制禮義以分之，以養人之欲、給人之求，使欲必不窮乎物，物必不屈於欲。兩者相持而長」〔註144〕，是用「禮義」在人生欲望的合理滿足和社會資源的供求分配上確立「度量分界」，使二者達到某種平衡。但「禮義」的實際情況又是：「使有貧富貴賤之等，足以相兼臨者，是養天下之本也。」〔註145〕就是說，度量分配的原則是以人與人之間的等級性差異爲出發點和宗旨的，「禮義」本質上構建的是一種「維齊非齊」的社會。這就意味著，「禮義」對人性的教化作用，實際上離不開以君主權威的樹立爲條件，並與「刑罰」的強制規範相結合的君主專制政體：「古聖人以人之性惡，故爲之立君上之埶以臨之，明禮義以化之，起法正以治之，重刑罰以禁之，使天下皆出於治，合於善也。是聖王之禮義之化也。」〔註146〕

　　侯外廬先生評價荀子思想時認爲：「君權要尊，君法要明，教要行，禁必止，慶賞不逾功，刑罰不過罪，臣守職，民悅教，尚賢使能，信賞必罰，私請不行，進退有律，藉以完成一個君主集權的專制政治和以法爲準的官僚制度。」〔註147〕的確，荀子本人也明確提出了「禮法」、「法數」的說法。但在他那裡，「禮」與「法」對人性的塑造是有條件的，其作用對象也有區別：「德必稱位，位必稱祿，祿必稱用。由士以上則必以禮節之，眾庶百姓則必以法數制之。」〔註148〕即，「法數」的強制規範意義與「禮」的道德規範意義是以

〔註143〕《荀子‧性惡》
〔註144〕《荀子‧禮論》
〔註145〕《荀子‧王制》
〔註146〕《荀子‧性惡》
〔註147〕侯外廬等：《中國思想通史》（第一卷），北京：人民出版社，1957 年版，第580 頁。
〔註148〕《荀子‧富國》

政治權力的有無而表現差異的，政治權力擁有者是「禮」的教化對象，無政
治權力者則是「法數」的刑罰對象。不過，與此同時，荀子賦予政治權力或
者說政治地位的流動性，又為禮樂崩壞的情形下「君主集權」、「官僚制度」
的新構思提供了活力：「分未定也則有昭繆。雖王公士大夫之子孫，不能屬於
禮義，則歸之庶人。雖庶人之子孫也，積文學，正身行，能屬於禮義，則歸
之卿相士大夫。」〔註149〕正是這種對血緣聯繫獲取政治權力的有條件限制，
是荀子將「禮」、「義」並列，並創造「禮法」概念的深層原因。從「法律旨
在創設一種正義的社會秩序」〔註150〕的角度來說，荀子的「禮義」、「禮法」
是充分考慮現實人倫關係，並將其納入新政治體制構想的合乎時代發展要求
的禮學深化——禮治社會的追求。這也可以從荀子對「義」的單獨界定中得
到進一步說明：「夫義者，內節於人而外節於萬物者也，上安於主而下調於民
者也。內外上下節者，義之情也」〔註151〕；「義者所以限禁人之為惡與奸者也」。
雖然荀子也明確提到「義者循禮」〔註152〕，但因為「義」是對惡行、奸行的
「限禁」，無疑使「循禮」更接近於「禮法」中「法」的強制規範意義。然而，
無論是將「有義」作為人與水火、草木、禽獸相區別的一種屬性〔註153〕，還
是將「禮義」作為「學」的對象，荀子都意在表明「義」是構成人倫社會中
個人的經驗行為所必不可少的一部分。禮治社會的創建，有賴於對人的自然
情慾和社會資源分配做出結構性差異安排的政治體制。

荀子說：

> 親親、故故、庸庸、勞勞，仁之殺也。貴貴、尊尊、賢賢、老
> 老、長長，義之倫也。行之得其節，禮之序也。仁，愛也，故親。
> 義，理也，故行。禮，節也，故成……君子處仁以義，然後仁也；
> 行義以禮，然後義也；制禮反本成末，然後禮也。三者皆通，然後
> 道也。〔註154〕

與孔子、孟子一樣，人倫社會關係中的「禮」在荀子那裡，既不能脫離人類

〔註149〕《荀子·王制》
〔註150〕〔美〕E·博登海默：《法理學：法律哲學與法律方法》，鄧正來譯，北京：
　　　　中國政法大學出版社，2004年修訂版，第330頁。
〔註151〕《荀子·強國》
〔註152〕《荀子·議兵》
〔註153〕《荀子·王制》
〔註154〕《荀子·大略》

自然親情的「仁愛」精神，也不能違背人倫社會規範的「合理」訴求。但孟子將生活情境中人倫規範的道德意義作爲個人行爲「合理」的標準，無疑是對人的道德能力提出了較高的要求，而又因其將道德能力歸結爲人心本性先天具有，則難免會沖淡道德行爲所承載的規範人倫社會的現實意義。在此意義上，荀子通過對社會現狀的觀察，將個人行爲的「合理」紮根於人類社會群體有序狀態的構成中，是對個人行爲與人倫規範意義的理性認知。而且，「合理」的行爲能力，是需要通過「勸學」、「修身」相結合的方式來獲得，也杜絕了行爲合理的偶然性。因此，在荀子的視野裏，「仁」、「義」、「禮」各自的內涵，通過人性修養較高的「君子」所呈現的是一種真正意義上的倫理道德：「仁」是根本，通過「義」的行爲來實現；而「義」的行爲和意義又出於「禮」的賦予；所以，制定禮制規範從人類的仁愛親情出發，以人倫社會的有序存在作爲目標；「仁」、「義」、「禮」三者的溝通，就是得「道」（道德）。荀子對禮治社會的構思，是先秦儒家從學理上反思「禮」的一次系統總結，是將個體成人的人性修養納入社會政治制度構建的禮學創新。「禮義」作爲一種社會制度，因爲「禮」而造就「維齊非齊」的社會結構，因爲「義」而使血緣維繫的宗法體制趨向於由學識修養帶來官僚資格的政治體制。

四、皇權統治下禮學經典的確立

荀子說庶人子孫也可以通過「積文學，正身行」躋身卿相士大夫之列，從而對貴族世襲製造成一定的衝擊，並在社會歷史發展中加劇了作爲一種政治制度的宗法制消解。因而，李澤厚先生分析荀子思想體系的邏輯基礎時，認爲「學」對於人具有關係存在的根本意義，並達到了本體高度。[註155]可見，《勸學》位列《荀子》首篇確實意味深長。荀子認爲現實經驗中，「學」的展開是：「其數則始乎誦經，終乎讀禮；其義則始乎爲士，終乎爲聖人……故書者，政事之紀也；詩者，中聲之所止也；禮者，法之大分，類之綱紀也，故學至乎禮而止矣。夫是之謂道德之極。禮之敬文也，樂之中和也，詩、書之博也，春秋之微也，在天地之間者畢矣。」[註156]其中，「誦經」和「讀禮」表明學習內容是以文本形式存在的。《莊子》提到儒家孔子「治詩、書、禮、

[註155] 李澤厚：《中國古代思想史論》，天津：天津社會科學院出版社，2003年版，第105頁。
[註156]《荀子·勸學》

樂、易、春秋六經」〔註157〕，而且「詩以道志，書以道事，禮以道行，樂以道和，易以道陰陽，春秋以道名分」〔註158〕。可見，對經典的學習研究，是儒家瞭解歷史文化知識，寄託人倫道德理想的一種重要方式，並成爲其學派特徵。事實上，西周官學教育中，「禮」是作爲「六藝」之一被教授的。章學誠曾認爲「儒家者流，乃尊六藝而奉以爲經」。〔註159〕學術下私人以後，孔子作爲私學教育的開啓者，教導弟子「學禮」以「立」，而且主張選用「先進於禮樂」〔註160〕者，其弟子子夏則宣稱「仕而優則學，學而優則仕」。〔註161〕孟子也認爲夏、商、周三代的學校教育「皆所以明人倫」〔註162〕。可見，儒家的經典教學與政治制度始終保持著相輔相成的緊密聯繫。

余英時先生分析儒學在中國傳統社會的主流地位時，認爲儒學「是一套全面安排人間秩序的思想系統」，通過政治、社會、經濟、教育種種制度的建立來影響人們的日常生活，也就是說「儒學通過制度化而在很大的程度上支配著傳統文化」。〔註163〕在此基礎上，有學者明確提出「制度儒學」這一概念，認爲儒家在中國傳統社會是「一種制度化的存在」，體現爲「儒家本身的制度化」和「制度的儒家化」兩個層面，即通過權力、眞理和制度之間的配合而長期影響著中國人的生活。〔註164〕並且，「將儒家的理想看成是通過改造古代禮儀來實現其社會理想和秩序安排，這一點決定了儒家的制度化既是儒學自身發展的需要，因爲儒家有強烈的入世傾向；同時這種制度化也是穩固統治的需要，因爲儒家所提供的意義支持是所有統治者所需要的」。〔註165〕本文認爲上述看法對於分析荀子以後的儒家禮學思想步入經典階段具有重要的啓發意義。

其實，荀子對禮治社會的構思，將「禮」作爲一種制度規範，已經開啓了「儒家本身的制度化」歷程。將承載著王道政治理想的經典學習作爲提升

〔註157〕《莊子·天運》

〔註158〕《莊子·天下》

〔註159〕〔清〕章學誠：《文史通義·經解上》，葉瑛校注，中華書局，1985年版，第93頁。

〔註160〕《論語·先進》

〔註161〕《論語·子張》

〔註162〕《孟子·滕文公上》

〔註163〕余英時：《現代儒學的回顧與展望·儒學的困境》，北京：生活·讀書·新知三聯書店，2004年版，第54頁。

〔註164〕干春松：《制度儒學》，上海：上海人民出版社，2006年版，第52頁。

〔註165〕干春松：《制度儒學》，上海：上海人民出版社，2006年版，第17頁。

個人學養的基本途徑，並直接與君主集權政治下的官僚制相聯繫，是荀子對儒學制度化的一種理論構思。正因為如此，司馬遷作〈禮書〉、班固作〈禮樂志〉時，一致採納荀子對先王制禮的社會必要性分析：

洋洋美德乎！宰制萬物，役使群眾，豈人力也哉？餘至大行禮官，觀三代損益，乃知緣人情而制禮，依人性而作儀，其所由來尚矣。

立隆以為極，而天下莫之能益損也。本末相順，終始相應，至文有以辯，至察有以說。天下從之者治，不從者亂；從之者安，不從者危。〔註166〕

六經之道同歸，而禮樂之用為急。治身者斯須忘禮，則暴嫚入之矣；為國者一朝失禮，則荒亂及之矣。人函天地陰陽之氣，有喜怒哀樂之情。天稟其性而不能節也，聖人能為之節而不能絕也，故象天地而制禮樂，所以通神明，立人倫，正情性，節萬事者也。

王者必因前王之禮，順時施宜，有所損益，即民之心，稍稍製作，至太平而大備。〔註167〕

引文表明，司馬遷和班固一致認可荀子的禮治社會思想。但更重要的是，他們二人通過對漢代皇權統治者禮學活動的勾勒，其實又從政治實踐角度說明了「制度的儒家化」的歷史形成。因此，某種意義上說，漢代社會皇權統治下的禮治模式，正是「制度儒學」的歷史內涵。

根據司馬遷和班固的描述，結合漢代思想學說發展的整體面貌，那麼，皇權統治下禮學經典地位的確立足以反映漢代禮治實踐的基本內容和主要方面。具體而言，又可從禮學文本的經典化、「三綱五常」的禮治意義、鄭玄《三禮注》的影響來加以認識和把握。

（一）禮學文本的經典化

孔子、孟子、荀子在將學習受教作為人性修養的一種方式時，都認為歷史文化知識和王道政治理想保留在文獻資料的流傳中，在這種意義上，文本形式的「禮」具有課本、教材的意義。但儒家在傳授文獻資料中所包涵的文化知識和價值理想時，將其認同為現實人倫關係中個人行為方式的一種準則和信念時，那麼，這種價值觀信仰層面的「禮」的文獻也就具有了「經典」

〔註166〕《史記・禮書第一》
〔註167〕《漢書・禮樂志第二》

的實質意義。因而，雖然遲至荀子才明確提到「誦經」、「讀禮」，但我們反觀孔子和孟子時，依然認爲他們所選定的教材、課本實際上就是「經典」。然而，價值觀信仰的具體內容從來都是一定時期人們社會生活方式的一種反映，所以，對「經典」價值觀的信仰也總是離不開其意義的再生。因此，這裡「禮學文本的經典化」，指的正是從文獻傳承到價值信仰的「禮」，在儒家的學理反思中步入儒術獨尊下皇權統治實踐中的全面展開過程。漢武帝建元五年（公元前 136 年）「置五經博士」，欽定《詩》、《書》、《禮》、《易》、《春秋》的文獻傳本，可以作爲禮學經典確立的標誌性事件。而皇權統治社會中政治、思想發展的動態都是造成這一標誌事件的現實條件，因而，禮治模式的奠定在某種意義上也就是對禮學經典地位的確立。

司馬遷作〈禮書〉，班固作〈禮樂志〉，都將「禮」落實在使天下「治」和「太平」的政治實踐意義上，二人勾勒了漢代社會追求禮治模式的基本內容。奉行嚴刑酷法的秦國滅亡以後，其原本采擇六國之善的禮儀，在叔孫通爲高祖所制定的朝儀中有所保留，「以正君臣之位」〔註168〕。而在文、景之時，因爲文帝和竇太后對黃老之術的喜好，一度「以爲繁禮飾貌，無益於治」。〔註169〕到武帝即位時，「招致儒術之士」〔註170〕，「議立明堂，制禮服，以興太平」〔註171〕，「以太初之元改正朔，易服色，封太山，定宗廟百官之儀，以爲典常，垂之於後」〔註172〕，才使儒家的禮治模式在政治實踐中取代黃老之術。此後，隨著武帝「罷黜百家，獨尊儒術」對儒學官方地位的確立，禮治實踐基本上已毫無懷疑地被漢家統治者代代相承。即使王莽篡位，「興辟雍」也發揮了推動作用。因而，實行相關禮儀制度以配合皇權統治的需要，促使以口耳相傳或文本記錄形式流傳的禮儀常識和禮學研究，再次進入人們視野的中心，並造成知識能力獲取政治權力的現實情形，對禮學傳承具有推動意義。這從叔孫通制禮儀時「采古禮與秦儀雜就之」〔註173〕，隨後「因爲奉常，諸弟子共定者，咸爲選首，然後喟然興於學」〔註174〕的情形可知。

〔註168〕《漢書・禮樂志第二》
〔註169〕《史記・禮書第一》
〔註170〕《史記・禮書第一》
〔註171〕《漢書・禮樂志第二》
〔註172〕《史記・禮書第一》
〔註173〕《漢書・酈陸朱劉叔孫傳第十三》
〔註174〕《漢書・儒林傳第五十八》

　　叔孫通自願向高祖建議「起朝儀」、與「儒者」一起守成來達到天下治理局面，是源於他對「禮者，因時世人情爲之節文者也」的禮儀內在精神的把握。但在叔孫通制禮儀過程中，恰恰是採取「秦儀」的這種做法，遭到同樣倡導「禮治」思想的賈誼的批評。所以，即使不出現文、景時期黃老之學影響下對儒家禮儀制度的否定，禮治模式也需要儒學思想自身的鼎力相助。在賈誼看來，商鞅變法後的秦俗「遺禮義，棄仁恩」卻被漢朝繼承，甚至會造成社會上對「殺父兄」、「盜廟器」之人「恬而不怪，以爲是適然」的局面出現。因而，改變這種遺風敗俗，需要人爲「定制度」、「興禮樂」，使君臣上下「綱紀有序，六親和睦」，「百姓素樸，獄訟衰息」。〔註175〕賈誼在〈過秦〉中反思秦朝滅亡時，得出「仁義不施，而攻守之勢異也」的看法，也說明他理想中的禮樂制度維持社會長治久安是需要「仁義」道德精神的。武帝時期，本著天下太平的政治目標來制定禮儀，明確詔告御史：「蓋受命而王，各有所由興，殊路而同歸，謂因民而作，追俗爲制也。議者咸稱太古，百姓何望？漢亦一家之事，典法不傳，謂子孫何？化隆者閎博，治淺者褊狹，可不勉與！」〔註176〕這段詔告將皇權統治下制定禮儀制度的實質表露無遺──不過是「受命而王」的統治權威的一種宣示。所以，說到底，能深入影響到一般百姓生活習慣的禮儀，終究是爲了確立漢家法度可以代代相傳的一種統治模式。因此，在賦予禮儀制定以實質精神的內在思想要求中，所有的禮學傳承都不再是單純意義上的禮儀常識的知識性保留，而是「禮義」價值意義的生成和實現的過程，而這也正是在思想上樹立「禮」的權威地位，進而造就禮學經典的價值認同。

　　現實中，武帝也的確將「受命而王」的皇權統治，延伸到包括禮學文本在內的儒家經典文獻傳承的官方認定中，形成對思想學說的一定控制。建元元年（公元前 140 年），武帝即位之後，即接受丞相衛綰建議：「所舉賢良，或治申、商、韓非、蘇秦、張儀之言，亂國政，請皆罷」，並開始「議立明堂」。〔註177〕同年，竇嬰、田蚡、趙綰、王臧等大臣意圖「設明堂」、「以禮爲服制，以興太平」，「務隆推儒術，貶道家言」，但引起竇太后不滿。〔註178〕直到建元五年（公元前136年），武帝置五經博士，儒家學說和經典才正式得到官方認

〔註175〕〔漢〕賈誼：《賈誼集・論定制度興禮樂疏》，上海：上海人民出版社，1976年版，第 200 頁。
〔註176〕《史記・禮書第一》
〔註177〕《漢書・武帝紀第六》
〔註178〕《漢書・竇田灌韓傳第二十二》

可。隨後，董仲舒於元光元年（公元前 134 年）在上武帝的「天人三策」中，明確指出實現「大一統」的治國方略是恢復以「禮」為核心的儒家王道，並建議武帝任用儒生，獨尊儒術：「諸不在六藝之科孔子之術者，皆絕其道，勿使並進。邪辟之說滅息，然後統紀可一而法度可明，民知所從矣」。〔註 179〕這樣，在儒學思想取得主導地位以後，研習經典成為儒生到公卿士大夫身份轉變的一條現實路徑。對此，《漢書・儒林傳》說道：

> 自武帝立五經博士，開弟子員，設科射策，勸以官祿，訖於元始，百有餘年，傳業者浸盛，支葉蕃滋，一經說至百餘萬言，大師眾至千餘人，蓋祿利之路然也。初，書唯有歐陽，禮后，易楊，春秋公羊而已。至孝宣世，復立大小夏侯尚書，大小戴禮，施、孟、梁丘易，穀梁春秋。至元帝世，復立京氏易。平帝時，又立左氏春秋、毛詩、逸禮、古文尚書，所以周羅遺失，兼而存之，是在其中矣。〔註 180〕

這說明，在皇權統治與經典研習之間存在著一種互動式關聯：一方面皇權統治者利用政治權益的吸引力帶動經典研習的繁盛，另一方面繁盛的經典研習中所湧現出的經學新義和經學文本又要求得到皇權統治的進一步認可，這個過程最終表現為皇權統治者對經典博士的增設豐富。所以，《禮》經博士也從武帝時期的后倉，發展到宣帝時期的大、小戴，乃至古文舊書《逸禮》、《周官》都曾在後世要求立於學官。武帝時期的五經博士到宣帝時期石渠閣會議後最終確立十四經博士的過程表明：「經學的生存與統治者的態度密切相關，經學必須迎合王權才能取得合法的地位，經學家必須為王權作論證才能謀得一官半職。」〔註 181〕

由高堂生傳至后倉的《禮》作為五經博士之一，是在漢代禮治實踐的政治需求中突圍而出的。司馬遷指出漢初「禮」的發展情形：

> 諸學者多言禮，而魯高堂生最本。禮固自孔子時而其經不具，及至秦焚書，書散亡益多，於今獨有士禮，高堂生能言之。

> 而魯徐生善為容。孝文帝時，徐生以容為禮官大夫。傳子至孫

〔註 179〕《漢書・董仲舒第二十六》
〔註 180〕《漢書・儒林傳第五十八》
〔註 181〕李乃禮：《三綱六紀與社會整合——由《白虎通》看漢代社會人倫關係》，北京：中國人民大學出版社，2004 年版，第 154 頁。

徐延、徐襄。襄，其天姿善爲容，不能通禮經；延頗能，未善也。
〔註182〕

也就是說，「禮」在漢初的流傳有經典文本和儀容兩種形式；《士禮》雖非《禮》經形成時的原始完本，但卻是流傳後世的「本」「經」。自此，《士禮》得以流傳至今，即《儀禮》。《漢書・藝文志》指出：「漢興，魯高堂生傳士禮十七篇。訖孝宣世，后倉最明。戴德、戴聖、慶普皆其弟子，三家立於學官。」高堂生的《士禮》經蕭奮、孟卿，傳至后倉，被武帝列爲五經博士之一。后倉以後，又分出大戴、小戴、慶普三家《禮》學，其中，大、小戴《禮》通過宣帝時召開的石渠閣經學會議立爲博士。〔註183〕至於平帝時期，逸《禮》也立爲博士，則有賴於西漢解除挾書之禁後一批古文字傳抄的禮學文獻的新發現。這批古文禮學包括景帝時期魯恭王擴建宮室在孔子舊宅壁中發現的古文《禮》、河間獻王從民間搜得的《周官》、《禮》、《禮記》以及宣帝時河內女子發老屋所得逸《禮》。〔註184〕《漢書・藝文志》認爲孔壁發現的「《禮古經》五十六卷」與十七篇的《士禮》相似但多出三十九篇，劉歆認爲多出的三十九篇就是逸《禮》。河間獻王搜得的《禮記》，據《漢書・藝文志》所說，有 131 篇，是「七十子後學所記」，即對《禮》的解說。《禮記》後經大、小戴刪繁去重，流傳至今日，僅存《大戴禮記》38 篇、《小戴禮記》46 篇則因〈曲禮〉、〈檀弓〉、〈雜記〉分成上、下篇而實爲 49 篇。河間獻王所得《周官》即《周禮》，因爲出現在《禮》經博士設立之後，所以被藏於秘府，直到劉歆校理秘書時才又引起重視，隨後在王莽時被立於學官，但在光武帝時又遭廢棄罷黜。《周官》被發現時，已缺少〈冬官〉一篇，河間獻王遂取〈考工記〉補成六篇。〔註185〕高堂生所傳的《士禮》與這批古文禮學文獻相對而言，屬於今文禮學。

　　禮學文本在皇權統治社會的上述歷史遭遇表明，經典地位的確立是在思想學說與政治制度的博弈中發生的。高堂生所傳的《禮》，因其包涵著通過天子、諸侯、大夫、士日常所實行的冠、昏、喪、祭、朝聘、鄉射等禮儀內容來反映上下尊卑的等級制度，適合尊君權而又引導百姓生活習慣的大一統「禮治」社會的政治需求，所以才得到武帝的青睞被列爲博士。因此，從根本上

〔註182〕《史記・儒林列傳第六十一》
〔註183〕《漢書・儒林傳第五十八》
〔註184〕張豈之主編：《中國思想學說史》（秦漢卷），桂林：廣西師範大學出版社，2007年版，第 368 頁。
〔註185〕《隋書・經籍一》

說，禮儀制度如何體現君權至上的政治體制，將武帝詔告的「受命而王」轉化成現實生活中的人倫規範，才是構成經典確立的自身實質內容。

（二）「三綱五常」的禮治意義

自叔孫通向高祖建議得天下以後需「起朝儀」、與「儒者」一起「守成」以來，「禮」的政治意義已引起皇權統治者的關注。即便是在深諳黃老之學的司馬談眼中，雖然認爲陰陽、儒、墨、名、法、道諸家學術皆「務爲治者」，但他還是特別指出儒者「列君臣父子之禮，序夫婦長幼之別，雖百家弗能易也」。〔註186〕這就爲武帝尋求新的治國策略時轉向儒學，奠定了思想基礎。而包涵尊君思想、禮制等級內容，並主張運用德治教化手段來維護君權統治的儒家學說，在經過董仲舒的創新改造後，最終被武帝接納爲治國指導思想，其實質正是要求恢復建立在人倫規範基礎上的以「禮」爲核心的王道政治：「禮者，繼天地，體陰陽，而愼主客，序尊卑、貴賤、大小之位，而差外內、遠近、新故之級者也，以德多爲象。」〔註187〕

董仲舒在景帝時以研習《春秋公羊傳》而爲博士，「進退容止，非禮不行，學士皆師尊之。」〔註188〕《春秋公羊傳》所推崇的「大一統」理想，不僅使董仲舒名列武帝所立的五經博士之一，而且成爲他隨後向武帝建議任用儒生、獨尊儒術的理論根據，以「公羊學來議論具體政事」。〔註189〕但其實董仲舒的新儒學思想是在充分吸收百家之學的基礎上建立起來的，正如李澤厚先生所說：「董仲舒的貢獻就在於，他最明確地把儒家的基本理論（孔孟講的仁義等等）與戰國以來風行不衰的陰陽家的五行宇宙論，具體地配置安排起來，從而使儒家的倫常政治綱領有了一個系統論的宇宙圖式作爲基石，使《易傳》、《中庸》以來儒家所嚮往的『人與天地參』的世界觀得到了具體的落實，完成了自《呂氏春秋·十二紀》起始的、以儒爲主、融合各家以建構體系的時代要求。」〔註190〕其中，所謂的「倫常政治綱領」，也就是董仲舒提出的「三

〔註186〕《史記·太史公自序第七十》

〔註187〕蘇輿撰：《春秋繁露·奉本第三十四》，鍾哲點校，北京：中華書局，1992年版，第275～276頁。

〔註188〕《史記·儒林列傳第六十一》

〔註189〕李澤厚：《中國古代思想史論》，天津：天津社會科學院出版社，2003年版，第135頁。

〔註190〕李澤厚：《中國古代思想史論》，天津：天津社會科學院出版社，2003年版，第137頁。

綱」思想。「三綱」是契合漢代皇權統治社會追求禮治目標的時代新內容。

董仲舒說：

> 凡物必有合。合，必有上，必有下……陰者陽之合，妻者夫之
> 合，子者父之合，臣者君之合……君臣、父子、夫婦之義，皆取諸
> 陰陽之道。君爲陽，臣爲陰；父爲陽，子爲陰；夫爲陽，妻爲陰……
> 天之親陽而疏陰，任德而不任刑也。是故仁義制度之數，盡取之天。
> 天爲君而覆露之，地爲臣而持載之；陽爲夫而生之，陰爲婦而助之；
> 春爲父而生之，夏爲子而養之……王道之三綱，可求於天。〔註191〕

> 天亦有喜怒之氣、哀樂之心，與人相副。以類合之，天人一也……
> 與天同者大治，與天異者大亂。故爲人主之道，莫明於在身之與天
> 同者而用之……〔註192〕

可見，董仲舒把君臣、父子、夫婦的人倫關係與《易傳》中陽尊陰卑、天地定位的天道觀聯繫起來，以論證「三綱」的絕對性與神聖性。這樣，「天」不僅是萬物創生的主宰者，更是君主順應天道以制定社會政治措施的依據。在此意義上，「天」賦予君主政治權威的同時，又對其有一定的約束和限制，即「屈民而伸君，屈君而伸天」〔註193〕。天、人「相副」、「一也」的感應關係，要求君主根據自然界中的「災害」和「怪異」現象體察天意，完善各種政治措施，以確保君、民之間統治與被統治關係的長久穩定。雖然董仲舒提出「三綱」思想作爲其論證王道政治的出發點，但他畢竟沒有指出「三綱」的具體內容。

對「三綱」的具體內容作出解釋，並將其與「五常」聯繫在一起說明的是《白虎通義》中的《三綱六紀》篇。東漢章帝建初四年（公元79年）召開「講議五經同異」的白虎觀經學討論會議，會後由班固根據諸儒講議記錄整理出一部重要文獻《白虎通義》。因爲這次會議是皇帝「親稱制臨決」，所以經義欽定的《白虎通義》具有法典意義〔註194〕，眞正意義則是「引經書以定

〔註191〕蘇輿撰：《春秋繁露·基義第五十三》，鍾哲點校，北京：中華書局，1992年版，第350～351頁。

〔註192〕蘇輿撰：《春秋繁露·陰陽義第四十九》，鍾哲點校，北京：中華書局，1992年版，第341～342頁。

〔註193〕蘇輿撰：《春秋繁露·玉杯第二》，鍾哲點校，北京：中華書局，1992年版，第32頁。

〔註194〕侯外廬等：《中國思想通史》（第二卷），北京：人民出版社，1957年版，第225頁。

禮制，以爲治國的憑藉」，「禮制人倫的制定才是最主要的目的」。〔註195〕「三綱六紀」和「五常」是將儒家人倫道德凝煉成得到皇權支持並可推行到社會生活產生實際作用的一套核心價值觀念。《三綱六紀》說道：

> 三綱者，何謂也？謂君臣、父子、夫婦也。六紀者，謂諸父、兄弟、族人、諸舅、師長、朋友也。故含文嘉曰：「君爲臣綱，父爲子綱，夫爲妻綱。」又曰：「敬諸父兄，六紀道行，諸舅有義，族人有序，昆弟有親，師長有尊，朋友有舊。」何謂綱紀？綱者，張也。紀者，理也。大者爲綱，小者爲紀。所以張理上下，整齊人道也。人皆懷五常之性，有親愛之心，是以綱紀爲化，若羅網之有紀綱而萬目張也。〔註196〕

在人與人之間縱橫交錯的社會關係網絡中，君臣、父子、夫婦是三種最基本的關係，諸父、兄弟、族人、族舅、師長、朋友則是六種次要關係，前者可以統領後者，而後者則從屬於前者；在處理這些社會關係時，君臣、父子、夫婦所在的等級制上下結構，要求臣下服從君上、子女服從父親、妻子服從丈夫，而在六種次要關係中也需要遵循相應的倫理原則。但是，使得這種縱橫交錯的社會關係網絡得以維持，且君臣、父子、夫婦上下等級結構穩定不變的，則需要來自人心本性的內化作用，所以「仁」、「義」、「禮」、「智」、「信」這「五常」的道德教化就是「三綱六紀」的內在基礎，而「三綱六紀」則是「五常」的外在社會化表現。

其實，董仲舒在上武帝「天人三策」的第一策中已提出：「爲政而宜於民者，固當受祿於天。夫仁誼禮知信五常之道，王者所當修飭也；五者修飭，故受天之祐，而享鬼神之靈，德施於方外，延及群生也。」〔註197〕仁、義、禮、智在孟子那裡已經並列爲人的道德本性，而信也被孟子與孝、悌、忠並列，屬於一種德目。直到漢代，仁、義、禮、智、信五者才並列，而《白虎通義》更是將五者並列爲人性的內容：

> 性情者，何謂也？性者陽之施，情者陰之化也。人稟陰陽氣而

〔註195〕林麗雪：《〈白虎通〉「三綱」說與儒法之辨》，《中國哲學史研究》，1984 年第4 期，轉引自季乃禮：《三綱六紀與社會整合——由〈白虎通〉看漢代社會人倫關係》，北京：中國人民大學出版社，2004 年版，第 3 頁。
〔註196〕〔清〕陳立撰：《白虎通疏證·三綱六紀》，吳則虞點校，北京：中華書局，1994 年版，第 373～374 頁。
〔註197〕《漢書·董仲舒傳第二十六》

生，故內懷五性六情。情者，靜也。性者，生也。此人所稟六氣以生者也。故鈎命決曰：「情生於陰，欲以時念也。性生於陽，以就理也。陽氣者仁，陰氣者貪，故情有利欲，性有仁也。」

五性者何謂？仁義禮智信也……人生而應八卦之體，得五氣為常，仁義禮智信也。六情者，何謂也？喜怒哀樂愛惡謂六情，所以扶成五性。」〔註198〕

人情有五性，懷五常不能自成，是以聖人象天五常之道而明之，以教人成其德也。〔註199〕

漢儒與孟子不同，把人看成是來源於天地陰陽五行之氣稟而生成的性與情的混合物：五常之性具有成德成善的內在可能性，是王者以「綱紀」進行教化的內在根據；而六情之欲則是「五常」不能自成，需要用聖人所作的五經進行經典教育的根本原因。因此，總的來說，「以綱紀為化」的目標就是使國家社會秩序「張理」、「整齊」，達成「王道」：「朝廷之禮，貴不讓賤，所以明尊卑也。鄉黨之禮，長不讓幼，所以明有年也。宗廟之禮，親不讓疏，所以明有親也。此三者行，然後王道得，王道得，然後萬物成，天下樂之。」〔註200〕

季乃禮認為，「三綱六紀」涉及君臣、家族、家庭等社會中的各種人倫關係，涵蓋公、私生活的各個層面；「五常」的道德觀念只有融入人際交往中才為眾人所接受和理解，並逐漸內化，變成社會性的東西；所以，「三綱六紀」是「五常」社會化的憑藉，「五常」借助「三綱六紀」才對社會發揮作用。但「六紀」為「三綱」所統領，因此「三綱」所表現的兩種關係：政治關係、血緣和姻緣關係，屬於「君統」和「宗統」。漢代統治者採用「擬宗法化」的方式，既將非血緣的等級關係擬成父子關係，如君民關係被飾成父子關係，又將非血緣的平級關係飾成兄弟關係，這使得整個社會結構蒙上了一層溫情脈脈的面紗。〔註201〕儘管如此，從董仲舒的「三綱」到《白虎通義》中「三

〔註198〕〔清〕陳立撰：《白虎通疏證·性情》，吳則虞點校，北京：中華書局，1994年版，第381～382頁。

〔註199〕〔清〕陳立撰：《白虎通疏證·五經》，吳則虞點校，北京：中華書局，1994年版，第447頁。

〔註200〕〔清〕陳立撰：《白虎通疏證·禮樂》，吳則虞點校，北京：中華書局，1994年版，第126頁。

〔註201〕季乃禮：《三綱六紀與社會整合——由《白虎通》看漢代社會人倫關係》，北京：中國人民大學出版社，2004年版，第26頁。

綱」的詳細說明，正如劉學智先生所說：「以君臣關係爲首，改變了早期儒家由夫婦而父子、由父子而君臣即以夫婦關係爲基礎的說法，其強化君主權力的用心和努力充分表露」。〔註202〕然而，無論是董仲舒，還是《白虎通義》，「三綱五常」作爲政治經典化和經典政治化的歷史產物，始終不能游離禮治模式賴以推行的禮學經典的發展。「定禮制」的《白虎通義》，被學者冠以「漢以來說經之書簡要明晢者」的頭銜〔註203〕，卻引證對「經」作解釋的緯書如《含文嘉》、《鉤命決》等，也值得注意。〔註204〕

（三）鄭玄《三禮注》的影響

王啓發認爲，因爲建立各種禮儀制度的實際需要，兩漢經學中禮學的發展是理所應當的，所以，「從某種意義上來說，兩漢官方經學的整合在很大程度上就是以禮學爲基礎的禮儀制度的整合，而兩漢禮學的傳承和發展之集大成的結果，又是以鄭玄《三禮注》的出現爲標誌的」。〔註205〕在上文「禮學文本的經典化」中，已經簡要描述了《禮》經博士隨著一些禮學文獻的陸續發現而得到皇權統治者的一再增設，其中就包括宣帝時期增設《大小戴禮》博士。金春峰先生曾指出：「從宣帝時期經學發展的情況看，正是石渠會議前後，《禮》學和禮治得到了極大發展。大戴和小戴《禮記》就編成並盛行於這一時期」，石渠會議「不僅極大地提高了經學的地位，也極大地擴大和加強了儒家禮儀制度對社會的控制力量。」〔註206〕因此，禮經傳承和發展的多元格局，在經學和政治的互動過程中，客觀上要求一種整合式的研究定本，鄭玄雖生活在東漢末年，但無疑是一位順應禮學發展要求並闡明禮經價值主旨的禮學宗師。

鄭玄，字康成，生於順帝永建二年（公元 127 年），卒於獻帝建安五年（公元 200 年），曾「造太學受業，師事京兆第五元先，始通京氏易、公羊春秋、三統曆、九章算術。又從東郡張恭祖受周官、禮記、左氏春秋、韓詩、古文

〔註202〕劉學智：〈「三綱五常」的歷史地位及其作用重估〉，《孔子研究》，2011 年第 2 期。

〔註203〕黃侃：〈禮學略說〉，陳其泰等編，《二十世紀中國禮學研究論集》，北京：學苑出版社，1998 年版，第 24 頁。

〔註204〕李宗桂先生將讖緯之學與今文經學、古文經學並列爲漢代經學派別，見其論文：〈關於漢代經學的若干思考〉，《學術研究》，2011 年第 11 期。

〔註205〕王啓發：《禮學思想體系探》，鄭州：中州古籍出版社，2005 年版，第 248 頁。

〔註206〕金春峰：《漢代思想史》（增補第三版），北京：中國社會科學出版社，2006 年第 3 版，第 276 頁。

尚書。以山東無足問者，乃西入關，因涿郡盧植，事扶風馬融」，是一位「不樂爲吏」、志在「述先聖之元意，思整百家之不齊」的經學大師。〔註207〕鄭玄關於禮學的著述，包括《周禮注》、《儀禮注》、《禮記注》、《喪服經傳注》、《喪服變除注》、《喪服譜注》、《答臨孝存周禮難》、《禮議》、《魯禮禘祫志》、《三禮目錄》、《三禮圖》、《禮緯注》、《禮記默房注》等十三種之多〔註208〕，故有「禮是鄭學」的說法。黃侃先生也指出：「鄭氏以前未有兼注三《禮》者，（以《周禮》、《儀禮》、《小戴禮記》爲三《禮》，亦自鄭氏……）故捨鄭無所宗也。」〔註209〕《後漢書》在總體評價鄭玄的經學功績時，說：

> 自秦焚六經，聖文埃滅。漢興，諸儒頗修藝文；及東京，學者亦各名家。而守文之徒，滯固所稟，異端紛紜，互相詭激，遂令經有數家，家有數說，章句多者或乃百餘萬言，學徒勞而少功，後生疑而莫正。鄭玄括囊大典，網羅眾家，刪裁繁誣，刊改漏失，自是學者略知所歸。〔註210〕

這段評語對後世學者具體評估鄭玄的《三禮注》也具有指引意義。

皮錫瑞先生曾就《三禮注》本身評價道：

> 漢禮經通行，有師授而無注釋。馬融但注喪服經傳，鄭君始全注十七篇。鄭於禮學最精，而有功於禮經最大。向微鄭君之注，則高堂傳禮十七篇，將若存若亡，而索解不得矣。周官晚出，有杜子春之注、鄭興鄭眾賈逵之解詁，馬融之傳。鄭注周禮，多引杜子春鄭大夫鄭司農，前有所承，尚易爲力。而十七篇前無所承，比注周禮六篇爲更難矣。大小戴記亦無注釋，鄭注小戴禮記四十九篇，前無所承，亦獨爲其難者。向微鄭君之注，則小戴傳記四十九篇，亦若存若亡，而索解不得矣。〔註211〕

高堂生所傳《儀禮》至宣帝時，戴德、戴聖、慶普三家雖立爲博士，卻無定本，大戴、小戴所編之《儀禮》在篇目次序上就存在一定差異，到劉向校訂群書時

〔註207〕《後漢書·張曹鄭列傳第二十五》

〔註208〕楊天宇：《鄭玄三禮注研究》，北京：人民出版社，2008年版，第55頁。

〔註209〕黃侃：〈禮學略說〉，陳其泰等編，《二十世紀中國禮學研究論集》，北京：學苑出版社，1998年版，第16頁。

〔註210〕《後漢書·張曹鄭列傳第二十五》

〔註211〕〔清〕皮錫瑞：《經學通論·三禮·論鄭注三禮有功於聖經甚大注極簡妙並不失之於繁》，北京：中華書局，1954年版，第7頁。

又在大、小戴基礎上整理出《別錄》本，〔註 212〕慶氏所傳《儀禮》到東漢初雖有曹充、曹褒父子提倡，但終究在實踐中被劉向的《別錄》本所取代，由此，劉向本成爲鄭玄作注的原始文本。《禮記》是在傳《儀禮》的同時，一些禮學家對解釋禮儀意義的相關論述的收集、整理和傳授，如后倉曾整理出《曲臺記》九篇，大、小戴也分別編有《禮記》再經劉向校訂後傳至東漢。東漢馬融傳小戴禮。盧植師承馬融，著有《禮記盧氏注》。盧植之後則有鄭玄《禮記注》。《周官》因劉歆、王莽的重視而獲得經典地位，傳至東漢先後有鄭眾《周官經》、馬融《周官傳》，至鄭玄作《周官注》，「玄本習小戴禮，後以古經校之，取其義長者，故爲鄭氏學。玄又注小戴所傳禮記四十九篇，通爲三禮焉。」〔註 213〕

　　鄭玄《三禮注》的最大特色，在於以《周禮》爲核心，確信「《周禮》者乃周公致太平之跡」。《周禮》因爲晚出於山岩壁屋，又復入於秘府，致使傳禮諸家未曾見，至劉向、劉歆父子校理秘書時，才得以列序著於《別錄》、《七略》。即便如此，《周禮》仍遭到眾儒的共同排斥。至王莽重用劉歆，以《周官》爲《周禮》，立爲博士，甚至借用《周禮》進行改制，《周禮》才因此被當作「周公之遺典」而盛極一時。東漢時期，《周禮》雖失去官學地位，仍有鄭興、鄭眾、賈逵等人爲其作注。但鄭玄不滿現行注疏，說道：「竊觀二三君之文章，顧省竹帛浮詞，其所變易，灼然如晦之見明，其所彌縫，奄然如合符復析，斯可謂雅達廣攬者也。然猶有參錯，同事相違，則就其原文字之聲類，考訓詁，捃秘逸。」所以，當林孝存作《十論》、《七難》排棄《周禮》，何休又以《周禮》爲六國陰謀之書時，只有鄭玄可以回應論難，篤信《周禮》乃周公所作，使《周禮》「義得條通」。〔註 214〕不僅如此，鄭玄在注解《禮記·禮器》中「經禮三百」時，更認定：「經禮謂周禮也，周禮六篇，其官有三百六十。」〔註 215〕另外，鄭玄作《禮記注》，表明《禮記》地位開始提升，並逐漸擺脫對《儀禮》的依附。自此，鄭玄形成了一個以《周禮注》爲中心的三《禮》學體系。

　　在注經方法上，鄭玄兼採今古文。皮錫瑞說：「鄭注諸經，皆兼採今古

〔註212〕《欽定四庫全書總目儀禮注疏十七卷》，《十三經注疏》整理委員會整理：《儀禮注疏》（上），北京：北京大學出版社，1999 年版，第 1 頁。

〔註213〕《後漢書·儒林列傳第六十九下》

〔註214〕〔唐〕賈公彥：〈序周禮廢興〉，《十三經注疏》整理委員會整理：《周禮注疏》（上），北京：北京大學出版社，1999 年版，第 7～9 頁。

〔註215〕《十三經注疏》整理委員會整理：《禮記正義》（第二冊），北京：北京大學出版社，2000 年版，第 863 頁。

文……注儀禮並存今古文；從今文則注內迻出古文，從古文則注內迻出今文。
是鄭注儀禮兼採今古文也。周禮古文無今文，禮記亦無今古文之分，其注皆
不必論。」〔註216〕「從今文則注內迻出古文」指採用今文經之字則在注內存
古文經之異文；「從古文則注內迻出今文」則指採用古文經之字而在注內存今
文經之異文。至於採用今、古文經的標準，則根據意義比較優劣，倘若意義
都說得通，則互換。〔註217〕在對經文的解釋上，鄭玄也是「博綜兼採、會通
今古」，常引今文經、傳以釋古文經、傳，引古文經、傳以釋今文經、傳，除
了引用《春秋左氏傳》、《毛詩》等古學家書外，也引用《春秋公羊傳》、《春
秋繁露》等今文學家著作。〔註218〕而在雜糅今古文經說注《三禮》，並試圖調
和今古文對立、消除二者矛盾時，因鄭玄認定《周禮》爲周制，所以與《周
禮》不合者，他就以殷制或夏制解釋。對於這種注經方法，皮錫瑞認爲其功
過不可一概而論：一方面「採今古文，不復分別，使兩漢家法亡不可考，則
亦不能無失」〔註219〕，另一方面「雜糅今古，使專門學盡亡；然專門學既亡，
又賴鄭注得略考見。今古之學若無鄭注，學者欲治漢學，更無從措手矣！」〔註
220〕除去以經解經之外，鄭玄也綜合採用歷史類著作和諸子百家之說，從而表
明他對諸經的熟悉程度和貫通諸經的意識，並反映出他的歷史觀念。〔註221〕

　　鄭玄生活在東漢皇權統治搖搖欲墜的時代，接受的是發展了兩百多年的
傳統經學教育，這就從根本上決定了他對「禮」的思考，既冀求通過禮制理
想來解決現實社會失序的時代困惑，又採取透過禮經整合來折射思想學說認
同的經典價值。因此，在鄭玄看來，周公確立的維持宗法社會秩序的典章制
度是追求現實皇權統治穩定的理想範本，而這又得到通過職官制度說明先王
建國藍圖的《周禮》的經文反映，所以，「《周禮》乃周公致太平之跡」的信

〔註216〕〔清〕皮錫瑞：《經學歷史》，周予同注釋，北京：中華書局，2008 年第 2 版，
　　　　第 142 頁。
〔註217〕楊天宇：《鄭玄三禮注研究》，北京：人民出版社，2008 年版，第 184～185
　　　　頁。
〔註218〕楊天宇：《鄭玄三禮注研究》，北京：人民出版社，2008 年版，第 187 頁。
〔註219〕〔清〕皮錫瑞：《經學歷史》，周予同注釋，北京：中華書局，2008 年第 2 版，
　　　　第 149 頁。
〔註220〕〔清〕皮錫瑞：《經學歷史》，周予同注釋，北京：中華書局，2008 年第 2 版，
　　　　第 151 頁。
〔註221〕王啓發：《禮學思想體系探源》，鄭州：中州古籍出版社，2005 年版，第 258
　　　　頁。

念最終使其產生「經禮」是《周禮》的認定。從《周禮》成書於戰國時期的實際情況來看〔註222〕，鄭玄的這一學術信念難免遭人詬病，而且在注經過程中也確曾導致一些牽強附會的現象產生。但若從學術信念的價值理想來說，鄭玄無非是想表明根據天地四時來施行政令的政治理念，這從其特別關注《周禮》六官的象徵意義就可以說明。對天官冢宰、地官司徒、春官宗伯、夏官司馬、秋官司寇和冬官司空，鄭玄依次認為：

> 天者統理萬物，天子立冢宰使掌邦治，亦所以總御眾官，使不失職。〔註223〕

> 司徒主眾徒。地者載養萬物，天子立司徒掌邦教，亦所以安擾萬民。〔註224〕

> 春者生萬物，天子立宗伯，使掌邦禮，典禮以事神為上，亦所以使天下報本反始。〔註225〕

> 夏整齊萬物，天子立司馬，共掌邦政，政可以平諸侯，正天下，故曰統六師平邦國。〔註226〕

> 秋者，遒也，如秋義殺害收聚斂藏於萬物也。天子立司寇，使掌邦刑，刑者所以驅恥惡，納人於善道也。〔註227〕

> 是名司空者，冬閉藏萬物，天子立司空，使掌邦事，亦所以富

〔註222〕《周禮》成書問題，自古已有爭議，在此不贅述前人研究成果。筆者同意這種說法：「像這種基於禮治的治國思想應該是對春秋戰國禮學思想的總結，代表著禮家對於未來社會的一種預想，雖然有周代政治制度的因素在內，但其中也包含了春秋戰國時期政治變化的內容，同時還有對於未來的憧憬，它只能產生於禮學思想已經發展到較高水準的戰國時代。《周禮》這部所謂周代政治大法的著作，實際上並不完全是周代制度，其中同樣有春秋戰國時期的官制，有儒家學者關於理想政治制度的發揮。」（張豈之主編：《中國思想學說史》（秦漢卷）（上），桂林：廣西師範大學出版社，2007年版，第265頁。）
〔註223〕《十三經注疏》整理委員會整理：《周禮注疏》（上），北京：北京大學出版社，1999年版，第1頁。
〔註224〕《十三經注疏》整理委員會整理：《周禮注疏》（上），北京：北京大學出版社，1999年版，第223頁。
〔註225〕《十三經注疏》整理委員會整理：《周禮注疏》（上），北京：北京大學出版社，1999年版，第432頁。
〔註226〕《十三經注疏》整理委員會整理：《周禮注疏》（下），北京：北京大學出版社，1999年版，第742頁。
〔註227〕《十三經注疏》整理委員會整理：《周禮注疏》（下），北京：北京大學出版社，1999年版，第887頁。

立家，使民無空者也。司空之篇亡，漢興，購求千金，不得。〔註228〕總體而言，「《古周禮》六篇者，天子所專稟以治天下，諸侯不得用焉。」〔註229〕可見，鄭玄對《周禮》價值的認同既源於對歷史傳統的認知，但又不乏對其現實效用的評估。

在東漢末年外戚宦官專權、邊疆外族入侵、地方州郡叛亂迭起的情形下，鄭玄對《周禮》的重視，其實是期待通過禮制重整來濟世，重建皇權統治的社會秩序。因而，在這種禮制構想基礎上，鄭玄注經時也會採取以今況古的方式使經義易明，所以難免出現以今亂古的現象。然而，鄭玄《三禮注》形成後，雖然在魏晉時期遭到王肅的抗衡，但其確立三禮定本，給予《三禮》學說思想與實際效用相統合的研究方式，仍然得到了後世學者的讚賞，尤其是朱熹曾大力表彰：「鄭康成是個好人，考禮名數大有功，事事都理會得。」〔註230〕在晚年召集弟子門人編撰《儀禮經傳通解》時，朱熹更全錄鄭注，足見其對鄭玄《三禮注》的服膺。

皇權統治下禮學經典的確立，是以儒家的禮治社會理論為支點、皇權政治的實際運作為槓桿的動態平衡。《禮》經中蘊涵的上下尊卑意識以及貴賤等級制度，契合了皇權最高統治者追求政治一統模式的內在需求，因而在取得官學統治地位的同時，禮學經典也催生了禮治意義在社會歷史條件下的創新性表現。從董仲舒的王道政治到《白虎通義》的禮制法典，「三綱五常」這一核心價值體系的抽象提煉，是以陰陽五行思想建立天人之間的神秘聯繫，從而將倫理關係與道德觀念親密結合，既賦予皇權政治統治神聖合理性使其深入人心，也為思想學說參與政權建設謀求社會秩序留有餘地。因此，「三綱五常」的禮治意義是一個由理論到實踐，從思想層面下落制度層面並進而影響行為層面的皇權行政體系的全面展開。在此過程中，禮學經典的研習與選官制度、學校教育的相互配合，使得經學、皇權、儒生的生存建立一種微妙的聯繫。經學原本有其自身的學術獨立性，但在皇權統治者那裡已被現實的政治需求擠兌成政治的附庸。經典地位的獲取、經典教育的實行、經學之士的

〔註228〕《十三經注疏》整理委員會整理：《周禮注疏》（下），北京：北京大學出版社，1999 年版，第 1054 頁。

〔註229〕《十三經注疏》整理委員會整理：《周禮注疏》（下），北京：北京大學出版社，1999 年版，第 1054 頁。

〔註230〕〔宋〕黎靖德編：《朱子語類‧禮四‧小戴禮》卷 87，王星賢點校，北京：中華書局，1986 年版，第 2226 頁。

湧現，無一不立足於皇權統治對其認定、支持和接納的基礎之上。但是，儒生對經學發展的學術自覺，雖不足以使經典擺脫皇權統治附庸的存在形式，卻可以為經學的生存或多或少保留了一些思想學說內涵。無論是禮儀意義闡釋所帶來的禮經博士的增設，還是鄭玄整合三部禮學經典的學術研究，自始至終都貫穿著禮制構想重建社會秩序的學理價值。歷史地來看，皇權統治社會禮治的形成和確立，就其思想實質和社會功能來說，其鞏固和完善皇權專制的作用有著歷史的必然性和合理性。儒術作為一種治國方略的實現，是在禮治社會理想的政治實踐和禮儀制度文化的思想認同的合力作用下造就出來的，其崇奉先王之道、皇權設置禮經、禮經體系整合的特徵對後世產生了重要影響。

第二章　宋代士大夫政治與朱熹禮經學的淵源

　　朱熹是堪與孔子相媲美的儒學大師，也是宋代理學的集大成者。對此，錢穆先生早有斷言：「在中國歷史上，前古有孔子，近古有朱子，此兩人，皆在中國學術思想史及中國文化史上發出莫大聲光，留下莫大影響。曠觀全史，恐無第三人堪與倫比。孔子集前古學術思想之大成，開創儒學，成為中國文化傳統中一主要骨幹。北宋理學興起，乃儒學之重光。朱子崛起南宋，不僅能集北宋以來理學之大成，並亦可謂其乃集孔子以下學術思想之大成。此兩人，先後矗立，皆能彙納群流，歸之一趨。自有朱子，而後孔子以下之儒學，乃重獲新生機，發揮新精神，直迄於今。」[註1] 如果說儒學思想家的身份，僅僅是朱熹對禮學重視的一種潛在因素，那麼，當宋代立國以後，重建社會秩序、復興倫理道德和重振儒家學說的共同要求，已然成為朱熹認同儒家傳統禮學思想的現實因緣。

　　儒家禮學思想自漢代起，其禮治社會的理想與實踐就可以歸結到禮經研習的價值追求與實現的過程中，因此，鄭玄注解「三禮」在禮學發展史上留下濃墨重彩的一筆。魏晉到隋唐時期，儒家思想學說已不是社會思潮的顯要主題，但禮學卻因其規範人倫社會秩序的根本價值，在社會發展中受到皇權統治者和學者的一致青睞。南北朝時曾出現禮學興盛的態勢，這不僅與當時的門閥制度緊密相聯，也與鄭玄《三禮注》同時影響南、北經學的傳承與發

〔註 1〕錢穆：《朱子新學案》（上），成都：巴蜀書社，1986 年版，第 1 頁。

展有關。〔註2〕唐初政治一統的局面中，「三《禮》之學比南北朝更趨活躍」，但禮制爭論卻削弱了皇權統治的威嚴，〔註3〕統一禮經文本和經義遂迫在眉睫。孔穎達、賈公彥奉詔撰定的《禮記正義》，屬「五經正義」之一，孔疏以鄭注爲主，但也吸收皇侃、熊安生的禮學見解，從此成爲科舉考試的經義定本。《周禮》和《儀禮》增設爲明經考試科目後，也採用鄭注、賈公彥疏爲定本。關於唐代經學文本的統一，朱熹曾評價道：「五經中，周禮疏最好，詩與禮記次之，書易疏亂道。」〔註4〕可見，唐代是禮經學與政治互動的重要時期。

　　宋代是在結束唐末以來軍事混戰、割據政權的基礎上實現局部地區統一的，因而，追求長治久安是君臣統治者一致要求解決的實際問題。對於宋室君臣而言，保存在儒家經典文化中的「先王之道」作爲一種歷史經驗，其緩解現實問題的具體方式當然離不開各種社會變化所提出的新要求。士大夫政治成爲宋代政治的表現形態，一方面出於君、臣聯合在政治行動上「共治天下」的實踐需要，另一方面也是儒家學者通過科舉制度進入權力結構所掌握的「經術」知識旨向「世務」的現實出路。禮經研習在宋代獲得前所未有的重視：其一是《周禮》在政治革新上的指導意義，使其禮經地位攀升；其二是《儀禮》雖因內容難讀，但在家族組織的興建中對日常禮儀生活具有參考意義，由朱熹再次確定其本經地位；其三是《禮記》與理學思潮的興起相得益彰，在「禮」的哲學思考上成爲思想家闡發禮論的重要依據，是朱熹禮、理合一思想形成的基本論證材料。總體而言，宋代社會政治和儒家思想學說的新進展，都是促進朱熹禮學思想形成的現實緣由。

一、士大夫政治的成熟

　　朱熹生於南宋高宗建炎四年（公元 1130 年），卒於寧宗慶元六年（公元 1200 年）。南宋時期的社會制度以及思想學說風氣大體上是對北宋的延續和深化，因此，史家慣於將北宋和南宋合在一起作爲中國歷史進程的一個時期——

〔註2〕 陸建華、夏當英：〈南北朝禮學盛因探析〉，《孔子研究》，2000 年第 3 期。
〔註3〕 吳雁南、秦學頎、李禹階主編：《中國經學史》，福州：福建人民出版社，2001 年版，第 230～232 頁。
〔註4〕 〔宋〕黎靖德編：《朱子語類·禮三·周禮》卷 86，王星賢點校，北京：中華書局，1986 年版，第 2206 頁。

—宋代。〔註5〕本文亦將宋代社會歷史發展中的新變化作爲朱熹禮學思想形成的現實緣由之一。

朱熹在品評宋代歷史時，說道：「國初人便已崇禮義，尊經術，欲復二帝三代，已自勝如唐人，但說未透在。直至二程出，此理始說得透。」〔註6〕崇禮義、尊經術、復三代從其實質內容來說，都可以涵蓋在儒家「禮學思想」的主題下來進行討論。而朱熹從理學角度觀察，得出的結論，表明：其一，禮學思想的發展由二程開始發生質的提升；其二，禮學思想的提升得益於理學思潮的給養。朱熹作爲一名儒家知識分子，又曾擔任過政府行政官員，是宋代士大夫階層中的一員。他對社會時勢的深切體會，與士大夫身份在宋代政治統治結構中的主導地位以及思想文化上的引領潮流緊密相關。

（一）「士」的轉型與科舉改革

柳詒徵先生曾指出：「宋之政治，士大夫之政治也。政治之純出於士大夫之手者，惟宋爲然。」〔註7〕閻步克先生則認爲就社會地位和政治功能來說，「士」階層在東漢時期就已經特別地表現爲一種「士大夫政治」。雖然閻先生只考察戰國、秦、漢時期「演生」中的士大夫政治，但他仍指出「唐、宋、明、清的科舉時代，士大夫政治才進入高度成熟的發展形態」〔註8〕，因此，當閻先生把官僚與知識分子兩種角色的結合界定爲士大夫的基本特徵時，本文也由此延伸出分析宋代士大夫政治成熟的社會歷史條件之一——科舉制度。

作爲推動士大夫政治發展動力的宋代科舉制度，又是與皇權統治者的文治取向合而爲一的。對此，史書有記載：「藝祖革命，首用文吏而奪武臣之權，

〔註5〕劉子健先生雖然認爲：「南宋初期發生了重要的轉型。這一轉型不僅使南宋呈現出與北宋迥然不同的面貌，而且塑造了此後若干世紀中中國的形象。」見氏著《中國轉向內在——兩宋之際的文化內向》（趙冬梅譯，南京：江蘇人民出版社，2001 年版，第 4 頁。）但在其著作中，「宋代」仍是他的主要敘述詞彙和研究大背景。本文認爲從社會總體結構和思想學說傳承來看，以「迥然不同」形容南宋與北宋的差異似有不妥。

〔註6〕〔宋〕黎靖德編：《朱子語類・本朝三・自國初至熙寧人物》卷 129，王星賢點校，北京：中華書局，1986 年版，第 3085 頁。

〔註7〕柳詒徵：《中國文化史》（下），上海：上海古籍出版社，2001 年版，第 580頁。

〔註8〕閻步克：《士大夫政治演生史稿》，北京：北京大學出版社，1996 年版，第 1～2 頁。

宋之尚文，端本乎此。太宗、眞宗其在藩邸，已有好學之名，作其即位，彌文日增。自時厥後，子孫相承，上之爲人君者，無不典學；下之爲人臣者，自宰相以至令錄，無不擢科，海內文士彬彬輩出焉。」〔註9〕南宋時期的陳亮也說：「藝祖皇帝用天下之士人，以易武臣之任事者，故本朝以儒立國。而儒道之振，獨優於前代。」〔註10〕可見，宋代的「文士」、「士人」是指文治政策影響下通過科舉考試而進入國家官僚系統並擔任一定官職的人員。士大夫階層在宋代是一個特殊群體：「他們是受過儒家經典及相關知識教育的無數個人，因此有時又被稱爲『士』。通過薦舉或科舉考試，他們成爲文官集團中的終身成員或曰職業官僚。如此這般，他們構成統治階級。他們擁有土地，但是一般而言，以中國社會結構的價值標準衡量，這一點對他們來說遠不如權柄、官階、學術聲望來得重要。士大夫兼學者與官僚於一身」。〔註11〕宋代士大夫的雙重社會角色，使源於文化知識傳統而形成的政治觀念可以在實際的政治活動經驗中得到實現，並由此彰顯士大夫階層的政治主體意識。但是，科舉制度早在隋唐時就已被確立爲政府選拔官吏的一種政治制度，那麼，何以至宋代才由其創造出士大夫政治的成熟形態？這需要進一步的說明。

首先，「士」在唐宋時期的轉型，爲趙宋皇權統治者選擇信賴士大夫階層創造歷史條件。

先秦時期的「士」原本處於貴族等級制的最底端，但自孔子、孟子以後，「士志於道」〔註12〕、「士窮不失義，達不離道」〔註13〕的規定，則將「士」作爲學術眞理和道德價值理想的承擔者，以「弘道」爲己任。但是「學而優則仕」以及「坐而論道，謂之王公。作而行之，謂之士大夫」〔註14〕的政治實踐要求，配合「經學之士」在漢代選官制度中的優先地位，則在東漢初步奠定士大夫政治的雛形。然而，漢代經學與強宗士族之間千絲萬縷的聯繫以及和皇權的矛盾〔註15〕，使得由其演變而生的魏晉門閥士族在國家政治統治

〔註 9〕　《宋史・文苑一》

〔註 10〕　《宋史・儒林六》

〔註 11〕　〔美〕劉子健：《中國轉向內在——兩宋之際的文化內向》，趙冬梅譯，南京：江蘇人民出版社，2001 年版，第 11～12 頁。

〔註 12〕　《論語・里仁》

〔註 13〕　《孟子・盡心上》

〔註 14〕　《周禮・冬官考工記第六》

〔註 15〕　金春峰先生指出，漢武帝獨尊儒術以後，士族作爲一種新的社會與政治力量迅速形成，到西漢末，士族已具有強大力量，東漢時期則出現累世的強宗大

中佔據著絕對主導地位，直至隋唐王朝建立時統治者仍舊依賴關隴集團和高門大族的支持。而且，在「士」的流變過程中，伴隨著朝代更迭而形成的軍功貴族往往也是皇權統治者樂意依賴和培植的統治力量。所以，從漢代以來，士大夫的出身實際上是以世家貴族爲主，並先後得到徵辟察舉、九品中正和門蔭等選官制度的相應保障。這種以世家勢力做後盾的士人群體所形成的士族，與普通寒門出身而進入皇權統治邊緣的庶族士子在政治、經濟等特權的享有以及思想文化觀念上都存在巨大差異。「上品無寒門，下品無勢族」的局面，直到隋唐科舉制度的實行才逐漸被鑿破。在此情形下，唐太宗下令編修《氏族志》的標準「不須論數世以前，止取今日官爵高下作等級」，也使門第出身觀念進一步淡化，對門閥士族造成一定的打擊。但對門閥士族退出歷史舞臺造成毀滅性打擊的，則是唐末五代的軍事割據混戰。李燾曾指出：「唐末五代之亂，衣冠舊族多離去鄉里，或爵命中絕，而世系無所考。」〔註16〕至此，門閥士族在國家政治生活中居於主導地位已衰落不存在，「士作爲社會和政治精英在北宋出現的時候，他們已不再是士族」。〔註17〕

宋太祖因武將擁立而「黃袍加身」以後，堅決杜絕武將擁兵自重，採取收回武將兵權、割斷將領和士兵日常聯繫等一系列的措施來抑制武將勢力。因而，在確定治國方略時，宋初形成「崇文抑武」的核心內容：「即抑制武力因素對國家政治及社會生活的干預，強調以意識形態化的儒家道德規範、綱常倫理來控制社會，最終達到維護專制皇權至高無上地位與王朝穩定發展的目的。」〔註18〕意識形態上的「崇文」落實在統治實踐中即表現爲文官政治，

族。強宗大族與經學及知識分子的聯繫，使其享有社會聲望和世族中名門望族的支持。但強宗大族又權利薰心。因而，作爲一種政治、社會、經濟、道義力量，強宗大族從皇權那裡取得權力，卻又以階級公利的代表和監督者自居；既爲皇權壓迫人民，又充當人民的代言人，似乎代表著社會的公德和良心，時刻要把皇權置於自己的控制之下，造成與皇權不可避免的矛盾。所以，強宗大族與其代表的整個士族及經學知識分子和皇權的聯姻注定不能長久。參見氏著：《漢代思想史》（增補第三版），北京：中國社會科學出版社，2006年版，第503～504頁。陳寅恪先生也曾指出，漢代的地方豪族是儒家信徒，爲學「則從師受經」，爲人「則以孝友宗法見稱於宗族鄉里」。參見氏著：《金明館叢稿初編》，上海：上海古籍出版社，1980年版，第339頁。

〔註16〕《續資治通鑑長編・仁宗・天聖三年》

〔註17〕〔美〕包弼德：《斯文：唐宋思想的轉型》，劉寧譯，南京：江蘇人民出版社，2001年版，第35頁。

〔註18〕陳峰：〈宋朝的治國方略與文臣士大夫地位的提升〉，《史學集刊》，2006年第1期。

即文人士大夫承擔官僚行政的實際運作，上自一國宰相，下至地方縣令，其職位的獲得與陞遷在很大程度上取決於其是否能通過科舉考試而具有進士身份。而且，由於科舉制度選拔出來的文官士大夫，沒有世家大族的社會背景，其社會根基和實力也不深厚，故而也不至於威脅趙宋王朝的皇權統治。因此，余英時先生曾指出，宋代士的社會地位與領導功能並非完全出於帝王的片面恩賜，皇帝重振進士貢士和優容士大夫是因爲他們迫切需要士階層的支持：「士階層雖久受摧殘壓抑，但仍潛布各地；無論是建立全國性的或地方性的新社會秩序，宋王朝都非依賴他們的積極合作不可。」〔註 19〕另一方面，這些新進文人士大夫的榮辱盛衰因掌握在帝王手中，反過來也加深了他們對趙宋統治者的忠心，對其表現出一定的依附性。換言之，宋初文治取向下對文官士大夫的支持，對皇權統治者來說有利於重建穩定和統一的政治體制，而對於出身寒門的士人來說，因其依賴於至高無上的皇權來獲得政治地位，所以也甘心擔負起下屬應盡的職責。正因爲如此，包弼德認爲宋代士人的利益最接近皇帝的利益，「兩者都相信將通過中央集權獲益」。〔註 20〕

其次，科舉制度本身的一些改革，有力保障士大夫階層的提升和壯大。

在皇權與士大夫二者利益接近的基礎上，宋代歷任帝王不僅從心理上接受士大夫階層，而且對隋唐以來的科舉制度進行了一些調整革新，從而在制度上保證士大夫政治地位的提升。閻步克先生說，士族衰微和社會流動活躍中破土而出的科舉制度，標誌著經歷政治文化形態的動蕩之後，「士大夫官僚政治」仍是演進的最終定局，甚至發展到更成熟的形態。〔註 21〕雖說科舉制度是相對公平開放的選官制度，能夠爲下層民眾中的優秀分子提供入仕途徑，但正如鄭樵在《通志・氏族略》中所說，隋唐而上的「官之選舉，必由於簿狀」，眞正意義上的「取士不問家世」是在「五季以來」才逐漸形成。宋代統治者爲了盡可能地選拔寒門士子以遏制世家大族的勢力，「除了封彌、謄錄以外，北宋還有鎖院（即隔離考官）、鎖廳（試有官人）、別試（官僚子弟），以及自太祖開寶六年開始的殿試制度等等嚴格規定，以保證孤寒之士能在盡

〔註 19〕余英時：《朱熹的歷史世界：宋代士大夫政治文化的研究》（上），北京：讀書・生活、新知三聯書店，2004 年版，第 206 頁。

〔註 20〕〔美〕包弼德：《斯文：唐宋思想的轉型》，劉寧譯，南京：江蘇人民出版社，2001 年版，第 35 頁。

〔註 21〕閻步克：《士大夫政治演生史稿》，北京：北京大學出版社，1996 年版，第 479 頁。

量公平的同等條件下跟勢家子弟一爭高低」。〔註22〕其中，宋太祖在開寶六年（公元 973 年）實行的殿試制度，賦予皇帝決定士人去取的權力，其實質是加強中央集權的一項舉措，它使新進士子可以清楚地意識到及第與否最終取決於皇權最高統治者。但也有學者指出：「太祖在提高及第者人數方面的失敗表明，他並不將科舉制度看作選拔官吏以充實地方政府的有效手段」。〔註23〕這就從一個側面反映宋代文人士大夫主要來源於科舉制度的選拔實際上是一個不斷發展和完善的過程。仁宗慶曆元年（公元 1041 年）實行的「封彌」、「謄錄」，即採取糊名考試的辦法，對「取士不問家世」而依據卷面成績起到了決定性作用。在科舉考試形式創新的基礎上，有學者統計：《宋史・宰輔表》中所列宰相 133 名，其中科舉出身者高達 123 名，占 92%；〔註24〕而在宋代全體文官 14860 人中，前 30 年科舉及第的官員爲 7833 人，占總數的 52.71%；《宋史》列傳的 1953 人中，所有兩宋平民或低品官出身而入仕者，占 55.12%。〔註 25〕可見，通過科舉制度選拔出來的文官士大夫群體在宋代已十分壯大。

除了在科舉考試形式上做出革新以外，更重要的是趙宋統治者還對考試內容先後進行了三次比較重要的改革，從而使作爲一種選官制度的科舉考試將其原有的深層文化意蘊更加凸顯出來，並因而與宋代的儒學發展建立直接聯繫。宋朝建國之初，科舉考試基本沿襲唐代舊制，重視以詩賦劃分等第的進士科，而輕視以經書注疏爲記誦內容的貼書、墨義的明經科，所以，就學術實質來說，基本上是漢唐注疏和辭章之學的延續。陳植鍔先生曾論述仁宗和神宗統治期間進行的三次重要科舉改革：「第一次是仁宗天聖年間的兼以策論升降天下士；第二次是仁宗慶曆年間的進士重策論和諸科大義；第三次是神宗熙寧年間的罷詩賦、帖經、墨義，專考策論和大義。」他認爲三次改革的總趨勢，「即重議論先於聲律，以義理代替記誦。每次改革均貫串了這一基本精神，而下一次總比上一次更加深入，對宋學的推進也就更加有力」，並且

〔註22〕陳植鍔：《北宋文化史述論》，北京：中國社會科學出版社，1992 年版，第 66 頁。

〔註23〕〔美〕包弼德：《斯文：唐宋思想的轉型》，劉寧譯，南京：江蘇人民出版社，2001 年版，第 59 頁。

〔註24〕諸葛憶兵：〈宋代士大夫的境遇與時代精神〉，《中國人民大學學報》，2001 年第 1 期。

〔註25〕郭學信：〈科舉制度與宋代士大夫階層〉，山東師大學報（社會科學版），1996 年第 6 期。

他還將這三次改革與宋代學術發展的兩個階段相對應，即「由傳統儒學復興導致義理之學開創、再由義理之學進到性理之學」。〔註26〕陳先生的見解是對政治制度創新與思想學說發展內在關聯的深刻把握。值得一提的是，在三次科舉改革中，歐陽修（公元 1007～1073 年）在第二次科舉改革後，於仁宗嘉祐二年（公元 1057 年）執掌禮部考試時，黜去「尚爲險怪奇澀之文，號太學體」的應試士子，取士標準偏向「言義近古」者，使得「場屋之習，從是遂變」。〔註27〕歐陽修的這一調整對文風上轉向古文以及學風上轉向經義都產生了積極影響，爲後來王安石主政期間進行罷詩賦、專考策論和經義的科舉變革作了一定準備。宋代科舉考試內容上的崇尚經學義理，說到底是以經學包涵的倫理道德思想爲內核的，實際上也是對士大夫階層人生價值觀念的塑造提出了新要求。

再次，士大夫階層的自覺意識，最終確立士大夫政治在宋代的主導地位。

科舉制度的革新，帶來的不僅是士大夫政治地位的提升和群體力量的壯大，更爲士大夫精神世界的追求提供了現實契機。包弼德分析唐宋時期「士」的轉型時，認爲「可以從邏輯上區分爲『士』自我確認方式的變化，以及自命爲士的人的社會構成的轉變。」〔註28〕從上文可知，由科舉入仕的士大夫階層擔任宋代的中央和地方行政長官，對於國家和社會事務的處理均具有直接參預的資格，從其人員構成來說，他們大多來自社會中下層而且出身寒微，因而，在自身利益與皇權利益接近的基礎上，士大夫政治權利的提升也使他們參政的自覺性和責任感大大提高，而這正是「『士』自我確認方式」上變化的根本內涵。按照余英時先生所說，士大夫參政的自覺性和責任感也就是「以天下爲己任」的意識，這種政治主體意識雖然在宋代以前存在，但不夠明確，直到宋代出現其語言文字上的概括表達才使其完全明朗化。〔註29〕

事實上，這個語言文字上的概括正是朱熹在評價宋代士大夫的典範范仲淹（公元 989～1052 年）時曾明確提到的：「且如一個范文正公，自做秀才時

〔註26〕陳植鍔：《北宋文化史述論》，北京：中國社會科學出版社，1992 年版，第 79 頁。

〔註27〕《宋史·列傳第七十八·歐陽修》

〔註28〕〔美〕包弼德：《斯文：唐宋思想的轉型》，劉寧譯，南京：江蘇人民出版社，2001 年版，第 35～36 頁。

〔註29〕余英時：《朱熹的歷史世界：宋代士大夫政治文化的研究》（上），北京：讀書·生活、新知三聯書店，2004 年版，第 211 頁。

便以天下爲己任，無一事不理會過」〔註30〕，「祖宗以來，名相如李文靖王文正諸公，只恁地善，亦不得。至范文正時便大厲名節，振作士氣，故振作士大夫之功爲多。」〔註31〕從朱熹對范仲淹「振作士氣」的讚賞中可知，士大夫「以天下爲己任」的信念和行爲，其實質是宋代士大夫在掌握政治權力之後的一種整體心態，即將個體人格的完善置入社會群體利益的追求中，實現從個人聞達到濟世關懷的擴散，因而，「以天下爲己任」雖是時代環境下士大夫階層忠君報國的思想體現，但更是傳統儒學精神的復蘇，這從「大厲名節」的道德理想追求中也可體現。而范仲淹以「儒者自有名教可樂」〔註32〕勸說青年張載研讀儒家經典《中庸》的歷史故事，也常爲後人所津津樂道。

「名節」、「名教」在宋代受到有識之士的特別關注和大力提倡，是在唐末五代以來世道人心敗壞、人無廉恥的社會背景下興起的，是豎立人的道德性、挺拔人性和人道尊嚴的道德意識的覺醒。〔註33〕宋人對道德淪喪是極爲痛心的：「禮樂崩壞，三綱五常之道絕」。因此，自宋代立國之初，趙宋統治者和士大夫階層就有意轉變社會風氣，提倡名節、忠義：

> 士大夫忠義之氣，至於五季，變化殆盡。宋之初興，范質、王溥猶有餘憾，況其他哉！藝祖首褒韓通，次表衛融，足示意向。厥後西北疆場之臣勇於死敵，往往無懼。眞、仁之世，田錫、王禹偁、范仲淹、歐陽修、唐介諸賢，以直言讜論倡於朝，於是中外縉紳知以名節相高、廉恥相尚，盡去五季之陋矣。故靖康之變，志士投袂，起而勤王，臨難不屈，所在有之。及宋之亡，忠節相望，班班可書。匡直輔翼之功，蓋非一日之積也。〔註34〕

所以，錢穆先生指出，像范仲淹這輩讀書人從內心深處湧現出的擔負天下重任的「自覺意識」，並非范仲淹的個人精神的無端感覺，而是一種時代的精神，早已隱藏在同時人的心中，而爲范仲淹正式呼喚出來。〔註35〕

〔註30〕 〔宋〕黎靖德編：《朱子語類‧本朝三‧自國初至熙寧人物》卷129，王星賢點校，北京：中華書局，1986年版，第3088頁。

〔註31〕 〔宋〕黎靖德編：《朱子語類‧本朝三‧自國初至熙寧人物》卷129，王星賢點校，北京：中華書局，1986年版，第3086頁。

〔註32〕 《宋史‧列傳第一百八十六‧道學一》

〔註33〕 牟宗三：《宋明儒學的問題與發展》，上海：華東師範大學出版社，2004年版，第17～18、74頁。

〔註34〕 《宋史‧列傳第二百五‧忠義一》

〔註35〕 錢穆：《國史大綱》（下），北京：商務印書館，1994年版，第558頁。

（二）「經術」旨向「世務」的「治道」

如果說，「以天下爲己任」是士大夫階層自覺意識覺醒的宣示，那麼，在實際的皇權政治統治中形成士大夫與趙宋統治者「共治」或「同治」天下的格局，則是士大夫階層的心理訴求與皇權統治結構的權力制衡二者共同作用下所產生的士大夫政治行動的必然結果。宋仁宗曾說：「措置天下事，正不欲專從朕出。若自朕出，皆是則可，有一不然，難以遽改。不若付之公議，令宰相行之。行之而天下不以爲便，則臺諫公言其失，改之爲易。」〔註36〕這樣，在皇權、相權與臺諫之權三者間就形成既相互制約又相輔相成的關係。張其凡先生認爲在北宋的政治架構中，皇帝、宰執和臺諫大致構成了中央政府中的三角：皇帝掌握最高立法權，宰相掌握最高行政權，而臺諫則掌握監察權，三者互相限制，又互相倚賴，從而構成穩固的中央政府架構，以形成「共治天下」的局面。〔註37〕北宋時期的這種政權結構，雖出於士大夫階層的積極倡導，但也是得到皇權統治者的接受和認可的，這從神宗時期文彥博、王安石等一眾大臣與宋神宗關於「祖宗法制」「更張」的對話中可知。

熙寧四年（公元1071年）三月，內憂外患處境下的宋神宗召集宰相王安石、樞密使文彥博等在內的一些執政官員議論用兵、交子、保甲等事務，當討論到近年所實行的變法「更張」問題時，文彥博與神宗、王安石發生了激烈的爭執。在文彥博看來，朝廷的所作所爲應以「合人心」、「靜重爲先」，神宗皇帝「勵精求治」，但卻收到「人情未安」的客觀效果，在於「更張之過」，因而，「祖宗法制」並非不可行，只是「廢墜不舉」：

> 彥博又言：「祖宗法制具在，不須更張以失人心。」上曰：「更張法制，於士大夫誠多不悅，然於百姓何所不便？」彥博曰：「爲與士大夫治天下，非與百姓治天下也。」上曰：「士大夫豈盡以更張爲非，亦自有以爲當更張者。」安石曰：「法制具在，則財用宜足，中國宜彊。今皆不然，未可謂之法制具在也。」〔註38〕

雖然文彥博脫口而出的話語「爲與士大夫治天下」，使後人在理解「士大夫」與「百姓」、帝王三者利益問題上還存在一定爭議，但正如鄧小南教授所言：

〔註36〕〔宋〕陳亮：《陳亮集》（增訂本），鄧廣銘點校，北京：中華書局，1987年版，第28頁。

〔註37〕張其凡：〈「皇帝與士大夫共治天下」探析——北宋政治架構探微〉，《暨南學報》（哲學社會科學），2001年第6期。

〔註38〕《續資治通鑒長編·神宗·熙寧四年》

「隻言片語中，實際上涉及皇帝、官僚士大夫和百姓這三種不同的社會力量，呈現出文彥博對於當時的權力運作（『治天下』）方式的理解」，「文彥博的這一理解，顯然爲在場的君臣所認同。」〔註39〕

北宋士大夫階層對於政治權力運作中自身地位的充分認識和自信，到南宋紹熙五年（公元 1194 年）時仍然得到朱熹的大力認同，並在其《經筵留身面陳四事箚子》中提及：

> 至於朝廷綱紀，尤所當嚴，上自人主，以下至於百執事，各有職業，不可相侵。蓋君雖以制命爲職，然必謀之大臣，參之給舍，使之熟議以求公議之所在，然後揚於王庭，明出命令而公行之。是以朝廷尊嚴，命令詳審，雖有不當，天下亦皆曉然知其謬之出於某人，而人主不至獨任其責。臣下欲議之者，亦得以極意盡言而無所憚。此古今之常理，亦祖宗之家法也。〔註40〕

在朱熹看來，治理天下的權力源於皇帝的「制命」，但「百執事」的行政職權也有其相對的自主性，即使「人主」也「不可相侵」，何況從權源處發出來的「制命」，還得經由「大臣」和「給舍」的反復討論，「以求公議之所在」，可見，宋代皇帝和士大夫「共治」天下其實是一種現行政治制度的有效安排。

政治制度安排中的「治道」價值取向，在熙寧年間神宗與王安石討論變法的對話中，明確回歸到儒家對上古三代先王之道的推崇和實踐之中。熙寧元年（公元 1068 年）四月，神宗咨詢「爲治所先」時，王安石認爲「擇術爲先」，應該效法「堯、舜之道」：「堯、舜之道，至簡而不煩，至要而不迂，至易而不難。」神宗聽後，授意王安石輔政，並表示「同濟此道」。熙寧二年二月，王安石官拜參知政事。神宗向王安石談起眾人對其「但知經術，不曉世務」的評論時，王安石表示：「經術正所以經世務，但後世所謂儒者，大抵皆庸人，故世俗皆以爲經術不可施於世務爾。」神宗於是繼續追問：「卿所施設以何先？」王安石回答：「變風俗，立法度，正方今之所急也。」由此，在神宗的支持下，王安石以制置三司條例司爲變法機構，相繼實行農田水利、青

〔註39〕 鄧小南：《祖宗之法：北宋前期政治述略》，北京：生活・讀書・新知三聯書店，2006 年版，第 414～415 頁。關於「爲與士大夫治天下」的不同理解和爭議，亦可參見鄧著第 412～414 頁。

〔註40〕 〔宋〕朱熹：《晦庵先生朱文公文集・經筵留身面陳四事箚子》（一）卷 14，朱傑人等主編，《朱子全書》第 20 冊，上海、合肥：上海古籍出版社、安徽教育出版社，2002 年版，第 680 頁。

苗、均輸、保甲、免役、市易、保馬、方田諸役等新法措施，史稱「熙寧變法」。〔註41〕

　　對於儒者研習「經術」旨在「世務」的目標定位，不僅在王安石以《周官新義》、《詩經新義》、《書經新義》配合其新法實施的指導思想中得到親身應驗，而且，在王安石主持的宋代第三次重要的科舉改革中，對科舉制度選取人才所提出的看法，也顯示出他對「經術」與「世務」二者內在關係的洞悉。王安石說：「所謂文吏者，不徒苟尚文辭而已，必也通古今，習禮法，天文人事，政教更張，然後施之職事，則以詳平政體，有大議論使以古今參之是也。所謂諸生者，不獨取訓習句讀而已，必也習典禮，明制度，臣主威儀，時政沿襲，然後施之職事，則以緣飾治道，有大議論則以經術斷之是也。」〔註42〕可以說，正是經書中包涵著自古以來「治道」的歷史經驗，才使儒生對「經術」的研習能夠通過文官士大夫的行政平臺在「世務」中得到實行。因此，士大夫政治在宋代成熟的現實主導地位，說到底離不開儒學經典中「治道」價值理想的大力支撐。無論是「以天下為己任」的自覺意識，抑或「共治天下」的行動實踐，都是在朝的文官士大夫或在野的儒生學者在趙宋皇權統治的現實社會制度中對儒學重建社會秩序理想〔註43〕的最佳宣揚。

二、禮經研究的治道取向

　　王安石強調文官士大夫需要「通古今，習禮法」，才能履行其相應的職責，而儒生則通過「習典禮，明制度，臣主威儀」的經術學習，可使「治道」得到全方位充實，因此，《周官新義》作為禮經研究的新成果配合王安石的變法活動，正是學術研究與政治制度相結合的一次社會實現。王安石的這一成就是有宋一代的典型縮影之一，相比之下，史書記載反映得更為全面：「宋有天下先後三百餘年，考其治化之污隆，風氣之離合，雖不足以擬倫三代，然其時君汲汲於道藝，輔治之臣莫不以經術為先務，學士搢紳先生，談道德性命

〔註41〕《宋史‧列傳第八十六‧王安石》
〔註42〕〔宋〕王安石：《王文公文集‧取材》（上冊）卷32，唐武標校，上海：上海人民出版社，1974年版，第374頁。
〔註43〕余英時先生認為迴向「三代」是宋代士大夫政治文化的開端，重建社會秩序則是士大夫階層承擔的功能。參見氏著：《朱熹的歷史世界：宋代士大夫政治文化的研究》（上），北京：讀書‧生活‧新知三聯書店，2004年版，第184～209頁。

之學，不絕於口，豈不彬彬乎進於周之文哉！」〔註44〕「時君」對「禮治」功能的認可，在太祖時期褒獎聶崇義作《三禮圖》以及太宗時期將《三禮圖》畫於國子監的實際行動中可見一斑。太宗時期的國子監判監李至曾特別指明：「安上治民、移風易俗，禮樂之本也；玉帛鐘鼓，禮樂之末也……惟聖人務其本以求其理，存其末以致用，故能通天下之變而至於道也」〔註45〕，可謂一語道盡「禮」在趙宋統治者追求「治道」中的現實政治功能。而「輔治之臣」立足於「禮經」研究基礎上的「治太平」實踐，則在王安石實施的新法中得到最大程度地展現。至於「學士縉紳先生」談「道德性命」之中的「禮論」，正是開啟寓「治道」於「說經」的儒學復興乃至儒學「性理」轉向的思想學說發展的內在要求。

（一）科舉取士中的禮經考試

宋代思想文化發展中的禮經研究空前繁榮，是僅次於後世清代禮經研究的又一重要時期。有學者根據《四庫全書》「禮類」著錄，統計歷代禮學研究情況，如表所示：〔註46〕

	周禮	儀禮	禮記	三禮總義	通禮	雜禮書
漢	1	1	1	0	0	0
宋	10	5	3	1	2	2
元	1	3	2	0	0	0
明	3	0	6	1	0	1
清	7	14	9	4	2	2
總　計	22	23	21	6	4	5

表格中的數字反映：宋代確實是禮學發展史上的重要階段，且《周禮》研究在宋代的禮經研究中處於首位。

自鄭玄整合三禮經典，提升《周禮》的禮經地位以來，宋人的禮經研究再次呈現出了「輕《禮記》、《儀禮》而最重《周禮》」〔註47〕的經學傾向。造

〔註44〕　《宋史・藝文一》
〔註45〕　〔宋〕聶崇義：《新定三禮圖》附〈三禮圖記〉，四部叢刊續編電子版。
〔註46〕　張壽安：《十八世紀禮學考證的思想活力》，北京：北京大學出版社，2005 年版，第 43 頁。
〔註47〕　〔美〕劉子健：《中國轉向內在——兩宋之際的文化內向》，趙冬梅譯，南京：江蘇人民出版社，2001 年版，第 25 頁。

成宋代禮經學研究的這種格局，在很大程度上是與科舉取士中經典考試科目與內容的演變相關的。唐代科舉取士中，三《禮》在「九經」（即《周易》、《尚書》、《毛詩》、《禮記》、《周禮》、《儀禮》、《左傳》、《公羊傳》、《穀梁傳》）測試範圍內，根據經文內容多少分成大、中、小三等：《禮記》為大經，《周禮》為中經，《儀禮》為小經。開元六年（公元718年）時，尚且呈現「以《禮記》文少，人皆競讀」，而「《周禮》經邦之軌則，《儀禮》莊敬之楷模」，研習者「殆絕」的局面。到開元十六年，《周禮》、《儀禮》已「將絕廢」。〔註48〕這表明，《周禮》的研習在宋代科舉變革以前，已逐漸式微；而《儀禮》也因其主要以適當的古禮儀式反映研習者的道德修養程度，從而與科舉取士刺激下經典研習的功利效用存在一定的張力。《禮記》雖然受到研習者的青睞，但由於帖書、墨義的明經科考試形式，基本上仍停留在記誦的階段，缺乏對其經義價值的探究。

　　宋初承襲唐制，太祖至真宗時期是嚴格科舉制階段，以提倡公平競爭，保證取士權掌握在皇帝手中為特徵，考試科目則分成進士和諸科。諸科包括《九經》、《五經》、《開元禮》、《三史》、《三禮》、《三傳》等科。其中，進士科，「試詩、賦、論各一首，帖論語十帖，對春秋或禮記墨義十條」；《九經》，「帖書一百二十帖，對墨義六十條」；《五經》，「帖書八十帖，對墨義五十條」；《三禮》，「對墨義九十條」；《開元禮》，「對三百條」。可見，這一時期的禮經研習仍然以記誦為特徵。仁宗到徽宗時期，是科舉變革階段，主要改革考試的科目和內容，以「重議論先於聲律，以義理代替記誦」為總體趨向。仁宗嘉祐二年（公元1057年）所增設的「明經」〔註49〕科試法：「凡明兩經或

〔註48〕〔清〕皮錫瑞：《經學歷史》，周予同注釋，北京：中華書局，2008年第2版，第210頁。

〔註49〕「明經」，原意為明於經術，約在西漢武帝時成為取士科目。從兩漢歷魏晉、南北朝到隋代，明經科一直是重要的察舉科目。唐代科舉取士，明經科與進士科並列，則是對以儒家經典取士的科目之總稱，因此又分設為若干個考一經或幾經的科目。五代後唐時期，明經成為一個單獨的科目，與包括考儒家經典的其他諸科並列，因此出現考試內容會與《九經》、《五經》等諸經科相重複的名異而實同的問題。後晉時，明經科停廢後又復置。後周時期，再次罷明經科。北宋初年，科舉制沿襲後周舊制，儒家經典測試涵蓋在諸科之中，直到仁宗嘉祐二年下詔設置明經科。後來熙寧年間，王安石改革科舉制度，罷廢明經諸科，僅存進士科，但以經義考試代替詩賦考試，使進士科實際上成了名副其實的明經科，從而為後世元、明、清三代所仿傚。參見何忠禮先生所著：《科舉與宋代社會·略論宋代的明經科》（北京：商務印書館，2006年版，第156～168頁）。

三經、五經，各問大義十條，兩經通八，三經通六，五經通五為合格，兼以論語、孝經，策時務三條，出身與進士等」。神宗熙寧年間，接受王安石「一道德則修學校」故而「貢舉法不可不變」的提議，科舉取士改法為「罷詩賦、帖經、墨義，士各占治易、詩、書、周禮、禮記一經，兼論語、孟子。每試四場，初大經，次兼經，大義凡十道，後改論語、孟子義各三道」，同時增設新科明法。哲宗元祐年間，司馬光對「神宗專用經義、策論取士」使得王安石「一家私學」為「天下學官講解」頗有微詞，因而在元祐四年（公元 1089 年）「立經義、詩賦兩科，罷試律義」。具體而言，「凡詩賦進士，於易、詩、書、周禮、禮記、春秋左傳內聽習一經。初試本經義二道，語、孟義各一道，次試賦及律詩各一首，次論一首，末試子、史、時務策二道。凡專經進士，須習兩經，以詩、禮記、周禮、左氏春秋為大經，書、易、公羊、穀梁、儀禮為中經，左氏春秋得兼公羊、穀梁、書，周禮得兼儀禮或易，禮記、詩併兼書，願習二大經者聽，不得偏占兩中經。初試本經義三道，論語義一道，次試本經義三道，孟子義一道，次論策，如詩賦科。並以四場通定高下，而取解額中分之，各占其半。專經者用經義定取捨，兼詩賦者以詩賦為去留，其名次高下，則於策論參之。」此外，元祐六年，熙寧年間罷廢的通禮科復設。紹聖年間，神宗下詔「罷詩賦，專習經義」，解除元祐年間對王安石學說的禁用。紹聖四年（公元 1097 年）下詔科考「優取二禮」。南宋時期的科舉，除熙寧年間增設的新科明法在紹興年間被中廢，進士最終分成以經義、詩賦兩科取士外，其他所有條制、禁令，基本上沿襲北宋。高宗紹興二十二年（公元 1152 年），「以士習周禮、禮記，較他經十無一二，恐其學浸廢，遂命州郡招延明於二禮者，俾立講說以表學校，及令考官優加誘進。」另外，由於經義、詩賦分科，造成詩賦聲律日益昌盛，士子不讀經，紹興二十七年高宗下詔「復行兼經」，規定「如治二禮文義優長，許侵用諸經分數」。〔註50〕綜觀宋代科舉取士中所涉及的禮經科考，經歷了由記誦到大義的轉變，而「三禮」的側重也發生了從《禮記》到《周禮》的偏重，《儀禮》則相對處於次要地位。

　　朱熹經歷南宋高宗、孝宗、光宗、寧宗時期，曾發表《學校貢舉私議》。雖然「私議」未上奏，但還是「天下誦之」，影響較大。朱熹設想的科舉取士，主張罷詩賦，根據士子讀書所涉及的諸經、諸子、諸史、時務等內容分年歲

〔註50〕《宋史·選舉志一》、《宋史·選舉志二》。

考試，以達到「士無不通之經、無不習之史，而皆可爲當世之用」〔註51〕的取士目的。關於禮經考試，他認爲：

> 古者大學之教，以格物致知爲先，而其考校之法，又以九年知類通達、強立不反爲大成。蓋天下之事皆學者所當知，而其理之載於經者，則各有所主而不能相通也。況今樂經亡而禮經缺，二戴之記已非正經，而又廢其一焉。蓋經之所以爲教者已不能備，而治之者類皆舍其所難而就其所易，僅窺其一而不及其餘，則於天下之事，宜有不能盡通其理者矣……若合所當讀之書而分之以年，使天下之士各以三年而共通其三四之一，則亦若無甚難者。故今欲以易、書、詩爲一科，而子年午年試之；周禮、儀禮及二戴之禮爲一科，而卯年試之；春秋及三傳爲一科，而酉年試之。（年分皆以省試爲界，義各二道。）諸經皆兼大學、論語、中庸、孟子。（義各一道。）〔註52〕

朱熹的上述想法，表明：其一，學者研習的各種經典包涵著「事理」的不同側面；其二，禮經的研習面臨捨難就易的傾向，故有必要將「三禮」和大戴《禮》合併爲一科，促進禮經的全面研習；其三，《大學》和《中庸》作爲《禮記》中的篇章，獲得獨立的上昇地位。朱熹之所以對科舉取士中的禮經科目有這樣的構想，歸根究底是其禮學思想體系構建所決定的，這將在後面章節中詳論，在此不贅述。

皮錫瑞先生說：「科舉取士之文而用經義，則必務求新異，以歆動試官；用科舉經義之法而成說經之書，則必創爲新奇，以煽惑後學。」〔註53〕皮先生力主經學宜述古而不宜標新，因而對經學研習新風尚的評價有所保留。但從皮先生的論斷，也可知科舉取士背景下的禮經發展有其創新之處。對於學者而言，從禮經研習對象、內容到價值追求，其實都以科舉制本身的思想文化內涵以及政治目的爲旨歸。因此，《禮記》、《儀禮》、《周禮》的研習狀況在宋代都具有較爲顯著的特色。

〔註51〕〔宋〕朱熹：《晦庵先生朱文公文集・學校貢舉私議》（四）卷69，朱傑人等主編，《朱子全書》第 23 冊，上海、合肥：上海古籍出版社、安徽教育出版社，2002 年版，第 3359～3360 頁。

〔註52〕〔宋〕朱熹：《晦庵先生朱文公文集・學校貢舉私議》（四）卷69，朱傑人等主編，《朱子全書》第 23 冊，上海、合肥：上海古籍出版社、安徽教育出版社，2002 年版，第 3359 頁。

〔註53〕〔清〕皮錫瑞：《經學歷史》，周予同注釋，北京：中華書局，2008 年第 2 版，第 277 頁。

（二）《禮記》、《儀禮》研究概況

宋代《禮記》學的發展，自始至終未曾出現任何阻力。上文提到有學者根據《四庫全書》統計出宋代的禮類文獻，其實是不完全的統計。今人王鍔先生的《三禮研究論著提要》吸收前人成果，其中也包括朱彝尊先生的《經義考》，對三禮研究文獻從古至今作了較爲全面的整理和介紹。王先生列舉的宋代《禮記》學文獻編號從 1197 到 1314，存、佚至今者合計 118 種之多，但不包括列入「四書」中的《大學》和《中庸》的研究文獻。〔註54〕而在朱彝尊先生的《經義考》中，《中庸》文獻大約有 70 種，《大學》文獻則約有 40 種。《禮記》中單篇文獻的脫穎而出，是宋代《禮記》學發展的一個重要方面。宋代學者往往以《禮記》爲文本依據闡發「禮」的價值和相關意義，尤其《大學》和《中庸》更是成爲儒者闡發哲學思想的重要根據，已有學者指出「宋儒關於《大學》和《中庸》的研究文獻是宋代《禮記》學史上的亮點」。〔註55〕其實，《禮記》中單篇文獻的重視，在趙宋統治者那裡也有一定體現。根據史料記載，太宗淳化三年（公元 992 年）曾專門刊刻《禮記》中的〈儒行〉賜給新科進士。仁宗天聖五年（公元 1027 年），送給新科進士的是《禮記》中的《中庸》；天聖八年賜給新及第進士的是《大學》，自此以後，《大學》與《中庸》「間賜，著爲例」。〔註56〕總體而言，宋代的《禮記》學批判繼承了漢唐時期的箋注之學，開啓了重視義理的《禮記》研究路數，表現出鮮明的「宋學」特徵。《禮記》學的「宋學」特色，首先體現在對經文舊注的懷疑，比如皮錫瑞提到：「宋人治經，務反漢人之說。以禮而論，如

〔註54〕王鍔：《三禮研究論著提要》，蘭州：甘肅教育出版社，2001 年版，第 279～292 頁。王鍔先生列舉的生卒信息不詳者所著的禮學研究文獻不在本文統計範圍之內。

〔註55〕潘斌：〈宋代《禮記》學文獻綜論〉，《古籍整理研究學刊》，2008 年第 6 期。該文作者指出，宋代經學是宋學的重要組成部分，「宋儒對《易》學、《詩》學和《春秋》學十分關注，而於宋代理學建構起重要作用的《禮》之學卻不甚重視」。這一說法似有不妥，首先，這不僅將《禮記》學研究的「宋學」特點輕視，更有輕忽理學家普遍重視《大學》、《中庸》之嫌。其次，這個論斷既承認《禮記》之學在理學建構中起重要作用，又斷定宋儒對《禮記》之學不甚重視，那麼，所謂的「重要作用」又如何體現出來？作者可能將《大學》、《中庸》的單篇研究文獻與《禮記》總體研究相區別，但又提出「《大學》和《中庸》的研究文獻是宋代《禮記》學史上的亮點」，令人困惑。

〔註56〕《宋會要輯稿・選舉》。轉引自祝尚書：〈宋代登第進士的恩例與慶典〉，《四川師範大學學報》（社會科學版），2006 年第 2 期。

謂郊禘是一，有五人帝，無五天帝，魏王肅之說也。禘是以祖配祖，非以祖配天，唐趙匡之說也。此等處，前人已有疑義，宋人遂據以詆漢儒」；〔註57〕其次，則表現爲對《禮記》經典文本的改動，尤以對《大學》的改動突出。對於《大學》，朱熹曾表明，「舊本頗有錯簡，今因程子所定，而更考經文，別爲序次」〔註58〕，而更引人關注的是朱熹「嘗竊取程子之意」〔註59〕爲「格物致知」補傳。

　　從文獻學的角度來說，宋代《禮記》學文獻包括專著和專論兩大類。專著類的《禮記》學文獻的內容與形式都比較多樣，從內容上說，有考察名物、研究禮制和研究文字、音韻、訓詁，當然也包括研究義理的；從形式上看，則存在傳、注、疏、圖等形式。專論的《禮記》學文獻又可分成借助《禮記》學文本闡發自己的思想以及對《禮記》各篇的作者成書情況的說明。〔註60〕需要特別說明的是，宋儒研究《禮記》重視義理，並不表示輕視考據，如朱熹對《大學》和《中庸》的義理闡釋與文字考定，始終同等看待，這是因爲朱熹明確意識到「吾道之所寄不越乎言語文字之間」。〔註61〕鑒於《禮記》經文本身是禮制記載和禮義解釋的統一，這就使宋儒在建構禮學思想體繫時，著重理性求實精神的張揚，既有對經書文本和漢唐注疏的審視，也有對經文錯亂等方面的修改，而這些審視和修改均與理學思潮緊密相關。有學者指出，《禮記》學發展到北宋，「逐漸成爲諸儒性命自得之學的重要內容。他們或是以此討論禮學的基本問題，或是以《禮記》通論諸篇來講理學思想」。〔註62〕此外，若論宋代《禮記》學研究的文獻保存價值，則不能不提南宋衛湜的《禮記集說》。衛著共 160 卷，作者自序其書「日編而月削，歷二十餘載而後成」。《四庫全書總目》評價此書：「採

〔註57〕〔清〕皮錫瑞：《經學歷史》，周予同注釋，北京：中華書局，2008 年第 2 版，第 257 頁。

〔註58〕〔宋〕朱熹：《四書章句集注・大學章句》，北京：中華書局，1983 年版，第 4 頁。

〔註59〕〔宋〕朱熹：《四書章句集注・大學章句》，北京：中華書局，1983 年版，第 6 頁。

〔註60〕潘斌：〈宋代《禮記》學文獻綜論〉，《古籍整理研究學刊》，2008 年第 6 期。

〔註61〕〔宋〕朱熹：《四書章句集注・中庸章句序》，北京：中華書局，1983 年版，第 15 頁。

〔註62〕吳國武：《經術與性理：北宋儒學轉型考論》，北京：學苑出版社，2009 年版，第 182 頁。

摭群言，最爲賅博、去取亦最爲精審。自鄭注而下，所取凡一百四十四家。其它書之涉於《禮記》者，所採錄不在此數焉。今自鄭注、孔疏而外，原書無一存者。朱彝尊《經義考》採摭亦最爲繁富，而不知其書與不知其人者，凡四十九家，皆賴此書以傳，亦可云禮家之淵海矣。」〔註 63〕皮錫瑞先生也用「採摭宏富」〔註 64〕形容此書。今人陳俊民先生在《藍田呂氏遺著輯校》中提到，「《禮記解》的校理，仍以《禮記集說》爲依據」，〔註 65〕足見《禮記集說》的文獻價值。

　　與《禮記》學順利發展不同的是，《儀禮》學在宋代的發展較爲曲折坎坷。《儀禮》在唐代就不受士子的青睞，甚至當時儒學發展的重要代表韓愈也感慨：「嘗苦《儀禮》難讀，又其行於今者蓋寡，沿襲不同，復之無由。考於今誠無所用之。然文王、周公之法制粗在於是……惜乎吾不及其時，進退揖讓於其間。」〔註 66〕到了宋代，科舉制的導向和宋學研究的義理傾向，促使原本以古禮儀式爲內容的《儀禮》之學更趨式微，直到朱熹才盡力扭轉《儀禮》學發展的頹勢，試圖從「天理」和「事理」關係的角度深化《儀禮》的經典價值和本經地位。《儀禮經傳通解》是朱熹在這一視角下對禮經文本的重新整合，它成爲宋代《儀禮》之學「最有影響的著作」〔註 67〕。

　　根據王鍔先生統計，宋代的《儀禮》學文獻共計 51 種，即由編號 0691到 0741。〔註 68〕除了朱熹的《儀禮》學重整研究之外，皮錫瑞先生還概括了另一種研究類型的特色：「儀禮有李如圭集釋、釋宮，張淳識誤，並實事求是之學。」〔註 69〕所謂的「實事求是」，在此表現爲張淳（公元 1121～1181 年）

〔註 63〕四庫全書研究所整理：《欽定四庫全書總目‧經部二十一‧禮類三》（整理本）
　　　　卷 21，北京：中華書局，1997 年版，第 266 頁。
〔註 64〕〔清〕皮錫瑞：《經學歷史》，周予同注釋，北京：中華書局，2008 年第 2 版，
　　　　第 257 頁。
〔註 65〕陳俊民輯校：《藍田呂氏遺著輯校‧關於藍田呂氏的遺著的輯校及其〈易章句〉
　　　　之思想》，北京：中華書局，1993 年版，第 17 頁。
〔註 66〕屈守元、常思春主編：《韓愈全集校注‧讀《儀禮》》，成都：四川大學出版社，
　　　　1996 年版，第 2724 頁。
〔註 67〕楊世文、李國玲：〈宋儒對儀禮的注解與辨疑〉，《四川大學學報》（哲學社會
　　　　科學版），2004 年第 4 期。
〔註 68〕王鍔：《三禮研究論著提要》，蘭州：甘肅教育出版社，2001 年版，第 156～
　　　　168 頁。
〔註 69〕〔清〕皮錫瑞：《經學歷史》，周予同注釋，北京：中華書局，2008 年第 2 版，
　　　　第 257 頁。

依據各種善本對《儀禮》文字的校勘以及李如圭（生卒年不詳，大致與朱熹同時）在張淳基礎上對經注文字的進一步辯證和古代宮室制度的考釋。〔註70〕對於這種考校性的工作，朱熹客觀評價道：「儀禮人所罕讀，難得善本。而鄭注、賈疏之外，先儒舊說多不復見，陸氏釋文亦甚疏略。近世永嘉張淳忠甫校定印本，又爲一書以識其誤，號爲精密，然亦不能無舛謬」，〔註71〕「張忠甫所校儀禮甚仔細，然卻於目錄中冠禮玄端處便錯了。但此本較他本爲最勝。」〔註72〕彭林先生也提到：「張淳爲宋代學者全校《儀禮》之第一人，《識誤》亦頗具卓識」，「《識誤》作於《儀禮》學衰微之世，意義非尋常可比。《儀禮》學由此而得一匡扶，而未成絕響之學。」〔註73〕

造成宋代《儀禮》學衰微的直接原因，是王安石在科舉改革中罷廢《儀禮》，以《周禮》、《禮記》取士。朱熹說：「王介甫廢了儀禮，取禮記，某以此知其無識！」〔註74〕「熙寧以來，王安石變亂舊制，廢罷《儀禮》，而獨存《禮記》之科，棄經任傳，遺本宗末，其失已甚。而博士諸生又不過誦其虛文以供應舉，至於其間亦有因儀法度數之失而立文者，則咸幽冥而莫知其源。一有大議，率用耳學臆斷而已。」〔註75〕可見，遭逢變數的《儀禮》，需要一定的學識辨別才能彰顯其原有的本經地位和實用價值。宋代的《儀禮》學發展經此一劫所導致的《儀禮》研究的相對弱勢，正好爲朱熹編撰《儀禮經傳通解》的學理價值追求創造了提升空間。另一方面，宋人對《儀禮》的存疑態度，也有兩點結論尚具有重要意義：「一是《儀禮》非周公所作，二是《儀禮》可能有後人附益。這兩點經過清人的充分考據，大體上爲學者所普遍接

〔註70〕王鍔：《三禮研究論著提要》，蘭州：甘肅教育出版社，2001 年版，第 159、163、164 頁。

〔註71〕〔宋〕朱熹：《晦庵先生朱文公文集·記永嘉儀禮誤字》（四）卷 70，朱傑人等主編，《朱子全書》第 23 冊，上海、合肥：上海古籍出版社、安徽教育出版社，2002 年版，第 3390 頁。

〔註72〕〔宋〕黎靖德編：《朱子語類·禮二·儀禮》卷 85，王星賢點校，北京：中華書局，1986 年版，第 2195 頁。

〔註73〕彭林：〈張淳《儀禮識誤》校勘成就論略〉，《北京圖書館館刊》，1996 年第 3 期。

〔註74〕〔宋〕黎靖德編：《朱子語類·春秋·經》卷 83，王星賢點校，北京：中華書局，1986 年版，第 2176 頁。

〔註75〕〔宋〕朱熹：《晦庵先生朱文公文集·乞修三禮箚子》（一）卷 14，朱傑人等主編，《朱子全書》第 20 冊，上海、合肥：上海古籍出版社、安徽教育出版社，2002 年版，第 687 頁。

受了。」〔註76〕總體而言，《儀禮》作爲三禮經典之一，在宋代的發展不如《禮記》學順利，更不如《周禮》學顯赫。

（三）《周禮》治太平的政治功用

王鍔先生列舉的宋代《周禮》學研究文獻，從編號 0052 到 0153，共計102 種。〔註77〕因此，就宋代三禮學研究的文獻數量來說，《禮記》學的論著最多，《周禮》學其次，《儀禮》學最少。從文獻學的視角來說，宋代的《周禮》學研究內容豐富，形式多樣，總體上「宋人研治《周禮》之取向尤重推製作精義，探聖人微旨」，訓釋經文往往與鄭注、賈疏立異，以義理解經則講求通經致用，「對《周禮》進行精審的句讀訓詁、名物考辨」成爲「他們微言大義的先務」，因此，宋學背景下的《周禮》學呈現出「存古」與「變古」的雙重特色。〔註78〕其實，若以禮經對宋代社會政治發展的影響力來說，三禮之中首推《周禮》。歸根結底，宋代思想學說與社會政治制度發展的雙重要求，直接導致了三禮經典的各顯沉浮。

如果說，《禮記》和《儀禮》的發展更多的是受到宋代思想文化發展內在要求的影響，那麼，「《周禮》之學突起」〔註79〕則與宋代的政治變革有著不解之緣。馮友蘭先生針對北宋的慶曆新政和熙寧變法，曾一針見血地指出：「宋朝的這兩次革新，同時也就是兩次復古。用我們現在的話說，這兩次革新，是披著復古的外衣。其實，在當時，革新與復古是混而不分的。范仲淹和王安石都以先王之道爲他們的革新的理論根據，更具體一點說，所謂先王之道，就是周公之法。周公之法的藍圖就是《周禮》。他們認爲《周禮》是『周公治太平』之書，要想治太平，就得照著《周禮》辦事。」〔註80〕慶曆新政雖然是范仲淹領導的一次政治改革，但改革的理論根據則是由范氏所賞識的知識

〔註76〕楊世文、李國玲：〈宋儒對儀禮的注解與辨疑〉，《四川大學學報》（哲學社會科學版），2004 年第 4 期。

〔註77〕王鍔：《三禮研究論著提要》，蘭州：甘肅教育出版社，第 37～53 頁。

〔註78〕參見夏微：〈宋代周禮學文獻述論〉，《史學集刊》，2008 年第 4 期；張玉春、王瑋：〈由《四庫提要》看經學變古時代的《周禮》學〉，《史學月刊》，2009年第 4 期。

〔註79〕詹子慶：〈對禮學的歷史考察〉，《東北師大學報》（哲學社會科學版），1996年第 5 期。

〔註80〕馮友蘭：《中國哲學史新編》（下冊），北京：人民出版社，1999 年版，第 56～57 頁。

分子李覯來完成的。〔註81〕而熙寧變法中，王安石本人則對「先王之道」有著清楚地認識：「是故先王之道可以傳諸言、效諸行者，皆其法度刑政，而非神明之用也。」〔註82〕在闡發《周禮》的相關制度對於北宋政治建設的意義上，王安石和李覯是殊途同歸。

李覯（公元 1009～1059 年）是北宋著名的禮學家，24 歲撰《禮論》，旨在「推其本以見其末，正其名以責其實。崇先聖之遺志，攻後世之乖缺」〔註83〕；28 歲所作《明堂定製圖序》，在皇祐二年（公元 1050 年）朝議明堂大禮不決時由范仲淹上呈仁宗，范氏認爲：「覯能研精其書，會同大義，按而視之，可以製作」〔註84〕；35 歲所著《周禮致太平論》，余英時先生指明：「李覯明確提出以《周禮》爲依據而重建秩序，代表了一個新的里程碑，較之胡瑗、孫復等人的『說經以推明治道』，焦距更爲集中了。」〔註85〕可見，在李覯的禮學世界中，對禮論的意義、禮儀的認知以及禮經的價值有著較爲系統完整的涉獵。

李覯所認識的禮以解決人類生存發展的自然需要爲基礎，所以，面對北宋中葉遭遇的重重危機，他認爲發展社會物質生產的富國強兵之策才是解決各種現實問題的根本。因此，《周禮》通過職官規定所包含的經濟、政治、軍事、教育、道德思想，成爲李覯解決社會問題的經典依據。《周禮致太平論》以及類似《平土書》、《富國策》、《安民策》、《強兵策》的寫作，正如李覯自己所坦言：「豈徒解經而已哉！唯聖人君子知其有爲言之也。」〔註86〕余英時先生認爲這句話特別值得重視，「因爲它正式點明了『解經』是『有爲言之』，也就是要直接落實到政治改革。前人雖有此意，卻隱而未發；到王安石撰《周官新義》才完全顯露，但那時已在熙寧變法開始之後了。所以李覯是從胡瑗

〔註81〕馮友蘭：《中國哲學史新編》（下冊），北京：人民出版社，1999 年版，第 39頁。

〔註82〕〔宋〕王安石：《王文公文集・禮樂論》（上冊）卷 29，唐武標校，上海：上海人民出版社，1974 年版，第 335 頁。

〔註83〕〔宋〕李覯：《李覯集・禮論序》卷 2，王國軒校點，北京：中華書局，1981年版，第 5 頁。

〔註84〕〔宋〕范仲淹：《范仲淹全集・范文正公集續補・進李覯明堂圖序表》（上）卷 2，李勇先、王蓉貴校點，成都：四川大學出版社，2007 年版，第 788 頁。

〔註85〕余英時：《朱熹的歷史世界：宋代士大夫政治文化的研究》（上），北京：讀書・生活、新知三聯書店，2004 年版，第 311 頁。

〔註86〕〔宋〕李覯：《李覯集・周禮致太平論・序》卷 5，王國軒校點，北京：中華書局，1981 年版，第 67 頁。

轉爲王安石的一個關鍵。這個關鍵不僅在思想，而且更在行動。」〔註87〕這就說明，李覯的《周禮》學論著是要爲人君「治太平」的政治實踐提供直接參考，因而也就爲熙寧變法的先導慶曆新政作了相應的理論支持。

如李覯所說，《周禮致太平論》已不是傳統意義上的解經著作。因爲它並不是依據《周禮》的經文作字句的解讀，而是概括《周禮》中所包含的齊家治國、「利用厚生」和法制教化等內容來進行大義闡述，是由「內治」（七篇）、「國用」（十六篇）、「軍衛」（四篇）、「刑禁」（六篇）、「官人」（八篇）、「教道」（九篇）組成。其實，這種討論方式從李覯對鄭注禮學的批評中也能體會：「鄭氏之學，其實不能該禮之本，但隨章句而解之。句東則東，句西則西，百端千緒，莫有統率。故至乎性命之說，而廣求人事以配五行，不究其端，不揣其末，是豈知禮也哉？」〔註88〕李覯在《周禮》研究上的「大義」特色，也曾得到朱熹的認可和稱讚：「李泰伯文實得之經中，雖淺，然皆自大處起議論……周禮論好，如宰相掌人主飲食男女事，某意如此。」〔註89〕在李覯眼中，「六典之文，其用心至悉，如天焉有象者在，如地焉有形者載。非古聰明睿智，誰能及此？其曰周公致太平者，信矣」。〔註90〕積貧積弱的現實社會，使李覯明確意識到富國強兵是當務之急。他認爲：「言井田之善者，皆以均則無貧，各自足也。此知其一，未知其二。必也，人無遺力，地無遺利，一手一足無不耕，一步一畝無不稼，穀出多而民用富，民用富而邦財豐者乎！」〔註91〕李覯主張恢復富民以富國的《周禮》中的井田制，倡導土地平均，以解決日益嚴重的土地兼併問題。此外，根據《周禮》的理財思想和理財制度，他還主張節用利民，強調重本抑末，以達到緩解財政危機的目的；以《周禮》中《小司徒》、《夏官序》中「兵農合一」的軍制和兵家思想爲據，他力主既要保證充足的兵源，更要加強軍隊戰鬥力，以應付來自西北民族政權的軍事

〔註87〕余英時：《朱熹的歷史世界：宋代士大夫政治文化的研究》（上），北京：讀書・生活・新知三聯書店，2004年版，第311～312頁。

〔註88〕〔宋〕李覯：《李覯集・禮論第五》卷2，王國軒校點，北京：中華書局，1981年版，第15頁。

〔註89〕〔宋〕黎靖德編：《朱子語類・論文上》卷139，王星賢點校，北京：中華書局，1986年版，第3307頁。

〔註90〕〔宋〕李覯：《李覯集・周禮致太平論・序》卷5，王國軒校點，北京：中華書局，1981年版，第67頁。

〔註91〕〔宋〕李覯：《李覯集・周禮致太平論・國用第四》卷6，王國軒校點，北京：中華書局，1981年版，第78頁。

威脅。在此意義上，李覯的《周禮》學研究迥然不同於漢唐文字音韻訓詁和名物制度考證式的《周禮》研究，開啓了宋代《周禮》學研究的一個嶄新局面，而隨後王安石撰著的《周官新義》更是將這種通經致用的《周禮》治太平的政治功用推向頂峰。

爲了配合新法的順利推行，王安石在思想學說上作出了巨大的努力。三經新義即《詩義》、《書義》、《周禮義》，爲變法實踐提供了必要的理論根據。其中，《周禮義》是王安石親自訓釋的唯一一部著作，撰於熙寧七年（公元1074年）他第一次罷相之後。熙寧八年，《三經新義》頒行學官，《周禮》學自此以王氏新學獨步天下。全祖望指出：「三經新義，盡出於荊公子元澤所述，而荊公門人輩皆分纂之。獨周禮則親出於荊公之筆，蓋荊公生平用功此書最深，所自負以爲致君堯、舜者俱出於此，是固熙、豐新法之淵源也，故鄭重而爲之。」〔註92〕朱熹與其弟子談論王安石所注解的新經時，也說：「王氏新經盡有好處，蓋其極平生心力，豈無見得著處？」而且，朱熹還列舉書中改古注點句讀的地方，認爲：「皆如此讀得好。此等文字，某嘗欲看一過，與擷撮其好者而未暇。」〔註93〕由此可見，王安石在經典訓釋上確實功力不凡，有一定的積極貢獻。

前文提及王安石對「經術」旨在「世務」有著明確的認識，而對於《周禮》，他曾清楚地表明：「惟道之在政事，其貴賤有位，其先後有序，其多寡有數，其遲數有時。制而用之存乎法，推而行之存乎人。其人足以任官，其官足以行法，莫盛乎成周之時；其法可施於後世，其文有見於載籍，莫具乎周官之書。」〔註94〕在王安石看來，《周禮》是記載先王治理國家的各項制度及其實施的典籍，因此，通過訓釋《周禮》，他可以爲政治改革思想發掘經典依據。所以，王安石直言撰寫《周禮義》的指導思想是：「以所觀乎今，考所學乎古」。〔註95〕在此思想指導下，變法的一些具體措施，比如免役法、保甲法和市易法等都可以在《周禮》中找到影子：

〔註92〕〔清〕黃宗羲原著、全祖望補修：《宋元學案·荊公新學略》（第四冊）卷98，陳金生、梁運華點校，北京：中華書局，1986年版，第3252頁。

〔註93〕〔宋〕黎靖德編：《朱子語類·本朝四·自熙寧至靖康用人》卷130，王星賢點校，北京：中華書局，1986年版，第3099頁。

〔註94〕〔宋〕王安石：《王文公文集·周禮義序》（上冊）卷36，唐武標校，上海：上海人民出版社，1974年版，第426頁。

〔註95〕〔宋〕王安石：《王文公文集·周禮義序》（上冊）卷36，唐武標校，上海：上海人民出版社，1974年版，第426頁。

　　免役之法，出於周官所謂府、史、胥、徒，王制所謂「庶人在
官」者也。

　　保甲之法，起於三代丘甲，管仲用之齊，子產用之鄭，商君用
之秦，仲長統言之漢，而非今日之立異也。

　　市易之法，起於周之司市、漢之平準。

　　故免役之法成，則農時不奪，而民力均矣；保甲之法成，則寇
亂息，而威勢強矣；市易之法成，則貨略通流，而國用饒矣。〔註96〕

但是，王安石這種利用經典解釋為政治實踐尋求理論支持的方式，也遭到了
一些批評。胡宏立足於理學立場，不僅批評王安石的經說，更強烈譴責其依
託《周禮》指導變法，從而導致儒家聖經遭廢棄、「捨仁義而營貨財」的嚴重
後果。〔註97〕朱熹雖然承認王安石的新經有一定價值，但也明確否定了王氏
利用《周禮》的正當性：「彼安石所謂周禮，乃姑取其附於己意者，而借其名
高以服眾口耳，豈真有意於古者哉！若真有意於古，則格君之本、親賢之務、
養民之政、善俗之方，凡古之所謂當先而宜急者，曷為不少留意，而獨於財
利兵刑為汲汲耶？大本不正，名是實非，先後之宜又皆倒置，以是稽古，徒
益亂耳」。〔註98〕應該說，朱熹的批評其實是理學與新學在社會改革方案上的
根本歧異，是立足於思想學說基礎上的價值追求方式和目標的截然不同的取
向。相對來說，四庫館臣的認識較為公允：「安石以《周禮》亂宋，學者類能
言之。然《周禮》之不可行於後世，微特人人知之，安石亦未嘗不知也。安
石之意，本以宋當積弱之後，欲濟以富強，而恐富強之說必為儒者所排擊，
於是附會經義以鉗其口，實非真信《周禮》為可行。迨其後，用之不得其人，
行之不得其道，百弊叢生，而宋以大壞，其弊亦非真緣《周禮》以致誤……
今觀此書，惟訓詁多用《字說》，病其牽合，其餘依經詮義……皆具有發明，
無所謂舞文害道之處。」〔註99〕可見，將《周禮》作為變法實踐的指導思想，

〔註96〕〔宋〕王安石：《王文公文集・上五事書》（上冊）卷1，唐武標校，上海：上
　　　　海人民出版社，1974年版，第19頁。

〔註97〕蔡方鹿：〈胡宏對王安石經說及《周禮》的批評〉，《中國社會科學院研究生院
　　　　學報》，2008年第4期。

〔註98〕〔宋〕朱熹：《晦庵先生朱文公文集・讀兩陳諫議遺墨》（四）卷70，朱傑人
　　　　等主編，《朱子全書》第23冊，上海、合肥：上海古籍出版社、安徽教育出
　　　　版社，2002年版，第3382頁。

〔註99〕四庫全書研究所整理：《欽定四庫全書總目・經部十九・禮類一》（整理本）
　　　　卷19，北京：中華書局，1997年版，第236頁。

實在是王安石出於政治功用的一種考慮，並不意味著《周禮》中的各種制度在宋代社會歷史條件下具有現實可行性。但這種從社會政治制度的角度謀求現實社會有序治理的思路，直到南宋功利主義儒家陳亮，仍然對其持積極發揚的態度。如同王安石一樣，陳亮也感歎：「周禮一書，先王之遺制具在，吾夫子蓋歎其郁郁之文，而知天地之功莫備於此，後有聖人，不能加毫末於此矣。」〔註100〕在陳亮看來，《周禮》包涵著先王發現的永恒治道，保存著西周以前聖王之遺制，他們為人類關係與社會運行立下法度，不視一國為其私有。儘管如此，陳亮卻並不欣賞王安石的變法，而留戀宋初開國時期的政治氛圍，其實質是想在《周禮》的古典崇拜與漢宋初期承平之治的歷史經驗中尋求平衡。〔註101〕

值得一提的是，侯外廬先生曾從思想學說發展的角度評價王安石：「訓釋經義，主要在闡明義理，反對章句傳注的煩瑣學風，這一點，實開宋儒義理之學的先河。」〔註102〕馮友蘭先生也認為：「李覯的《周禮致太平論》是聯繫實踐的，王安石的新經義也是聯繫實踐的。不過他們所聯繫的還只是政治的實踐。雖然如此，他們開了一種風氣，為經學開闢了一條新路，如果把經學可能聯繫的實踐擴大到整個的人生，那就成為道學了。」〔註103〕也就是說，王安石訓釋的《周禮義》所包涵的義理追求，對學風上轉向理學具有促進作用。

三、朱熹禮經學研究的社會意義

士大夫政治行動中，《周禮》政治功用的發揮是宋代禮學發展引人注目的重要內容。如果說《周禮》對於士大夫的政治實踐具有指導意義，那麼，《儀禮》對於士大夫階層政治地位與社會名譽二者聯繫的突出則有著實用價值。宋代的《儀禮》研究，除卻考校性研究之外，基本上傾向於《儀禮》中所記

〔註100〕〔宋〕陳亮：《陳亮集·六經發題·周禮》（增訂本）（上冊）卷 10，鄧廣銘點校，北京：中華書局，1987 年版，第 104 頁。

〔註101〕〔美〕田浩：《功利主義儒家：陳亮對朱熹的挑戰》，姜長蘇譯，南京：江蘇人民出版社，2012 年版，第 73～74 頁。

〔註102〕侯外廬等：《中國思想通史》（第四卷）（上），北京：人民出版社，1959 年版，第 440 頁。

〔註103〕馮友蘭：《中國哲學史新編》（下冊），北京：人民出版社，1999 年版，第 58 頁。

載的古禮儀式如何與宋代社會組織結構變動所帶來的禮儀新需求相適應。士大夫階層的崛起雖然是對門閥士族的終結毀滅，但通過科舉制度進入政權行政體系的每一位「士」與其家庭乃至家族成員的血緣聯繫始終是不能割斷的，這就使士大夫的政治權力與家族聲望之間構成一種相互依存的聯繫。因此，尊祖敬宗的相關禮儀在宋代受到國家禮制層面與私家儀制撰作的一致重視。〔註104〕無論是從適應宋代禮儀需要的實際情況，還是從後世社會影響力來看，朱熹的《家禮》和《儀禮經傳通解》都代表著宋代《儀禮》學發展的新動向。

（一）士、庶通用的《家禮》

關於「士」或者說「士大夫」與家族組織發展的聯繫，已經有學者作出相關研究。包弼德指出：「在北宋出現了一個普遍的信念，即做一個士意味著在政府供職，而一旦一個成員獲得了官職，那麼一個家族的目標就是要保證在後代中一定要有官員」，〔註105〕「宋代的制度鼓勵越來越多的人求仕，而且最大限度地限制了家族佔據仕宦的企圖。對這樣的家族，問題在於，當他們的子弟不能出仕的時候，如何維持士的身份……保持各個支系的團結有助於家族在沒有什麼男性成員出仕的情況下繼續聲稱爲士，因爲它使所有的親族都能享有那些被認爲是士的家族成員的不容置疑的身份。」〔註106〕井上徹也認爲：「在科舉官僚制度下，要實現實質性的官僚身份世襲化，就必須基於按能力選拔官員這一理念，培養能夠通過科考的優秀人材，並不斷地把他們送入官場；而要實現這個官僚輩出的前提，就是程頤、張載等主張的組成宗族。如果能夠把分散的族人集結起來，形成基於宗法原則的集團，那麼在眾多族人中出現能通過科舉進入官場者的把握就增大了許多。這就是復興宗法對於實現士大夫所希望的官僚身份世襲化所具有的意義。」〔註107〕誠如兩位學者

〔註104〕楊志剛先生曾概述宋代官修禮典與私家儀注的發展情況，並認爲官修《政和五禮新儀》增修庶人禮，是適應社會要求、推動「禮下庶人」的直接動因。見氏著：《中國禮儀制度研究》，上海：華東師範大學出版社，2001年版，第178～204頁。

〔註105〕〔美〕包弼德：《斯文：唐宋思想的轉型》，劉寧譯，南京：江蘇人民出版社，2001年版，第65頁。

〔註106〕〔美〕包弼德：《斯文：唐宋思想的轉型》，劉寧譯，南京：江蘇人民出版社，2001年版，第86～87頁。

〔註107〕〔日〕井上徹：《中國的宗族與國家禮制：從宗法主義角度所作的分析》，錢杭譯，上海：上海書店出版社2008年版，第25頁。

研究所示，張載（公元 1020～1077 年）和程頤（公元 1033～1107 年）之所以提倡宗子、宗法觀念，確實反映了社會變動對於人倫價值理念的直接影響。他們明確提到：

> 管攝天下人心，收宗族，厚風俗，使人不忘本，須是明譜系世族與立宗子法。宗法不立，則人不知統系來處。〔註108〕

> 宗子法不立，則朝廷無世臣。且如公卿一日崛起於貧賤之中以至公相，宗法不立，既死遂族散，其家不傳。宗法若立，則人人各知來處，朝廷大有所益。或問：「朝廷何所益？」公卿各保其家，忠義豈有不立？忠義既立，朝廷之本豈有不固？今驟得富貴者，止能爲三四十年之計，造宅一區及其所有，既死則眾子分立，未幾蕩盡，則家遂不存，如此則家且不能保，又安能保國家！〔註109〕

> 言宗子者，謂宗主祭祀。〔註110〕

> 今無宗子法，故朝廷無世臣。若立宗子法，則人知尊祖重本。人既重本，則朝廷之勢自尊……且立宗子法，亦是天理。〔註111〕

> 凡言宗者，以祭祀爲主，言人宗於此而祭祀也。〔註112〕

可見，在張載和程頤那裡，宗子主持宗族祭祀活動的實際意義就在於加強同一祖先後世子孫的凝聚親和力，同時確立宗子在宗族團體事務中的領導地位。因此，有關祖先祭祀禮儀的具體實施成爲宗法觀念的直接表現。程頤和張載在祭禮上的見解，被朱熹加以辨別地吸收在《家禮》中。

王懋竑雖然否定朱熹作《家禮》，但他依然肯定「家禮重宗法，此程、張、司馬氏所未及」。〔註113〕宗法思想是《家禮》的主要特徵，這是符合朱熹《家

〔註108〕〔宋〕張載：《張載集·經學理窟·宗法》，章錫琛點校，北京：中華書局，1978 年版，第 258～259 頁。

〔註109〕〔宋〕張載：《張載集·經學理窟·宗法》，章錫琛點校，北京：中華書局，1978 年版，第 259 頁。

〔註110〕〔宋〕張載：《張載集·經學理窟·宗法》，章錫琛點校，北京：中華書局，1978 年版，第 259 頁。

〔註111〕〔宋〕程顥、程頤：《二程集·河南程氏遺書·劉元承手編》（上）卷 18，王孝魚點校，北京：中華書局，2004 年版，第 242 頁。

〔註112〕〔宋〕程顥、程頤：《二程集·河南程氏遺書·劉元承手編》（上）卷 18，王孝魚點校，北京：中華書局，2004 年版，第 242 頁。

〔註113〕〔清〕王懋竑：《家禮考》，《朱熹年譜·朱子年譜考異·附》卷 1，何忠禮點校，北京：中華書局，1998 年版（2006 年重印），第 318 頁。

禮》的文本內容和撰作旨趣的，但說程、張不重視宗法，就難免偏頗。《家禮》
始作於淳熙二年（公元 1175 年），﹝註114﹞是一部專門以家族（宗族）成員的
各種人生禮儀作爲基本內容的實用手冊，由通禮、冠禮、昏禮、喪禮、祭禮
各一卷構成。其中，通禮位於《家禮》之首，分成祠堂、深衣制度、司馬氏
居家雜儀三章，是「有家日用之常禮，不可一日而不修」。﹝註115﹞從「通禮」
三章的標題可知，朱熹實際上採納了司馬光的禮學成果。對此，楊志剛先生
指出：「《家禮》參照了司馬光的《書儀》，其中約有一半以上的文字語句援引
於《書儀》，特別是直接搬用了《司馬氏居家雜儀》。」﹝註116﹞司馬光所著《書
儀》，共十卷：卷一是關於表奏、公文、書信的格式；卷二是「冠儀」，其中
包括「深衣制度」；卷三、四是「婚儀」，卷四包括「居家雜儀」；卷五到卷十
是「喪儀」，卷十包括「祭」和「影堂雜儀」。﹝註117﹞「影堂」這一傳統祭祀
方式自漢代已出現，但被司馬光列入《書儀》作爲拜祭祖先的場所，實際上
又與宋代家廟制度的構想與實施緊密相關，從而成爲朱熹將「祠堂」作爲《家
禮》首章的基本來源。﹝註118﹞朱熹對司馬光的禮學成就作過多次點評，說道：

> 二程與橫渠多是古禮，溫公則大概本儀禮，而參以今之可行者。
> 要之，溫公較穩，其中與古不甚遠，是七八分好。若伊川禮，則祭
> 祀可用。婚禮，惟溫公者好。大抵古禮不可全用，如古服古器，今
> 皆難用。﹝註119﹞

﹝註114﹞　束景南：《朱熹年譜長編》（上），上海：華東師範大學出版社，2001 年版，
　　　　　第 543 頁。

﹝註115﹞　〔宋〕朱熹：《家禮·通禮》卷 1，朱傑人等主編，《朱子全書》第 7 冊，上
　　　　　海、合肥：上海古籍出版社、安徽教育出版社，2002 年版，第 875 頁。

﹝註116﹞　楊志剛：《中國禮儀制度研究》，上海：華東師範大學出版社，2001 年版，第
　　　　　192 頁。

﹝註117﹞　〔宋〕司馬光：《書儀》，文淵閣四庫全書電子版。

﹝註118﹞　〔日〕吾妻重二：《朱熹《家禮》實證研究》，吳震等編譯，上海：華東師範
　　　　　大學出版社，2012 年版，第 122～131 頁。吾妻重二先生指出張載和程頤改
　　　　　稱祭祀場所爲「廟」，不同於司馬光借用「影堂之名」的做法，是反映了一種
　　　　　新形式的「家廟」構想。見是書第 127 頁。另外，他也指出：「在《家禮》中，
　　　　　住宅內的祭祀設施稱爲『祠堂』，而在朱熹《文集》及《語類》中，很多場合
　　　　　則用『家廟』一語。這樣的用語上的差異，也許是由於《家禮》乃是朱熹未
　　　　　定之書的緣故而發生的」。見是書第 139 頁。吾妻重二先生將「祠堂」或「家
　　　　　廟」同等看待，作爲祭祀祖先的場所，這也是本文的基本立場，下文不再專
　　　　　門說明。

﹝註119﹞　〔宋〕黎靖德編：《朱子語類·禮一·論後世禮書》卷 84，王星賢點校，北
　　　　　京：中華書局，1986 年版，第 2183 頁。

> 嗚呼，禮廢久矣！士大夫幼而未習於身，是以長而無以行於家。
> 長而無以行於家，是以進而無以議於朝廷，施於郡縣；退而無以教
> 於閭里，傳之子孫……程、張之言，猶頗未具，獨司馬氏爲成書，
> 而讀者見其節文度數之詳，有若未易究者，往往未見習行，而已有
> 望風退怯之意。又或見其堂室之廣，給使之多，儀物之盛，而竊自
> 病其力之不足，是以其書雖布，而傳者徒爲篋笥之藏，未有能舉而
> 行之者也……故熹嘗欲因司馬氏之書，參考諸家之說，裁訂增損，
> 舉綱張目，以附其後，使覽之者得提其要，以及其詳，而不憚其難
> 行之者。〔註120〕

可見，《書儀》中的各種禮節儀式主要來自《儀禮》，但古禮儀式並不能完全適用於宋代社會，再加上司馬光采錄的古禮儀式又較爲詳細繁雜，遂使《書儀》雖廣爲刊佈，卻並不能得到很好地實行，因而促使朱熹編定簡便易行的實用禮書——《家禮》。《家禮》中，「通禮」之後的冠、昏、喪、祭諸禮根據禮儀實行的各種事項分成若干章，每章之下又分成若干子目。比如，宣告男子成年儀式的冠禮，根據整項儀式日程大致分成「前期三日」、「前一日」、行禮當日這樣三章，而在「前期三日」之下又根據禮儀活動內容分爲「主人告於祠堂」和「戒賓」兩個子目。〔註121〕這種「舉綱張目」的形式如同朱熹所編《資治通鑑綱目》一樣，採取「大書以提要，而分注以備言」。〔註122〕即，在《家禮》文本中，構成各種禮儀活動的主要內容或者主體過程以正文形式呈現，而那些升降揖讓之類的繁文縟節或者行禮過程中的不同情形則以注釋形式出現。

　　《家禮》編撰過程中雖遭失竊，但自其再度問世以後，便得到廣泛認同，成爲宋元明清時期禮文獻的代表。吾妻重二認爲朱熹編著的《家禮》，「可謂是中國近世思想史上的一件大事，其影響力之大，並不亞於他的《四

〔註120〕〔宋〕朱熹：《晦庵先生朱文公文集·跋三家禮範》卷83，朱傑人等主編，《朱子全書》第 24 冊，上海、合肥：上海古籍出版社、安徽教育出版社，2002 年版，第3920 頁。

〔註121〕〔宋〕朱熹：《家禮·冠禮》卷2，朱傑人等主編，《朱子全書》第 7 冊，上海、合肥：上海古籍出版社、安徽教育出版社，2002 年版，第 889～893 頁。

〔註122〕〔宋〕朱熹：《晦庵先生朱文公文集·資治通鑑綱目序》（五）卷75，朱傑人等主編，《朱子全書》第 24 冊，上海、合肥：上海古籍出版社、安徽教育出版社，2002 年版，第 3633 頁。

書集注》。」〔註123〕如學者所說，朱熹對四書的注解，「一方面是對道學的
介紹，另一方面也是在整理能幫助學者明理的文獻」。〔註124〕因此，將《家
禮》的思想價值與《四書集注》媲美，足以表明朱熹編定《家禮》至少也
有其獨特用意。其實，就《家禮》是所謂的「中國近世思想史」上的大事
件而言，可從以下兩點來理解：其一，《家禮》適用對象的擴大，即從士大
夫階層到一般庶民都可以按照《家禮》規範來體驗禮儀生活，這是不同於
古代禮制規範的「近世」的基本涵義；其二，《家禮》核心理念的確立，從
通禮到冠、昏、喪、祭的人生禮儀無一不貫穿著宗法觀念的禮儀精神實質，
這正是禮儀價值的「思想史」的基本內涵。朱熹在「祠堂」中將這兩點明
確表達，說：

> 此章本合在祭禮篇，今以報本反始之心，尊祖敬宗之意，實有
> 家名分之守，所以開業傳世之本也，故特著此冠於篇端，使覽者知
> 所以先立乎其大者，而凡後篇所以周旋升降、出入向背之曲折，亦
> 有所據以考焉。然古之廟制不見於經，且今士庶人之踐亦有所不得
> 爲者，故特以祠堂名之，而其制度亦多用俗禮云。〔註125〕

這裡，「尊祖敬宗」是同一血脈親屬關係得以代代維繫並構成禮儀單位——家
族的實質，正因爲如此，朱熹將祭祖的禮儀場所「祠堂」放置在《家禮》開篇。
但正如朱熹所說，家廟制度並未出現在禮經《儀禮》之中，即便是《禮記》的
〈王制〉和〈祭法〉規定的廟制也僅是天子七廟、諸侯五廟、大夫三廟、上士
二廟、官師一廟，庶人則無廟「祭於寢」。〔註126〕到了宋代，「根據皇祐二年
的規定，營建家廟只是極少數高級官僚的特權，極大多數的士人依然沒有家廟
而只能祭祖於寢，這種形式化的規定對於非常重視名譽的新興士人們來說，自
然不能滿足他們的需要」，〔註127〕而北宋末年的《政和五禮新儀》雖然允許一

〔註123〕〔日〕吾妻重二：《朱熹《家禮》實證研究》，吳震等編譯，上海：華東師範
　　　　大學出版社，2012 年版，第 75 頁。
〔註124〕〔美〕包弼德：《歷史上的理學》，〔新加坡〕王昌偉譯，杭州：浙江大學出版
　　　　社，2010 年版，第 160 頁。
〔註125〕〔宋〕朱熹：《家禮・通禮・祠堂》卷 1，朱傑人等主編，《朱子全書》第 7
　　　　冊，上海、合肥：上海古籍出版社、安徽教育出版社，2002 年版，第 875 頁。
〔註126〕《禮記・王制》、《禮記・祭法》，《王制》中的「上士二廟」在《祭法》中是
　　　　「適士二廟」。
〔註127〕〔日〕吾妻重二：《朱熹《家禮》實證研究》，吳震等編譯，上海：華東師範
　　　　大學出版社，2012 年版，第 109 頁。

般士人建立家廟，但規定祭祀只限於二世即祖父和父。〔註128〕因此，朱熹順應時代發展的需要，以「祠堂」作爲士庶階層祭祖活動的禮儀場所，是對禮儀適用對象的擴大，而對祭高祖以下四世祖先的確立則是對宋代家族祭祖禮儀制度的完善，在總體上都採用了所謂「俗禮」以促進古禮在宋代社會的新生。

朱熹曾表示：「大宗法既立不得，亦當立小宗法，祭自高祖以下，親盡則請出高祖就伯叔位，服未盡者祭之。」〔註129〕在《家禮》中，「祭禮」包括「時祭用仲月」的「四時祭」、「冬至祭始祖」、「立春祭先祖」、「季秋祭禰」以及「三月上旬擇日」的「墓祭」等。關於「祭禮」的這些內容，朱熹基本上都是採自程頤的相關論述。程頤說：

> 冠昏喪祭，禮之大者，今人都不以爲事……每月朔必薦新，（如仲春薦含桃之類。）（引者按，括號內文字爲原文行注，下同）四時祭用仲月……時祭之外，更有三祭：冬至祭始祖，（厥初生民之祖。）立春祭先祖，季秋祭禰。他則不祭……先祖者，自始祖而下，高祖而上……〔註130〕

> 祭祀之禮，難盡如古制，但以義起之可也。〔註131〕

> 高祖自有服，不祭甚非。某家卻祭高祖。〔註132〕

程頤強調祭高祖以下四代，針對的是當時民間社會通常祭三代祖先的實際情形。這從張載有關祭禮的闡述中可見：「今爲士者而其廟設三世几筵，士當一廟而設三世，似是只於禰廟而設祖與曾祖位也。」〔註133〕在程頤和朱熹看來，高祖尚且屬於「五服」範圍之內，將其排除在祖先祭祀之外，是不合理的，需要加以糾正。程頤倡導的「始祖」祭祀是加強同一血緣親族聯繫的重要媒介，其實質源於「百世不遷之大宗」的宗法禮制規範，因而得到朱熹的認可，將「祭

〔註128〕〔日〕吾妻重二：《朱熹《家禮》實證研究》，吳震等編譯，上海：華東師範大學出版社，2012年版，第112頁。

〔註129〕〔宋〕黎靖德編：《朱子語類·禮七·祭》卷90，王星賢點校，北京：中華書局，1986年版，第2308頁。

〔註130〕〔宋〕程顥、程頤：《二程集·河南程氏遺書·劉元承手編》（上）卷18，王孝魚點校，北京：中華書局，2004年版，第240頁。

〔註131〕〔宋〕程顥、程頤：《二程集·河南程氏遺書·伊川雜錄》（上）卷22，王孝魚點校，北京：中華書局，2004年版，第278頁。

〔註132〕〔宋〕程顥、程頤：《二程集·河南程氏遺書·伊川雜錄》（上）卷22，王孝魚點校，北京：中華書局，2004年版，第286頁。

〔註133〕〔宋〕張載：《張載集·經學理窟·祭祀》，章錫琛點校，北京：中華書局，1978年版，第292頁。

始祖」列入《家禮》之中。然而，後來朱熹對於這種「大宗法」的祭祖活動表示懷疑，認爲古人所謂的「始祖」，是指「始爵及別子」，而並非如程頤所說的「厥初生民之祖」那麼遙遠，〔註 134〕因而按照程頤所說，祭祀始祖、先祖固然可以「盡孝子慈孫之心」，但「疑其禮近於禘祫，非臣民所得用」，導致朱熹不敢實行。〔註 135〕不過，程頤認定祭高祖以下的「小宗法」即「五世則遷之小宗」，既是古代宗法禮制規範，又可以滿足宋代家族發展的需要，則被朱熹完全接受。對於這種「大宗」與「小宗」祭祖禮儀異同的社會意義，井上徹有所揭示：「程頤把大宗與族人的關係比作樹木的干與枝、河水的幹流與支流，強調宗法的必要性。然而，在宋代小宗復活論更有市場。小宗復活論避而不談由大宗統合族人，而是主張繼高祖小宗通過祭祀高祖這一共同祖先，與另外三小宗一起統合族人。雖然大宗復活論與小宗復活論所主張的見解之間存在差異，但是兩者共同希求的，都是確立主宰祖先祭祀的宗子和集結同族的族人，要建立一個使宗子能以祖先祭祀爲媒介將族人統合起來的機制。」〔註 136〕

朱熹在《祠堂》中，規定「爲四龕，以奉先世神主」，同時注解道：

> 祠堂之內，以近北一架爲四龕，每龕內置一卓。大宗及繼高祖之小宗，則高祖居西，曾祖次之，祖次之，父次之。繼曾祖之小宗，則不敢祭高祖而虛其西龕一。繼祖之小宗則不敢祭曾祖而虛其西龕二。繼禰之小宗則不敢祭祖而虛其西龕三。若大宗世數未滿，則亦虛其西龕，如小宗之制。〔註 137〕

朱熹將這種「小宗法」的禮儀精神也貫穿在其他禮儀之中，比如，在「冠禮」的「主人告於祠堂」之下，他進一步解釋「主人」是指「冠者之祖父，自爲繼高祖之宗子」，若祖父不是宗子，則請「繼高祖之宗子主之」。〔註 138〕

〔註 134〕〔宋〕朱熹：《晦庵先生朱文公文集・答蔡季通》（三）卷 44，朱傑人等主編，《朱子全書》第 22 冊，上海、合肥：上海古籍出版社、安徽教育出版社，2002年版，第 1999 頁。

〔註 135〕〔宋〕朱熹：《晦庵先生朱文公文集・答葉仁父》（三）卷 63，朱傑人等主編，《朱子全書》第 22 冊，上海、合肥：上海古籍出版社、安徽教育出版社，2002年版，第 3060～3061 頁。

〔註 136〕〔日〕井上徹：《中國的宗族與國家禮制：從宗法主義角度所作的分析》，錢杭譯，上海：上海書店出版社，2008 年版，第 24 頁。

〔註 137〕〔宋〕朱熹：《家禮・通禮・祠堂》卷 1，朱傑人等主編，《朱子全書》第 7冊，上海、合肥：上海古籍出版社、安徽教育出版社，2002 年版，第 876 頁。

〔註 138〕〔宋〕朱熹：《家禮・冠禮》卷 2，朱傑人等主編，《朱子全書》第 7 冊，上海、合肥：上海古籍出版社、安徽教育出版社，2002 年版，第 889 頁。

《家禮》中「祭禮」包涵「墓祭」，是朱熹採用「俗禮」的典型表現，實際上也是源於程頤認可社會上通行的禮俗習慣。程頤曾指出：「嘉禮不野合，野合則秕稗也。故生不野合，則死不墓祭。蓋燕饗祭祀，乃宮室中事。後世習俗廢禮，有踏青，藉草飲食，故墓也有祭。如禮望墓爲壇，並墓人爲墓祭之尸，亦有時爲之，非經禮也。後世在上者未能制禮，則隨俗未免墓祭。」〔註139〕事實上，在編撰《家禮》之前，朱熹已將「墓祭」納入祭禮之中，這還引起張栻的疑惑不解。張栻總體上肯定朱熹所定「祭禮」，但同時表示「古者不墓祭，非有所略也，蓋知鬼神之情狀不可以墓祭也」。〔註140〕乾道四年（公元1168年），〔註141〕朱熹在給林擇之的信中提到張栻對「墓祭」不認可，但他認爲「二先生皆言墓祭不害義理」。〔註142〕而朱熹在答覆張栻的疑問時，也說：「二先生皆有隨俗墓祭不害義理之說，故不敢輕廢……蓋今之俗節，古所無有，故古人雖不祭，而情亦自安。今人既以此爲重，至於是日，必具肴羞相宴樂，而其節物亦各有宜，故世俗之情至於是日不能不思其祖考，而復以其物享之。雖非禮之正，然亦人情之不能已者。但不當專用此而廢四時之正禮耳」。〔註143〕可見，在朱熹看來，古禮中雖然沒有「墓祭」，但在現實世俗生活中，因爲「墓祭」表達的是一種思祖情感，從而使其獲得正當合理性。《家禮》中簡化古禮儀式，吸收俗禮，當然不止「墓祭」這一點。楊志剛先生結合《書儀》，對《家禮》相較於《儀禮》中的各項禮儀變動及其所採納的俗禮有專門探討，涉及冠、昏、喪、祭諸禮，可供參考。〔註144〕

朱熹弟子陳淳曾高度評價《家禮》：「坦然簡易而粲然明白，情文適中，

〔註139〕〔宋〕程顥、程頤：《二程集·河南程氏遺書·端伯傳師說》（上）卷1，王孝魚點校，北京：中華書局，2004年版，第6頁。

〔註140〕〔宋〕張栻：《南軒集·答朱元晦書》卷20，《張世全集》，楊世文、王蓉貴校點，長春：長春出版社，1999年版，第831頁。

〔註141〕陳來：《朱子書信編年考證》（增訂本），北京：生活·讀書·新知三聯書店，2007年版，第49頁。

〔註142〕〔宋〕朱熹：《晦庵先生朱文公文集·答林擇之》（三）卷43，朱傑人等主編，《朱子全書》第22冊，上海、合肥：上海古籍出版社、安徽教育出版社，2002年版，第1964頁。

〔註143〕〔宋〕朱熹：《晦庵先生朱文公文集·答張敬夫》（二）卷30，朱傑人等主編，《朱子全書》第21冊，上海、合肥：上海古籍出版社、安徽教育出版社，2002年版，第1325頁。

〔註144〕楊志剛：《中國禮儀制度研究》，上海：華東師範大學出版社，2001年版，第205～210頁。

本末相副，上不失先王之大典，而下甚便於斯世之禮俗，雖聖人起，不能以易此矣。」〔註145〕《家禮》問世後逐漸被世人認可接納，其祠堂制度更被作爲《大明集禮》中家廟制度的基本依據，而且隨後又被《性理大全》全文收錄，這都使得《家禮》迎來新的發展階段，「借助《性理大全》本身所具有的權威，《家禮》開始以強勢的姿態在中國社會滲透」。〔註146〕

（二）《儀禮經傳通解》的禮制構思

正如有學者指出：「《朱子家禮》就是理學對『家族應該是什麼？』這個問題的綜合答案。」〔註147〕對於《家禮》與朱熹理學思想之間的一致性，黃幹曾有所提示：

> 昔者聞諸先師曰：禮者，天理之節文，人事之儀則也。蓋自天高而地下，萬物散殊，禮之制已存乎其中矣。於五行則爲火，於四序則爲夏，於四德則爲亨，莫非天理之自然而不可易。人稟五常之性以生，則禮之體始具於有生之初。形而爲恭敬辭遜，著而爲威儀度數，則又皆人事之當然而不容已也。聖人因人情而制禮，既本於天理之正。隆古之世，習俗醇厚，亦安行於是理之中。世降俗末，人心邪僻，天理堙晦，於是始以禮爲強世之具矣。先儒取其施於家者，著爲一家之書，爲斯世慮至切也。晦庵朱先生以其本末詳略猶有可疑，斟酌損益，更爲家禮。務從本實，以惠後學。蓋以天理不可一日而不存，則是禮亦不可一日而或缺也……迨其晚年，討論家、鄉、侯國、王朝之禮，以復三代之墜典，未及脫稿而先生歿矣，此百世之遺恨也。〔註148〕

可見，從理學思想的角度來說，《家禮》正是以「天理」爲指導思想下的具體儀則，是朱熹將禮、理合一思想〔註149〕推向日用民生的一部重要著作。因而，《家禮》乃至朱熹晚年所編《儀禮經傳通解》中涉及的各種禮制規範都被黃

〔註145〕〔宋〕陳淳：《北溪大全集・家禮跋》卷14，文淵閣四庫全書電子版。

〔註146〕〔日〕吾妻重二：《朱熹《家禮》實證研究》，吳震等編譯，上海：華東師範大學出版社，2012年版，第95頁。

〔註147〕〔美〕包弼德：《歷史上的理學》，〔新加坡〕王昌偉譯，杭州：浙江大學出版社，2010年版，第209頁。

〔註148〕〔宋〕黃幹：《勉齋先生黃文肅公文集・書晦庵先生家禮後》卷20，朱傑人等主編，《朱子全書》第7冊《家禮・附錄》，上海、合肥：上海古籍出版社、安徽教育出版社，2002年版，第949頁。

〔註149〕朱熹禮、理合一思想的具體論述，詳見本文第四章。

幹看作是「禮教」實行的基本內容。黃幹期望的「禮教」，就《家禮》而言，也就是朱熹在《家禮序》中自敘的「家禮」實質：「凡禮有本有文。自其施於家者言之，則名分之守、愛敬之實者，其本也；冠昏喪祭儀章度數者，其文也。其本者有家日用之常禮，固不可以一日而不修；其文又皆所以紀綱人道之始終，雖其行之有時，施之有所，然非講之素明、習之素熟，則其臨事之際，亦無以合宜而應節，是亦不可以一日而不講且習焉者也。」也就是說，朱熹希望通過簡潔易行的禮儀來體現家族內部人與人之間相親相敬、上下有序的人際關係，進而由家族秩序的和諧追求整個社會道德風尚的完善，這就是朱熹認為「家禮」有利於國家「敦化導民」的基本出發點。〔註150〕

從家族秩序推擴到整個社會運行的有序，是朱熹編撰《家禮》之後的禮制構思主題。如黃幹所說，《儀禮經傳通解》作為朱熹生平的最後一部學術著作，雖然未及脫稿，是一大遺憾，但由家禮、鄉禮、學禮、邦國禮所構成的一套禮儀制度無疑已將朱熹關於社會秩序的構想充分展示。《宋史・禮志》提到：「朱熹講明詳備，嘗欲取儀禮、周官、二戴記為本，編次朝廷公卿大夫士民之禮，盡取漢、晉而下及唐諸儒之說，考訂辨正，以為當代之典，未及成書而沒」。〔註151〕這言簡意賅地概括了《儀禮經傳通解》的特色。朱熹季子朱在對《儀禮經傳通解》的文本構成作過具體說明：

> 先君所著家禮五卷、鄉禮三卷、學禮十一卷、邦國禮四卷、王朝禮十四卷……其曰經傳通解者凡二十三卷，蓋先君晚歲之所親定，是為絕筆之書，次第具見於目錄。惟書數一篇闕而未補，而大射禮、聘禮、公食大夫禮、諸侯相朝禮八篇，則猶未脫稿也。其曰集傳集注者，此書之舊名也，凡十四卷，為王朝禮，而卜筮篇亦闕，餘則先君所草定而未暇刪改者也……至於喪、祭二禮，則嘗以規摹、次第屬之門人黃幹，俾之類次。〔註152〕

也就是說，由23卷家禮、鄉禮、學禮和邦國禮所構成的《儀禮經傳通解》是朱熹親手裁定，而14卷王朝禮即《儀禮集傳集注》是朱熹未及最終修訂的草

〔註150〕〔宋〕朱熹：《家禮序》，朱傑人等主編，《朱子全書》第7冊，上海、合肥：上海古籍出版社、安徽教育出版社，2002年版，第873頁。

〔註151〕《宋史・志第五十一・禮一》

〔註152〕〔宋〕朱熹：《儀禮經傳通解・乞修三禮箚子》（一），朱傑人等主編，《朱子全書》第2冊，上海、合肥：上海古籍出版社、安徽教育出版社，2002年版，第26頁。

定稿，至於喪禮和祭禮所構成的 29 卷《儀禮經傳通解續》則是朱熹囑託黃幹編定。但事實上黃幹也只完成喪禮 15 卷，祭禮 14 卷後來是由楊復完成的。

朱熹手定的《儀禮經傳通解》，其禮儀篇目結構，如下表所示：

卷　次	類　別	篇　　　　目
卷一	家禮	士冠禮、冠義
卷二	家禮	士昏禮、昏義
卷三	家禮	內則
卷四	家禮	內治
卷五	家禮	五宗、親屬
卷六	鄉禮	士相見禮、士相見義、投壺禮
卷七	鄉禮	鄉飲酒禮、鄉飲酒義
卷八	鄉禮	鄉射禮、鄉射義
卷九	學禮	學制、學義
卷十	學禮	弟子職、少儀
卷十一	學禮	曲禮
卷十二	學禮	臣禮
卷十三	學禮	鍾律、鍾律義
卷十四	學禮	詩樂、禮樂記
卷十五	學禮	書數（闕）
卷十六	學禮	學記、大學
卷十七	學禮	中庸
卷十八	學禮	保傅、踐阼
卷十九	學禮	五學
卷二十	邦國禮	燕禮、燕義
卷二十一	邦國禮	大射儀、大射義
卷二十二	邦國禮	聘禮、聘義
卷二十三	邦國禮	公食大夫禮、公食大夫義
卷二十四	王朝禮	覲禮、朝事義
卷二十五	王朝禮	曆數、卜筮（闕）

卷　次	類　別	篇　　　目
卷二十六	王朝禮	夏小正、月令
卷二十七	王朝禮	樂制、樂記
卷二十八至卷三十七	王朝禮	王制（分土、制國、王禮、王事、設官、建侯、名器〈上、下〉、師田、刑辟）

　　表格內容反映，各種禮儀及其禮義大多源自《儀禮》、《禮記》、《周禮》中的相關篇目，小部分新設禮儀篇目從其文本內容來看也多來自歷史文獻資料，比如《弟子職》採自《管子》、《親屬》採自《爾雅・釋親》、《保傳》採自賈誼《新書・禮》和《大戴禮記・保傳》等。關於各項禮儀篇目的具體內容來源，《篇第目錄（序題）》中有詳細說明。〔註153〕

　　《儀禮經傳通解》雖是慶元二年（公元1196年）由朱熹分派門人弟子正式修撰，但其醞釀計劃到付諸實施則是一個較爲長期的過程。從《儀禮經傳通解》的文本來看，其「經傳相分相合而不廢傳注」〔註154〕的形式特色，以及「三禮」和其他歷史文獻的內容編次，與朱熹對「三禮」經典的一貫認識是保持一致的。朱熹認爲長久以來的禮樂廢壞已到了「無稽考處」的境地，需要有人出來對「禮」「盡數拆洗一番」。〔註155〕因此，禮書的修撰成爲朱熹晚年與弟子探討學問的主要議題。朱熹曾寄望得到朝廷的援助來編修禮書，在紹熙五年（公元1194年）未上奏的《乞修三禮箚子》中，他說道：

　　　　臣聞之：六經之道同歸，而禮樂之用爲急。遭秦滅學，禮樂先壞。漢晉以來，諸儒補緝，竟無全書。其頗存者，三禮而已。周官一書，固爲禮之綱領，至其儀法度數，則儀禮乃其本經，而禮記郊特牲、冠義等篇，乃其義疏耳。前此尤有三禮、通禮、學究諸科，禮雖不行，而士猶得以誦習而知其說。熙寧以來，王安石變亂舊制，廢罷儀禮，而獨存禮記之科，棄經任傳，遺本宗末，其失已甚。而

〔註153〕〔宋〕朱熹：《儀禮經傳通解・篇第目錄（序題）》（一），朱傑人等主編，《朱子全書》第2冊，上海、合肥：上海古籍出版社、安徽教育出版社，2002年版，第27～40頁。
〔註154〕蔡方鹿：《朱熹經學與中國經學》，北京：人民出版社，2004年版，第450頁。
〔註155〕〔宋〕黎靖德編：《朱子語類・禮一・論考禮綱領》卷84，王星賢點校，北京：中華書局，1986年版，第2177頁。

博士諸生又不過誦其虛文，以供應舉。至於其間亦有因儀法度數之實而立文者，則咸幽冥而莫知其源。一有大議，率用耳學臆斷而已……故臣頃在山林，嘗與一二學者考訂其說。欲以儀禮爲經，而取禮記及諸經史雜書所載有及於禮者，皆以附於本經之下，具列注疏諸儒之說，略有端緒。而私家無書檢閱，無人抄寫，久之未成。〔註156〕

奏文中，朱熹表明了編修禮書的必要性：一方面是糾正王安石新學的偏頗；另一方面則是爲現實政治生活中的禮議問題提供確鑿依據。在此，朱熹也將「三禮」關係明確定位：《周禮》是禮之綱領，《儀禮》是禮之本經，《禮記》則是《儀禮》的傳疏。然而，朱熹企圖借助朝廷之力編修禮書的願望終究未能實現，只能憑一己之力與門人弟子來共同完成這項工作。

　　正如朱熹在奏文中所說，他與弟子、呂祖謙等都曾交流過禮書編修問題。朱熹認爲禮經應當「編成門類」，比如冠、昏、喪、祭，而一些其他禮儀也應考訂異同「分門類編出」，具體編修方法則是「合取儀禮爲正，然後取禮記諸書之說以類相從，更取諸儒剖擊之說各附其下，庶便搜閱」。〔註157〕在此思想下，他曾將所編三禮篇次向好友呂祖謙咨詢意見，如下：

儀禮附記上篇：

　　士冠禮（冠義附）、士昏禮（昏義附）、士相見禮、鄉飲酒禮（鄉飲酒義附）、鄉射禮（射義附）、燕禮（燕義附）、大射禮、聘禮（聘義附）、公食大夫禮、覲禮

儀禮附記下篇：

　　喪服（喪服小記、大傳、月服問、間傳附）、士喪禮、既夕禮、士虞禮（喪大記、奔喪、問喪、曾子問、檀弓附）、特牲饋食禮、少牢饋食禮、有司（祭義、祭統附）

禮記篇次：

　　曲禮、內則、玉藻、少儀、投壺、深衣。（六篇爲一類。）

〔註156〕〔宋〕朱熹：《儀禮經傳通解・乞修三禮箚子》（一），朱傑人等主編，《朱子全書》第2冊，上海、合肥：上海古籍出版社、安徽教育出版社，2002年版，第25頁。

〔註157〕〔宋〕黎靖德編：《朱子語類・春秋・經》卷83，王星賢點校，北京：中華書局，1986年版，第2176頁。

　　　　王制、月令、祭法。（三篇爲一類。）

　　　　文王世子、禮運、禮器、郊特牲、明堂位、大傳、（與喪小記誤
處多，當釐正。）樂記。（七篇爲一類。）

　　　　經解、哀公問、仲尼燕居、坊記、儒行。（六篇爲一類。）

　　　　學記、中庸、表記、緇衣、大學。（五篇爲一類）。〔註158〕

朱熹雖然表明「問三禮篇次」，但《周禮》並未涉及；《儀禮》篇次中各禮對
應的禮義來自《禮記》；除去附入《儀禮》的諸篇以及《雜記》、《孔子閒居》、
《三年問》和《喪服四制》四篇之外，《禮記》其他篇目被分成「上下大小通
用之禮」、「國家之大制度」、「禮樂之說」、「論學之精語」與「論學之粗者」
五類。〔註159〕可見，朱熹在正式著手編修《儀禮經傳通解》之前，已形成《儀
禮》爲「根本」、《禮記》爲「解儀禮」的禮經認識。

　　事實上，朱熹平時在與弟子的探討中，也多次表達其對「三禮」關係的
類似看法：

　　　　儀禮，禮之根本，而禮記乃其枝葉。禮記乃秦漢上下諸儒解釋
儀禮之書，又有他說附益於其間。今欲定作一書，先以儀禮篇目置
於前，而附禮記於後。如射禮，則附以射義……若其餘曲禮少儀，
又自作一項，而以類相從。若疏中有說制度處，亦當採取以益之。
〔註160〕

　　　　儀禮是經，禮記是解儀禮。如儀禮有冠禮，禮記便有冠義；儀
禮有昏禮，禮記便有昏義；以至燕、射之類，莫不皆然。只是儀禮
有士相見禮，禮記卻無士相見義。〔註161〕

　　　　禮記要兼儀禮讀，如冠禮、喪禮、鄉飲酒禮之類，儀禮皆載其

〔註158〕〔宋〕朱熹：《晦庵先生朱文公文集・問呂伯恭三禮篇次》（五）卷74，朱傑
　　　　人等主編，《朱子全書》第24冊，上海、合肥：上海古籍出版社、安徽教育
　　　　出版社，2002年版，第3579～3581頁。

〔註159〕〔宋〕朱熹：《晦庵先生朱文公文集・答潘恭叔》（三）卷50，朱傑人等主編，
　　　　《朱子全書》第22冊，上海、合肥：上海古籍出版社、安徽教育出版社，2002
　　　　年版，第2314頁。

〔註160〕〔宋〕黎靖德編：《朱子語類・禮一・論修禮書》卷84，王星賢點校，北京：
　　　　中華書局，1986年版，第2186～2187頁。

〔註161〕〔宋〕黎靖德編：《朱子語類・禮二・儀禮》卷85，王星賢點校，北京：中
　　　　華書局，1986年版，第2194頁。

事，禮記只發明其理。讀禮記而不讀儀禮，許多理皆無安著處。
〔註162〕

　　學禮，先看儀禮。儀禮是全書，其他皆是講說。如周禮王制是
制度之書，大學中庸是說理之書。儒行樂記非聖人之書，乃戰國賢
士爲之。〔註163〕

　　大抵說制度之書，惟周禮儀禮可信，禮記便不可深信。周禮畢
竟出於一家。謂是周公親筆做成，固不可，然大綱卻是周公意思。
某所疑者，但恐周公立下此法，卻不曾行得盡。〔註164〕

《儀禮》爲經、《禮記》爲傳、《周禮》爲綱的「三禮」觀，不僅是朱熹編修
禮書的指導思想，而且也在朱熹評價學者有關禮學成就中得到體現。如上文
提及朱熹吸收司馬光《書儀》的相關成果正是因其多本於《儀禮》。因而，在
朱熹眼中，《儀禮》所載的禮儀制度是衡量現實禮儀踐行的重要標準，不符合
《儀禮》者多屬臆想杜撰，但符合「義理」而又可以表達「人情」的「俗禮」
則可除外，這也是朱熹將不見於《儀禮》卻出現在《禮記》中的「家廟」即
祠堂制度納入《家禮》的直接原因。總而言之，《儀禮》因詳細記錄各種禮儀
事項，具有「本」、「經」地位；《禮記》多是根據具體禮儀來闡發禮義，則具
有「末」、「傳」地位；《周禮》所載政治制度大致可反映周公治國思想，因而
具有禮學綱領地位。

　　與朱熹問呂祖謙的「三禮篇次」相比，《儀禮經傳通解》不止做到了眞正
意義上的將「三禮」重新拆洗整合，而且擴大了禮學資料的文獻來源，實現
了「諸經史雜書所載有及於禮」者皆「附於本經之下」。比如，在《儀禮經傳
通解》中，「士冠禮」第一源於《儀禮》，位於篇首，其後緊跟「冠義」第二，
則來自《禮記》第四十三篇，但朱熹也將可以進一步解釋說明冠禮之義的《家
語‧冠頌》以及《禮記‧曾子問》中有關冠禮變禮、《春秋》傳中的相關事例
附於「冠義」之中。「內則」在朱熹看來是「古經」，是「古者學校教民之書」，
因此被朱熹從《禮記》中「取以補經而附以傳記說」。「內治」也因言「人君

〔註162〕〔宋〕黎靖德編：《朱子語類‧禮四‧小戴禮》卷 87，王星賢點校，北京：
　　　　中華書局，1986 年版，第 2225 頁。

〔註163〕〔宋〕黎靖德編：《朱子語類‧禮四‧小戴禮》卷 87，王星賢點校，北京：
　　　　中華書局，1986 年版，第 2225 頁。

〔註164〕〔宋〕黎靖德編：《朱子語類‧禮三‧周禮》卷 86，王星賢點校，北京：中
　　　　華書局，1986 年版，第 2203 頁。

內治之法」，被朱熹選取《禮記》、《孟子》、《前漢書》相關論述「以補經闕」。
〔註165〕「五宗」屬於新創篇目，資料來自《禮記》中的〈喪服小記〉、〈大傳〉、
〈曾子問〉等篇，同時吸收「家語、白虎通義、書大傳、孔叢子等書之言宗
子之法以治族人者」；「親屬記」來自《爾雅・釋親》以及《白虎通義》所謂
「親屬記」，因「具載閨門三族親戚之名號」被朱熹附於「五宗」之後。〔註
166〕由「士冠禮」、「冠義」、「士昏禮」、「昏義」、「內則」、「內治」、「五宗」和
「親屬記」構成的「家禮」將家中的禮儀和禮義結合，又補入「人君內治之
法」和「宗子之法」，這與朱熹之前編《家禮》的主旨是有一定差異的。《家
禮》重在爲士庶階層確立實用禮儀，而《通解》中的「家禮」則傾向於爲禮
義確立可靠的禮儀文本基礎。

　　「鄉禮」在《通解》中的設立，正是將人倫關係推擴到家族之外的重要
一環。「鄉」自古以來就是國家行政區劃的基層單位，是管理地方社會秩序的
基本組織。按照朱熹的設計，「鄉禮」處於「家禮」和「邦國禮」之間，是改
善社會道德氛圍、促進政治秩序的必要禮儀。「鄉禮」受到重視，也與朱熹曾
經考正並增損張載弟子呂大鈞的《呂氏鄉約》有關。正如學者所說，呂大鈞
首創「鄉約」制度，爲的是讓地方社會成員以「鄉約」形式聚集在一起，互
相勉勵向善，它是地方社會自發建立的自我督導的公共系統，而非通過國家
立法在地方強制實施，因而可以使鄉約成員在日常生活中與其他成員接觸
時，遵守有年齡區別規定的禮儀，代表其家庭出席其他成員的婚禮和喪禮，
來加強鄉約成員之間的橫向聯繫。〔註167〕朱熹原本對《鄉約》的實行有所保
留，但仍然認爲值得讀者閱讀，「因其前輩所以教人善俗者而知自修之目」。〔註
168〕後來，朱熹向呂祖謙透露「欲修呂氏鄉約、鄉儀，及約冠昏喪祭之儀，削

〔註165〕〔宋〕朱熹：《儀禮經傳通解・篇第目錄（序題）》（一），朱傑人等主編，《朱子全書》第2冊，上海、合肥：上海古籍出版社、安徽教育出版社，2002年版，第32頁。

〔註166〕〔宋〕朱熹：《儀禮經傳通解・篇第目錄（序題）》（一），朱傑人等主編，《朱子全書》第2冊，上海、合肥：上海古籍出版社、安徽教育出版社，2002年版，第32～33頁。

〔註167〕〔美〕包弼德：《歷史上的理學》，〔新加坡〕王昌偉譯，杭州：浙江大學出版社，2010年版，第217～218頁。

〔註168〕〔宋〕朱熹：《晦庵先生朱文公文集・答張敬夫》（二）卷31，朱傑人等主編，《朱子全書》第21冊，上海、合肥：上海古籍出版社、安徽教育出版社，2002年版，第1350頁。

去書過刑罰之類，爲貧富可通行者」，〔註169〕這才有了最終的《增損呂氏鄉約》。〔註170〕《通解》中的「鄉禮」基本上來自《儀禮》和《禮記》。

「學禮」在《通解》中所佔比重較重，內容也較爲豐富，涉及「家塾黨庠遂序」的新創篇目「學制」、解釋「學制」並「言教法之意」的「學義」、「言童子入學受業事師之法」的「弟子職」、「言少者事長之節」的「少儀」、「隨事而見」委曲禮儀的「曲禮」、「事親事長、隆師親友、治家居室之法」的「臣禮」、屬「六藝」的「鍾律」、「鍾律義（闕）」、禮樂遺制及其「大指」的「詩樂」、「禮樂記」、未能詳知而空闕的「書數」、「古者學校教人傳道授業之次序與其得失興廢之所由」兼「大小學而言」的「學記」、「專言古者大學教人之次第」的「大學」、「程氏以爲孔門傳授心法」的「中庸」、「言教大子、輔少主之道」的「保傳」以及空闕的「踐阼」和「五學」。〔註171〕「學禮」的編訂其實是與朱熹傳道授徒的實際教學經驗有關的。朱熹重視古代傳統的「六藝」教學，也主張根據人生成長經歷恢復古代由「小學」到「大學」的漸進式爲學受教，更認同儒家傳統爲學旨在人倫道德實踐的「學」的目的。

「邦國禮」、「王朝禮」是朱熹專爲君天子臣諸侯的王權政治體制所設立的禮儀。朱熹曾感慨《儀禮》多是「士禮」，不存「天子諸侯喪祭之禮」，而且僅「有些小朝聘燕饗之禮」，他不滿自漢代以來「凡天子之禮皆是將士禮來增加爲之」的方式。〔註172〕因此，朱熹曾經撰作〈天子之禮〉來凸顯天子「至尊無上」的統治地位，原本他是有意將此篇收入「禮書」的，但最後終因是「自己著書」，不合《通解》編修體例，遂除去不用。〔註173〕

由家禮、鄉禮、學禮、邦國禮、王朝禮所構成的《儀禮經傳通》雖說是

〔註169〕〔宋〕朱熹：《晦庵先生朱文公文集・答呂伯恭》（二）卷33，朱傑人等主編，《朱子全書》第21冊，上海、合肥：上海古籍出版社、安徽教育出版社，2002年版，第1458頁。

〔註170〕〔宋〕朱熹：《晦庵先生朱文公文集・增損呂氏鄉約》（五）卷74，朱傑人等主編，《朱子全書》第24冊，上海、合肥：上海古籍出版社、安徽教育出版社，2002年版，第3594～3603頁。

〔註171〕〔宋〕朱熹：《儀禮經傳通解・篇第目錄（序題）》（一），朱傑人等主編，《朱子全書》第2冊，上海、合肥：上海古籍出版社、安徽教育出版社，2002年版，第36～39頁。

〔註172〕〔宋〕黎靖德編：《朱子語類・禮二・儀禮》卷85，王星賢點校，北京：中華書局，1986年版，第2193頁。

〔註173〕〔宋〕朱熹：《晦庵先生朱文公文集・天子之禮》（四）卷69，朱傑人等主編，《朱子全書》第23冊，上海、合肥：上海古籍出版社、安徽教育出版社，2002年版，第3364頁。

朱熹整合「三禮」經典以及其他歷史文獻資料而成，某種意義上說「它只是一部先秦及其他時代禮制文獻資料的彙編」也未嘗不可，但正如王貽梁先生所說，「朱熹不是一個鼠目寸光的人，他有著自己宏大的政治志向，他所有的禮制思想，都與他的這個政治志向有關」。〔註174〕以家、鄉、邦國、王朝這種由小到大的社會組織結構單位，來劃分禮儀分類，突破了傳統的「吉、凶、軍、賓、嘉」的「五禮」分類方式，更重要的是，朱熹的這一禮儀分類與儒家傳統的「修身、齊家、治國、平天下」的禮治社會理想又有著內在一致性。如果說朱熹的禮經學研究是為禮治社會理想提供禮儀制度的文本依據，那麼，朱熹對「禮儀」之「禮義」的深入剖析則是他最終形成「禮」、「理」合一的禮學思想體系的理論創新。而朱熹禮學思想的理論創新其實也離不開宋代儒學新發展中諸多學者對「禮論」的深入闡發以及他個人始於「禮」而又終於「禮」的學術研究人生。

〔註174〕王貽梁：〈《儀禮經傳通解》與朱熹的禮學思想體系〉，朱傑人主編，《邁入 21 世紀的朱子學：紀念朱熹誕辰 870 週年、逝世 800 週年論文集》，上海：華東師範大學出版社，2001 年版，第 288～297 頁。

第三章　宋代儒學的禮論發展與朱熹的禮學人生

　　從朱熹整合「三禮」經典，編修禮書的禮經研究來說，朱熹已經稱得上是一位禮學家，然而，若將儒家禮學大師的稱號贈予朱熹，就不能不分析朱熹在「禮」的學理致思上究竟對儒家傳統禮學思想有何新發展。事實上，朱熹對「禮」的學理探討，又是與宋代儒學復興乃至理學思潮興起時，諸多思想家闡發「禮論」的理論深入一脈相承的。宋代儒學的復興並非臆想，而是一種歷史事實。自從漢代儒術獨尊以後，繼東漢而起的魏晉在思想文化上以「玄學」為標誌，到了隋唐時期，又是外來文化佛教的昌盛期，這使儒學在此期間的發展受到前所未有的挑戰；儒學自先秦兩漢以來在國家政治統治以及世俗生活中舉足輕重的上昇態勢也經受了一定的遏制。直到宋代「以儒立國」，儒學才又在政治、思想文化上佔據主流地位。在士大夫的政治行動中，儒家禮經因包涵著「治道」內容，受到執政大臣的青睞，並作為政治革新的指導思想，而朱熹更在士大夫政治地位提升與其社會影響力擴大的情形下，將禮制規範的社會意義全面掘發。但其實進入宋代權力結構的士大夫也好，從事學術研究的普通學者也罷，對於「禮經」中的「治道」往往都有著學理層次上的推論，即著重於「禮論」的探討。從儒學復興時期范仲淹、歐陽修、孫復、胡瑗、石介「說經」以「推明治道」的禮論，到儒學義理過渡中李覯、王安石旨在《周禮》政治功用卻重在「禮」與人性的探討，終究還是理學家周敦頤、張載、二程融「禮」入「理」的禮論推進，對於朱熹禮學思想的理論創新具有直接影響。在朱熹的學術生涯中，禮學研究貫穿始終，也是朱熹禮學思想創新的基本動力。

一、儒學復興中「說經」以「推明治道」的禮論

朱熹對其弟子回顧宋代儒學復興時，再三強調：

> 理義大本復明於世，固自周程，然先此諸儒亦多有助。舊來儒者不越注疏而已，至永叔原父孫明復諸公，始自出議論，如李泰伯文字亦自好。此是運數將開，理義漸欲復明於世故也。〔註1〕

> 自范文正以來已有好議論，如山東有孫明復，徂徠有石守道，湖州有胡安定，到後來遂有周子程子張子出。故程子平生不敢忘此數公……數人者皆天資高，知尊王黜霸，明義去利。但只是如此便了，於理未見，故不得中。〔註2〕

> 如二程未出時，便有胡安定孫泰山石徂徠，他們說經雖是甚有疏略處，觀其推明治道，直是凜凜然可畏！〔註3〕

根據朱熹的論斷，范仲淹、歐陽修以及胡瑗、孫復、石介作爲儒學復興階段的代表，他們的貢獻主要在於兩點：其一，「說經」方式上的「議論」傾向；其二，「說經」議論的內容在於「推明治道」。儒學復興中透過經學演變所表現出來的時代特徵，發生在仁宗慶曆年間，這種學風上的轉變被皮錫瑞視作「經學變古時代」的到來。〔註4〕上述幾位儒學復興的代表人物，不僅都在儒家經典研究上卓有成就，而且無一不積極闡發「禮」的價值，使經典研究飽含著社會秩序重建的文化理想。

前文論及范仲淹對振作士氣貢獻卓著，而作爲仁宗時期慶曆新政的推動者，他在學術研究上則以《春秋》學和《易》學見長。〔註5〕范仲淹曾明確提出：「善國者，莫先育材。育材之方，莫先勸學。勸學之要，莫尚宗經。宗經則道大，道大則才大，才大則功大……天下之制存乎《禮》」〔註6〕。「禮」在

〔註1〕〔宋〕黎靖德編：《朱子語類・詩一・論讀詩・解詩》卷80，王星賢點校，北京：中華書局，1986年版，第2089頁。

〔註2〕〔宋〕黎靖德編：《朱子語類・本朝三・自國初至熙寧人物》卷129，王星賢點校，北京：中華書局，1986年版，第3089～3090頁。

〔註3〕〔宋〕黎靖德編：《朱子語類・春秋・經》卷83，王星賢點校，北京：中華書局，1986年版，第2174頁。

〔註4〕〔清〕皮錫瑞：《經學歷史》，周予同注釋，北京：中華書局，2008年第2版，第220頁。

〔註5〕徐洪興：《思想的轉型——理學發生過程研究》，上海：上海人民出版社，1996年版，第243～247頁。

〔註6〕〔宋〕范仲淹：《范仲淹全集・范文正公文集・上時相議制舉書》（上）卷10，李勇先、王蓉貴校點，成都：四川大學出版社，2007年版，第237頁。

范仲淹那裡正是從《易》學中汲取營養，才使其作爲「治道」之「器」既具有理論依據，也使「治道」內容有了較爲具體的說明。他認爲，制度規範意義的「節」是「禮之本」，而「禮」則是「節之筌」，二者之間，「節假禮而其用斯顯，禮能節其功乃全。」「禮」所具有的「節」，是對「禮」的功能的概括說明。范仲淹的這一結論，源於他對宇宙自然和人倫秩序的認識：

> 惟大禮之有節，同二儀而可詳。其大也，通庶彙之倫理；其節
> 也，著萬化之紀綱。貴賤洞分，列高卑而不爽；張弛冥契，制舒慘
> 而有常。稽彼前經，察茲大禮，其始則生乎太一，其極則至乎無體。
> 能長且久，定上下而不逾；原始要終，與剛柔而並啓。觀乎施爲，
> 人紀張，作國維。協五常而有序，齊萬物而無私。陰陽節之於消長，
> 日月節之於盈虧。同異之儀，向清濁而別矣；往來之則，於寒暑而
> 知之。於是各執其中，咸約其泰。父子正之於內，君臣明之於外。
> 從無入有，統乾道而長存；自古及今，配坤元而可大。〔註7〕

自然現象中的陰陽消長、日月盈虧、清濁異別、寒暑往來，都按其自身的運行規律而呈現；人倫關係中父子、君臣、夫婦、兄弟、朋友的協調有序，則受到仁、義、禮、智、信五者的道德約束。范仲淹認識到，「禮之節」如同天地一般歷久長存，是禮學得以存在和發展的價值根源所在。禮的功能使「禮」可以作爲君主治國安民之「器」，而「器」中蘊藏的「禮義」則是國家安定、風俗教化之根本。范仲淹說：「是以化彼邦家，器茲禮義……豈不以爲君之柄也，非禮何持；立人之道也，惟義是資……今國家稽古不忘，宣風遐被，其禮也同二儀之節，其義也正四方之志。覆萬國而無疆，通大道之不器。」〔註8〕因而，在他看來，諸如鄉飲、鄉射等古禮都是邦國政教德化的體現。〔註9〕范仲淹對於「禮」的政治功用的強調，與其作爲北宋士大夫階層的傑出代表的政治身份密切相關。除了他本人對禮學有著一定認識之外，他還向北宋最高統治者積極推薦其他學人的禮學成果。

〔註7〕　〔宋〕范仲淹：《范仲淹全集・范文正公集續補・大禮與天地同節賦》（中）卷1，李勇先、王蓉貴校點，成都：四川大學出版社，2007年版，第749～750頁。

〔註8〕　〔宋〕范仲淹：《范仲淹全集・范文正公文集・禮義爲器賦》（上）卷1，李勇先、王蓉貴校點，成都：四川大學出版社，2007年版，第14頁。

〔註9〕　〔宋〕范仲淹：《范仲淹全集・范文正公別集・陽禮教讓賦》（中）卷3，李勇先、王蓉貴校點，成都：四川大學出版社，2007年版，第497～498頁。

如果說范仲淹對禮論的闡發重在政治功能，那麼，歐陽修對「禮」的認識則重在其儒學使命的揭示。徐洪興先生指出，歐陽修是「慶曆之際否定傳統的章句訓詁之學、疑傳惑經，強調從義理上探求儒家經典本義的首席代表；他是當時排佛思潮中最主要的人物之一」。〔註10〕在歐陽修看來，「《禮》、《樂》之書雖不完，而雜出於諸儒之記，然其大要，治國修身之法也。六經之所載，皆人事之切於世者」。〔註11〕儘管歐陽修以其強烈的理性精神和批判眼光，懷疑《周禮》職官制度的合理性及其存在的可能性，但他仍然認為王政明、禮義充是儒家戰勝佛教的根本。為此，他專門寫下了〈本論〉，提出「修其本以勝之」。他說：

> 佛為夷狄，去中國最遠，而有佛固已久矣。堯、舜、三代之際，王政修明，禮義之教充於天下，於此之時，雖有佛無由而入。及三代衰，王政闕，禮義廢，後二百餘年而佛至乎中國。由是言之，佛所以為吾患者，乘其闕廢之時而來，此其受患之本也。補其闕，修其廢，使王政明而禮義充，則雖有佛無所施於吾民矣，此亦自然之勢也。〔註12〕

歐陽修從中國社會發展的自身歷史變化中來認識佛教的興盛。在他看來，中國古代社會自堯、舜、三代起，有井田法、什一稅、鄉飲禮、鄉射禮、庠序制度充分保障人們的日常生活和國家統治的穩固，但是秦統一天下以後，盡數廢除三代之制，遂使王道中絕，造成佛教有機可乘。歐陽修意識到佛教雖然與中國傳統的倫理道德觀念存在一定差異，但其教義內容是它風靡中國的重要因素：「彼為佛者，棄其父子，絕其夫婦，於人之性甚戾，又有蠶食蟲蠹之弊，然而民皆相率而歸焉者，以佛有為善之說故也。」〔註13〕佛教的勸人為善，不僅吸引了大批窮苦民眾，還吸引了一些讀書人，這一教義建立在佛教人生哲學的基礎之上，以佛性理論為支撐。歐陽修對佛教盛行原因的思考，使其對荀子人性惡的看法由「愛之」而知「謬焉」，確信「人之性善也」，

〔註10〕徐洪興：《思想的轉型——理學發生過程研究》，上海：上海人民出版社，1996年版，第261頁。

〔註11〕〔宋〕歐陽修：《歐陽修全集·居士集·答李詡第二書》（第二冊）卷47，李逸安點校，北京：中華書局，2001年版，第669頁。

〔註12〕〔宋〕歐陽修：《歐陽修全集·居士集·本論中》（第二冊）卷17，李逸安點校，北京：中華書局，2001年版，第288～289頁。

〔註13〕〔宋〕歐陽修：《歐陽修全集·居士集·本論中》（第二冊）卷17，李逸安點校，北京：中華書局，2001年版，第291頁。

並提出「使吾民曉然知禮義之爲善，則安知不相率而從哉」的儒學復興之路。
〔註14〕

　　與范仲淹、歐陽修在朝爲官的士大夫顯赫身份不同，孫復、胡瑗、石介作爲宋初三先生在更多時候只是普通的儒家學者，但這並不影響他們在經學義理研究中的「治道」取向。孫復（公元992～1057年），在經學研究上受范仲淹影響，以《春秋》學著稱，著有《春秋尊王發微》十二卷。歐陽修稱讚孫復治《春秋》：「不惑傳注，不爲曲說亂經。其言簡易，明於諸侯大夫功罪，以考時之盛衰，而推見王道之治亂，得於經之本義爲多。」〔註15〕孫復主張：「文者，道之用也。道者，教之本也。故必得之於心，而後成之於言。」〔註16〕可見他對經書蘊涵「治道」的重視。「禮」在他眼中是人倫社會秩序的根本所在：「夫仁義禮樂，治世之本也，王道所由興，人倫所由正。捨其本，則何所爲哉？」〔註17〕

　　胡瑗（公元993～1059年），「七歲善屬文，十三通五經，即以聖賢自許。」可見，胡瑗的學術研究始於儒家經典的自幼研習。在其一生中，胡瑗的教育活動產生了巨大的社會影響，是一位著名的教育家。在長期的教學實踐中，胡瑗有自己的一套教學方法：「其教人之法，科條纖悉具備。立『經義』、『治事』二齋：經義則選擇其心性疏通、有器局、可任大事者，使之講明六經。治事則一人各治一事，又兼攝一事，如治民以安其生，講武以禦其寇，堰水以利田，算曆以明數是也。」〔註18〕熙寧二年，神宗讓胡瑗弟子劉彝比較「胡瑗與王安石孰優」時，劉彝認爲其師「以明體達用之學授諸生」，「非安石比也。」在劉彝看來：「聖人之道，有體、有用、有文。君臣父子，仁義禮樂，歷世不可變者，其體也。詩書史傳子集，垂法後世者，其文也。舉而措之天下，能潤澤斯民，歸於皇極者，其用也……今學者明夫聖人體用，以爲政教

〔註14〕〔宋〕歐陽修：《歐陽修全集・居士集・本論中》（第二冊）卷17，李逸安點校，北京：中華書局，2001年版，第291頁。

〔註15〕〔清〕黃宗羲原著、全祖望補修：《宋元學案・泰山學案》（第一冊）卷2，陳金生、梁運華點校，北京：中華書局，1986年版，第101頁。

〔註16〕〔清〕黃宗羲原著、全祖望補修：《宋元學案・泰山學案》（第一冊）卷2，陳金生、梁運華點校，北京：中華書局，1986年版，第99頁。

〔註17〕〔清〕黃宗羲原著、全祖望補修：《宋元學案・泰山學案》（第一冊）卷2，陳金生、梁運華點校，北京：中華書局，1986年版，第99頁。

〔註18〕〔清〕黃宗羲原著、全祖望補修：《宋元學案・安定學案》（第一冊）卷1，陳金生、梁運華點校，北京：中華書局，1986年版，第24頁。

之本，皆臣師之功」。〔註 19〕胡瑗在教育宗旨上的「明體達用」，對程頤在太學期間受其教誨產生了深遠影響。

石介（公元 1005～1045 年），曾考中進士，並在太學講學議論時政。在儒家經典研究中，石介曾以《易》授徒。「禮」所具有的倫理綱常意義，也是石介伸張儒學，排斥佛、道的立足點。他說：「周禮明王制，春秋明王道，可謂盡矣。執二大典以興堯、舜、三代之治，如運諸掌。」〔註 20〕石介相信《周禮》反映的三代禮制文明，是解決北宋現實問題的理想藍圖，更認識到禮制文明的具體內容是儒家學說區別於佛道兩家的根本：「君臣、父子，皆出於儒也；禮樂、刑政，皆出於儒也；仁義、忠信，皆出於儒也。」〔註 21〕在他眼中，「中國」不僅僅是一個代表著地理中心的名詞，更是禮樂文化先進、制度文明的代表，因此，對佛、道兩家的排斥，石介是以倫理綱常和夷夏之辨相結合為著力點的。他認為，佛、道兩家是夷狄之人所創，是壞亂中國固有文化的異端邪說，說：

> 夫中國者，君臣所自立也，禮樂所自作也，衣冠所自出也，冠婚祭祀所自用也，縗麻喪泣所自制也，果瓜菜茹所自殖也，稻麻黍稷所自有也……〔註 22〕

> 中國，道德之所治也，禮樂之所施也，五常之所被也，而汗漫不經之教行焉，妖誕幻惑之說滿焉，可怪也。〔註 23〕

石介也指出，佛、道兩教以其人、道、俗、書、教、居廬、禮樂、文章、衣服、飲食、祭祀改變了以儒家思想為本的中國文化，尤其是佛家對人倫關係中父子、君臣等的輕忽，使得道德觀念成為虛稱，人道無法落實。因而，他說：

> 仰觀於天，則二十八舍在焉；俯觀於地，則九州分野在焉；中

〔註 19〕〔清〕黃宗羲原著、全祖望補修：《宋元學案・安定學案》（第一冊）卷 1，陳金生、梁運華點校，北京：中華書局，1986 年版，第 25 頁。

〔註 20〕〔宋〕石介：《徂徠石先生文集・二大典》卷 7，陳植鍔點校，北京：中華書局，1984 年版，第 77 頁。

〔註 21〕〔宋〕石介：《徂徠石先生文集・宗儒名孟生》卷 7，陳植鍔點校，北京：中華書局，1984 年版，第 82 頁。

〔註 22〕〔宋〕石介：《徂徠石先生文集・中國論》卷 10，陳植鍔點校，北京：中華書局，1984 年版，第 116 頁。

〔註 23〕〔宋〕石介：《徂徠石先生文集・怪說上》卷 5，陳植鍔點校，北京：中華書局，1984 年版，第 60 頁。

觀於人，則君臣、父子、夫婦、兄弟、賓客、朋友之位在焉。非二
十八舍、九州分野之內，非君臣父子、夫婦、兄弟、賓客、朋友之
位，皆夷狄也。二十八舍之外干乎二十八舍之內，是亂天常也；九
州分野之外入乎九州分野之內，是易地理也；非君臣、父子、夫婦、
兄弟、賓客、朋友之位，是悖人道也。苟天常亂於上，地理易於下，
人道悖於中，國不爲中國矣。〔註24〕

石介認爲，改變這種狀況的出路，一方面是徹底排除佛道，使其與中國不相
干；另一方面，則是恢復古制。而所謂的「古制」，也就是君臣有禮、父子有
序、夫婦有倫、男女有別、衣服有上下、飲食有貴賤、土田有多少、宮室有
高卑、師友有位、尊卑有定、冠婚有時、喪祭有時的「萬世常行不可易之道」。
〔註25〕

　　綜上，儒學復興階段中的上述代表人物闡發「禮」的價值，都關注經義
理想中「治道」內容的發揮，這不僅是五代以來厭棄戰亂、渴望治理的社會
秩序重建的時代要求，也是倫理綱常爲本的儒學振興，從而回應佛、道挑戰
的學術使命。

二、儒學義理過渡中的禮論

　　前文提及侯外廬先生曾經從思想學說發展的角度認定王安石訓釋《周
禮》，重在闡明義理，其反對章句傳注的繁瑣學風開啓了宋儒義理之學的先
河。馮友蘭先生則認爲李覯、王安石的《周禮》學都是聯繫政治實踐的，他
們爲經學開闢的新路若將聯繫的實踐擴大到整個人生，就成爲道學。其實，
李覯和王安石雖然在《周禮》政治功用的發揮上殊途同歸，但他們在對「禮」
與人性關係的認識上則表現出一定差異。

　　李覯認爲，「禮」既是人的一切行爲活動的最高準則，也是世間政治教化
的根本依據和思想主旨：「夫禮，人道之準，世教之主也。聖人之所以治天下
國家，修身正心，無他，一於禮而已矣。」〔註26〕這種統合政治制度規範和人

〔註24〕〔宋〕石介：《徂徠石先生文集‧中國論》卷10，陳植鍔點校，北京：中華書
　　　　局，1984年版，第116頁。
〔註25〕〔宋〕石介：《徂徠石先生文集‧復古制》卷6，陳植鍔點校，北京：中華書
　　　　局，1984年版，第69～70頁。
〔註26〕〔宋〕李覯：《李覯集‧禮論第一》卷2，王國軒校點，北京：中華書局，1981
　　　　年版，第5頁。

生道德修養的禮論，包涵的具體內容是：「飲食，衣服，宮室，器皿，夫婦，父子，長幼，君臣，上下，師友，賓客，死喪，祭祀，禮之本也。曰樂，曰政，曰刑，禮之支也。而刑者，又政之屬矣。曰仁，曰義，曰智，曰信，禮之別名也。是七者，蓋皆禮矣。」〔註27〕將政治法制和道德觀念統合於「禮」，源於李覯對禮的起源及內涵有獨到認識。他所認識的禮，包括人類衣食住行等基本的物質需要、社會生活和人際交往中的人倫關係、寄託人類道德情感和精神追求的宗教信仰，實際上囊括了人世間的一切。「夫禮之初，順人之性欲而為之節文者也。」〔註28〕禮的產生是滿足人類感性需要，社會不斷進步的必然結果。李覯認為，人類社會產生以後，基本的生存需要和外在環境條件的威脅，促使「聖王」帶領人們發展農業生產，利用自然資源；人與人之間，家庭倫理關係、社會政治關係的穩定有序，也需要一種辨別差異的差序結構；而對人的生命本身的敬重，也要求一定儀式的適當體現，所有這些都是「禮」所要解決的實實在在的問題，也是「禮」的功能和價值所在。因此，樂、刑、政作為禮之三支，是「禮之大用也，同出於禮而輔於禮者也」；仁、義、智、信作為禮之四名，是「禮之大旨也，同出於禮而不可缺者也」。〔註29〕李覯將「禮」和「三支」、「四名」的關係形象地比喻為人身與手足、筋骸之間的關係，是想說明樂、刑、政是禮的有機組成部分，而仁、義、智、信則是禮的內在規定。

　　李覯將「禮」立足於人性的自然需要，反對將禮與樂、刑、政、仁、義、智、信七者並列時，「禮」實際上是以制度規範意義來統攝全體，而道德觀念的重要性僅從建構社會秩序的必要性角度來加以解釋，這就對道德主體的內在心性層面與外在制度規範二者的關係缺乏深入探討。因此，李覯從自然人性論出發，認為禮是順應人的性情需要，而胡瑗則認為禮其實是對人性的限制。胡瑗的認識保存在李覯的轉述中：「民之於禮也，如獸之於圈也，禽之於綢也，魚之於沼也。豈其所樂哉？勉強而制爾。民之於侈縱奔放也，如獸之於山藪也，禽之於飛翔也，魚之於江湖也。豈有所使哉？情之自然爾。」〔註

〔註27〕 〔宋〕李覯：《李覯集・禮論第一》卷2，王國軒校點，北京：中華書局，1981年版，第5～6頁。

〔註28〕 〔宋〕李覯：《李覯集・禮論第一》卷2，王國軒校點，北京：中華書局，1981年版，第6頁。

〔註29〕 〔宋〕李覯：《李覯集・禮論第一》卷2，王國軒校點，北京：中華書局，1981年版，第7頁。

〔註30〕 〔宋〕李覯：《李覯集・與胡先生書》卷28，王國軒校點，北京：中華書局，1981年版，第317頁。

30〕胡瑗的看法，較具典型性，指出外在於人的禮制規範的客觀存在對於人類意志的主體發揮具有束縛作用。儘管李覯指出這種禮以抑制人情的說法一旦盛行，將會導致「先王之道不得復用，天下之人將以聖君賢師為仇敵」的可能後果〔註31〕，但他對「禮」的起源及其發展的認識，屬於一種歷史性解釋，無法從根本上回應胡瑗的挑戰。因為即使李覯認定「禮」的產生是滿足人的自然需要而形成，而且作為制度性客觀存在的一整套禮制規範是由聖王所創制，但是，禮制規範的內在根據何在，它與普遍的人性發展究竟是何種關係，李覯並沒有存在論意義上的追問和解答，這是導致胡瑗和李覯二人分歧的根本所在，也是李覯擔心聖君賢師將處於普通人的對立面這一邏輯結果的前提所在。因此，「禮」的存在意義在李覯那裡尚且欠缺理論思辨。

王安石在批評荀子的「化性而起偽」說的基礎上，對「禮」與「人性」關係的正面認識，對於理學問題的發展具有一定的先導意義。

他說：

> 荀卿之不知禮也！其言曰「聖人化性而起偽」，吾是以知其不知禮也。知禮者貴乎知禮之意，而荀卿盛稱其法度節奏之美，至於言化，則以為偽也，亦烏知禮之意哉？故禮始於天而成於人，知天而不知人則野，知人而不知天則偽。聖人惡其野而疾其偽，以是禮興焉。〔註32〕

> 然聖人捨木而不為器，捨馬而不為駕者，固亦因其天資之材也。今人生而有嚴父母之心，聖人因其性之欲而為之制焉，故其制雖有以強人，而乃以順其性之欲也。聖人苟不為之禮，則天下蓋將有慢其父而疾其母者矣，此亦可謂失其性也。〔註33〕

王安石的上述看法與李覯對「禮之本」的認識明顯不同。在他看來，禮制規範作為一種客觀存在，從根本上是以人的內在心性中所包涵的道德傾向作為存在基礎的。因而，人類社會中禮制規範意義的實現，是人與動物相區別的根本所在，即：「夫狙猿之形非不若人也，欲繩之以尊卑而節之以揖讓，則彼

〔註31〕 〔宋〕李覯：《李覯集‧與胡先生書》卷28，王國軒校點，北京：中華書局，1981年版，第317頁。

〔註32〕 〔宋〕王安石：《王文公文集‧禮論》（上冊）卷29，唐武標校，上海：上海人民出版社，1974年版，第337頁。

〔註33〕 〔宋〕王安石：《王文公文集‧禮論》（上冊）卷29，唐武標校，上海：上海人民出版社，1974年版，第338頁。

有趨於深山大麓而走耳，雖畏之以威而馴之以化，其可服邪？以謂天性無是而可以化之使偽耶，則狙猿亦可使爲禮矣。故曰禮始於天而成於人。天而無是，則人欲爲之者，舉天下之物，吾蓋未之見也。」〔註34〕李覯擔心「禮」以限制人情的說法，將會導致聖君賢師所制定的禮制規範處於天下人的對立面。而王安石從人的內在心性具有的道德傾向，說明禮制規範正是立足於人性的道德屬性基礎之上。

因此，王安石進一步提出禮樂「養人之情」。他說：

> 世之所重，聖人之所輕；世之所樂，聖人之所悲。非聖人之情與世人相反，聖人內求，世人外求，內求者樂得其性，外求者樂得其欲，欲易發而性難知，此情性之所以正反也。衣食所以養人之形氣，禮樂所以養人之情也。〔註35〕

> 禮者，天下之中經；樂者，天下之中和。禮樂者，先王所以養人之神，正人氣而歸正性也。〔註36〕

這就在肯定聖人之情與世人相同的基礎上，指出二者的區別在其實現途徑不同，而禮樂就是由內「養人之情」。王安石的這一看法，以其對「性」和「情」二者關係的認識爲基礎：

> 性情一也……喜、怒、哀、樂、好、惡、欲未發於外而存於心，性也；喜、怒、哀、樂、好、惡、欲發於外而見於行，情也。性者情之本，情者性之用，故吾曰性情一也。〔註37〕

王安石對性與情之間的區分，實際上已開理學家談性情、未發已發之先河了。但與理學家不同的是，王安石並未用先驗道德來限定性情的善惡，他所認識的性情善惡，還需要取決於人的經驗活動。他說：「彼曰情惡無它，是有見於天下之以此七者而入於惡，而不知七者之出於性耳。故此七者，人生而有之，接於物而後動焉。動而當於理，則聖也、賢也；不當於理，則小人也。彼徒

〔註34〕〔宋〕王安石：《王文公文集・禮論》（上冊）卷29，唐武標校，上海：上海人民出版社，1974年版，第338頁。

〔註35〕〔宋〕王安石：《王文公文集・禮樂論》（上冊）卷29，唐武標校，上海：上海人民出版社，1974年版，第334頁。

〔註36〕〔宋〕王安石：《王文公文集・禮樂論》（上冊）卷29，唐武標校，上海：上海人民出版社，1974年版，第333頁。

〔註37〕〔宋〕王安石：《王文公文集・性情》（上冊）卷27，唐武標校，上海：上海人民出版社，1974年版，第315頁。

有見於情之發於外者爲外物之所累，而遂入於惡也，因曰情惡也，害性者情也。是曾不察於情之發於外而爲外物之所感，而遂入於善者乎？蓋君子養性之善，故情亦善；小人養性之惡，故情亦惡。」〔註38〕因此，他明確提出：「是以知性情之相須，猶弓矢之相待而用，若夫善惡，則猶中與不中也。」〔註39〕在此基礎上，王安石提出，儒家的禮樂「養生修性」既可以保證國家的長治久安，也可以成就理想的聖人人格，比佛、道兩家更爲深刻、高明，即：「天下之言養生修性者，歸於浮屠、老子而已。浮屠、老子之說行，而天下爲禮樂者獨以順流俗而已。夫使天下之人驅禮樂之文以順流俗爲事，欲成治其國家者，此梁、晉之君所以取敗之禍也。然而世非知之也者，何耶？特禮樂之意大而難知，老子之言近而易曉。聖人之道得諸己，從容人事之間而不離其類焉；浮屠直空虛窮苦，絕山林之間，然後足以善其身而已。由是觀之，聖人之與釋老，其遠近難易可知也。」〔註40〕

　　儘管王安石充分認識到「禮」在個人成聖追求中的重要意義，但「禮樂以養人情」究竟如何實現？他並沒有提出一套切實可行的修養工夫論，因此，不免架空之嫌。或者可以說，在王安石的思想中，禮的外在制度規範意義包涵著明確具體的內容，禮成就個人內在道德修養的重要性亦已察覺，問題在於，內在修養過程中如何才能將「禮」外化以體現其外在規範意義，還沒有相應說明。在此情形下，北宋理學家的禮學認識實現了一次質的飛躍。

三、理學家融「禮」入「理」的推進

　　「禮」在治國安民上的政治功用、整齊社會道德風尚上的教化意義，是北宋君臣以及儒家學者的一致認識。以文學成就著稱的「三蘇」，蘇洵、蘇軾、蘇轍也有禮學方面的專文，如〈禮論〉、〈禮以養人爲本論〉、〈禮義信足以成德論〉。他們也明確認識到：

　　　　君子以禮治天下之分……〔註41〕

〔註38〕〔宋〕王安石：《王文公文集・性情》（上冊）卷27，唐武標校，上海：上海人民出版社，1974年版，第315頁。

〔註39〕〔宋〕王安石：《王文公文集・性情》（上冊）卷27，唐武標校，上海：上海人民出版社，1974年版，第315頁。

〔註40〕〔宋〕王安石：《王文公文集・禮樂論》（上冊）卷27，唐武標校，上海：上海人民出版社，1974年版，第335～336頁。

〔註41〕〔宋〕蘇軾：《蘇軾文集・禮義信足以成德論》（第一冊）卷2，孔凡禮點校，北京：中華書局，1986年版，第47頁。

　　禮之大意，存乎明天下之分，嚴君臣、篤父子、形孝悌而顯仁義也……今使禮廢而不修，則君臣不嚴，父子不篤，孝悌不形……
〔註42〕

　　古之聖人，其御天下也，禮行而民恭，則役使如意；義行而民服，則勞苦而不怨；信行而民用情，則上下相知而教化易行。〔註43〕

　　爲之君臣、父子、兄弟者，禮也。禮之所不及，而樂及焉。
〔註44〕

正是北宋歷史發展面臨的種種社會問題，促使君臣和一般學者將目光一致瞄向了傳統儒家最具現實意義的禮學，歷史經驗的昭示以及三代理想的刻畫，都使禮的價值空前凸顯。宋初延至中葉的諸儒在理想和現實之間，最大程度地發揚了禮學的核心價值。然而，眞正將禮學推向新階段的是北宋中後期的理學家。理學家眼中的禮學，不僅是治國安民的社會政治秩序的需要，也是個人追求理想人格之道德修養的必經環節，更爲重要的是，他們還從根本上說明了社會政治秩序的來源及其具體表現，在此意義下，他們所提出的禮學修養身心的一整套工夫，最終實現了倫理本體和道德修養的合一，使傳統禮學的發展最終融入了理學這一新學術形態。

（一）「禮，理也」的提出

　　「禮」和「理」的關係，是理學家闡發禮學所要解決的核心問題，也是禮學發展步入新階段的最終落腳點。但是，這一問題的提出，並非理學家首創。《禮記》中的〈仲尼燕居〉已提出：「禮也者，理也」；〈樂記〉也說到：「禮也者，理之不可易者也。」鄭玄注解：「理，猶事也」。孔穎達認爲：「禮見於貌，行之則恭敬理事也，言事之不可改易也」〔註45〕，「理，謂道理。言禮者，使萬事合於道理也。」〔註46〕而所謂「道理」，在《韓非子·解老》中有明確

〔註42〕　〔宋〕蘇軾：《蘇軾文集·禮以養人爲本論》（第一冊）卷2，孔凡禮點校，北京：中華書局，1986年版，第49頁。

〔註43〕　〔宋〕蘇轍：《蘇轍集·欒城應詔集·禮義信足以成德論》（第三冊）卷11，陳宏天、高秀芳點校，北京：中華書局，1990年版，第1341～1342頁。

〔註44〕　〔宋〕蘇洵：《嘉祐集·樂論》，曾棗莊、金成禮箋注，上海：上海古籍出版社，1993年版，第152頁。

〔註45〕　《十三經注疏》整理委員會整理：《禮記正義》（第三冊），北京：北京大學出版社，2000年版，第1300～1301頁。

〔註46〕　《十三經注疏》整理委員會整理：《禮記正義》（第四冊），北京：北京大學出版社，2000年版，第1622頁。

規定：「道者，萬物之所然也，萬物之所稽也。理者，成物之文也。物有理，不可以相簿。故理之爲物之制，萬物各有理，而道盡稽萬物之理。」可見，先秦以及漢唐學者所認識的「理」主要是存在於具體事物中的一種必然規律，「禮」則是這種必然規律的表現，即遵循「事理」的客觀必然性。

唐君毅先生認爲中國思想史上的「理」有六種涵義，即先秦思想家所重之文理、魏晉玄學所重之名理、隋唐佛學所重之空理、宋明理學所重之性理、王船山以至清代一般儒者所重之事理、現代中國人受西學影響後所重之物理，但這六種理在先秦經籍中所謂理之涵義中皆有其淵源。在他看來，「宋明理學之言理，主要者是言性理，由此以及於天理。宋明儒之言天理，非只視爲外在之物質之天地構造之理……眞正之天理，當是由心性之理通上去，而後發現之貫通內外之人我及心理之理。」〔註47〕如唐先生所言，「理」的這一歷史內涵，即由人倫之「理」外推至決定人我、人物之存在狀態及其發展變化的「天理」，正是先秦降至漢唐禮學與宋代禮學區別的根本所在。理學家正是要解決禮學得以規範現實人倫社會秩序以及實現其道德約束力的終極依據所在。

與前文提到的幾位北宋思想家的禮論不同，理學開山周敦頤（公元 1017～1073 年）義無反顧地回歸「禮」、「理」關係之傳統，開啓了理學家探索禮論的新路向。周敦頤指出：

> 禮，理也；樂，和也。陰陽理而後和，君君、臣臣、父父、子子、兄兄、弟弟、夫夫、婦婦，萬物各得其理，然後和。故禮先而樂後。〔註48〕
>
> 古者聖王制禮法，修教化，三綱正，九疇敘，百姓大和，萬物咸若。〔註49〕

在此，周敦頤將自然界萬事萬物之「理」引向人倫關係之「理」，或者說，他已將涵蓋在「萬物」之下的人倫之「理」特別提升出來，以追求社會和諧有序的建立，這種人倫之「理」所表達的「禮」是一種具有差異的社會秩序，即君

〔註47〕　唐君毅：《中國哲學原論·導論篇》，北京：中國社會科學出版社，2005年版，第32頁。

〔註48〕　〔宋〕周敦頤：《周敦頤集·禮樂第十三》，陳克明點校，北京：中華書局，1990年版，第25頁。

〔註49〕　〔宋〕周敦頤：《周敦頤集·樂上第十七》，陳克明點校，北京：中華書局，1990年版，第29～30頁。

臣、父子、夫婦關係中所存在的「三綱」。另一方面，周敦頤也指出：「德：愛曰仁，宜曰義，理曰禮，通曰智，守曰信。」〔註50〕這就明確將「禮」作爲人的一種道德品性，「理」則成爲限定此種品性的內涵，「理」因而是人之「性理」。周敦頤思想中「禮」的這一雙重意義，具有內在相關性，是其宇宙認識的必然結果。他認爲產生宇宙萬物的原始實體是「太極」，「太極」自身的動靜變動，產生出陰陽二氣的流行化育，陰陽二氣的絪縕相融則會產生出水、火、木、金、土五種基本要素，五行之氣的流佈推動一年四季的更替，使得宇宙間的自然世界井然有序。在此過程中，陰陽五行之氣的最優秀部分則形成萬物之靈的「人」，人自誕生那一刻起，就有思想，並且有善惡之別，因此，人與人之間的行爲方式存在一定差異，從而形成「君子」和「小人」之別。聚焦至人的善惡差異，周敦頤又有一套系統的學說，即「誠者，聖人之本。『大哉乾元，萬物資始』，誠之源也。」〔註51〕「誠」與「太極」之間是一對相表裏的範疇。「太極」是創生萬物的實體，「誠」則是「太極」的道德本質。仁、義、禮、智、信五種道德品性，都來源於「誠」。周敦頤力圖以宇宙萬物的自然生成順序來說明人類社會秩序的合理，賦予宇宙創生實體以倫理內涵來實現禮學的內外統一。然而，他這種努力解決「禮」、「理」和「人性」關係的嘗試，還略顯粗疏。相比之下，張載和二程的禮學推進較爲系統、全面得多。

（二）從「天之自然」到「理之當也」

史稱張載：「其學尊禮貴德，樂天安命。」〔註52〕《宋元學案》也指出張載爲學「以禮爲體」。〔註53〕程頤概述程顥的學術宗旨是「明於庶物，察於人倫。知盡性至命，必本於孝悌；窮神知化，由通於禮樂。」〔註54〕程頤在弟子眼中也是「謹於禮四五十年」，並且他自認爲這是「日履安地」。〔註55〕可

〔註50〕 〔宋〕周敦頤：《周敦頤集·誠幾德第三》，陳克明點校，北京：中華書局，1990年版，第16頁。

〔註51〕 〔宋〕周敦頤：《周敦頤集·誠上第一》，陳克明點校，北京：中華書局，1990年版，第13頁。

〔註52〕 〔元〕脫脫等：《宋史·列傳第一百八十六·道學一》。

〔註53〕 〔清〕黃宗羲原著、全祖望補修：《宋元學案·橫渠學案上》（第一冊）卷17，陳金生、梁運華點校，北京：中華書局，1986年版，第663頁。

〔註54〕 〔宋〕程顥、程頤：《二程集·河南程氏文集·明道先生行狀》（上）卷11，王孝魚點校，北京：中華書局，2004年版，第638頁。

〔註55〕 〔宋〕程顥、程頤：《二程集·河南程氏遺書·端伯傳師說》（上）卷1，王孝魚點校，北京：中華書局，2004年版，第8頁。

見，二程和張載都將「禮」作爲探索自然和人生的目標之一，並自覺將其貫徹在日常生活中。二程和張載在學術交往中，也曾以「禮」爲話題。二程一方面稱讚張載：「子厚以禮教學者，最善，使學者先有所據守。」〔註56〕另一方面，程頤與張載交流「禮俗」意義時，對關中地區「用禮漸成俗」又有所保留，表示：「關中學者正禮文，乃一時之事爾。必也修身立教，然後風化及乎後世。」〔註57〕這表明二程和張載在推進禮學發展過程中又有所不同。

「秩序」的內涵及其來源是禮學思考的首要問題，張載和二程的禮學思想也是由此出發的。張載首先表明「天序」、「天秩」是「禮」的發生依據：「生有先後，所以爲天序；小大、高下相併而相形焉，是謂天秩。天之生物也有序，物之既形也有秩。知序然後經正，知秩然後禮行。」〔註58〕在張載看來，秩序是在萬物形成過程中產生的，因而有時間次序上的先後以及空間結構上的上下之別。秩序形成的時空依據，表明「禮」是一種客觀存在；也意味著萬物存在的差異格局是一種自然而然的狀態，非人力所爲。這使「禮」的存在及其價值既具有天然合理性，也使國家政治生活中的等級結構成爲一種必然存在。

其次，「太虛」是「天」的內涵，是產生「禮」的根源。張載說：「由太虛，有天之名；由氣化，有道之名；合虛與氣，有性之名；合性與知覺，有心之名。」〔註59〕「天」、「道」、「心」、「性」四個範疇內在關係的說明，表明「太虛」是決定萬物存在和發展的根源，而氣本論哲學則是張載禮學思想的理論根據。據南宋衛湜的《禮記集說》記載，張載曾提出：「大虛（太虛）即禮之大一（太一）也。今天之生萬物，其尊卑小大，自有禮之象，人順之而已，此所以爲禮。或者專以禮出於人，而不知禮本天之自然。」〔註60〕將「禮」取法自然秩序的根源植基於氣本論的宇宙創生思想中，是爲「禮」規範社會尊卑秩序的價值基礎尋找到了最終依據。

〔註56〕〔宋〕程顥、程頤：《二程集·河南程氏遺書·元豐己未呂與叔東見二先生語》（上）卷2，王孝魚點校，北京：中華書局，2004年版，第23頁。

〔註57〕〔宋〕程顥、程頤：《二程集·河南程氏粹言·論事篇》（下）卷1，王孝魚點校，北京：中華書局，2004年版，第1221頁。

〔註58〕〔宋〕張載：《張載集·正蒙·動物篇第五》，章錫琛點校，北京：中華書局，1978年版，第19頁。

〔註59〕〔宋〕張載：《張載集·正蒙·太和篇第一》，章錫琛點校，北京：中華書局，1978年版，第9頁。

〔註60〕〔宋〕衛湜：《禮記集說》卷58，文淵閣四庫全書電子版。

再次，「心」、「性」是「禮」存在的道德基礎。孟子思想中，「禮」是人的本質屬性之一，是儒家以「禮」爲道德實踐原則和標準的根源。張載認爲人倫道德實踐中的「禮」是發自人心本性的內在自覺：「禮非止著見於外，亦有無體之禮。蓋禮之原在心，禮者聖人之成法也，除了禮天下更無道矣。」〔註61〕「仁義禮智，人之道也；亦可謂性。」〔註62〕「人情所安即是禮也」。〔註63〕可見，規範人倫秩序的「禮」是在道德原則指導下的實踐，是人的品性的表現；「禮」並非外在於人的偶然行爲，而是人心本性的自覺自願。

張載禮學有將宇宙根源與道德倫理合一的明確意圖，力求解決「禮」的天人、內外相合。他將「秩序」作爲「禮」的內核，並從宇宙萬物生成的角度說明「太虛」是「禮」的最終來源，以此賦予「禮」天然合理性的同時，也表明「禮」是一種外在規範性的存在；而當「秩序」體現在人倫實踐中時，張載又指出「禮」是人的道德品德之一，這又說明人的內在心性修養是外在倫理秩序實現及維持的基礎。張載禮學圍繞這種外在規範秩序與人的內在心性修養的二者統合而展開，其實這也是二程禮學所要解決的核心問題。儘管二程在「禮」可以有效地維持社會秩序上與張載處於同一陣線，但在「禮」的來源問題上，二程與張載則有根本區別，從而在「理」與「禮」的互動中，邁出了實質性的一步。

程頤首先認爲「禮」與國家的存在與發展相始終，其實質就是「序」。他說：「人往往見禮壞樂崩，便謂亡，然不知禮樂未嘗亡也。如國家一日存時，尚有一日之禮樂，蓋由有上下尊卑之分也。除是禮樂亡盡，然後國家始亡」，「推本而言，禮只是一個序，樂只是一個和。」〔註64〕程頤探求「禮」的方式與張載有所不同：張載由差異秩序的發生根源說明「禮行」的依據；而程頤則從現實政治生活中差異秩序的存在表明「禮」的必要性，由此斷言「禮」的本質就是「序」，更強化了「禮」的政治意義。

其次，二程以「理」釋「天」，與張載「太虛」決定「天」的內涵不同。

〔註61〕〔宋〕張載：《張載集‧經學理窟‧禮樂》，北京：中華書局，1978年版，第264頁。

〔註62〕〔宋〕張載：《張載集‧張子語錄‧語錄中》，北京：中華書局，1978年版，第324頁。

〔註63〕〔宋〕衛湜：《禮記集說》卷58，文淵閣四庫全書電子版。

〔註64〕〔宋〕程顥、程頤：《二程集‧河南程氏遺書‧劉元承手編》（上）卷18，王孝魚點校，北京：中華書局，2004年版，第225頁。

程顥提出：「天者理也」〔註65〕，「有道有理，天人一也，更不分別。」〔註66〕
程頤也表示：「理便是天道也。且如說皇天震怒，終不是有人在上震怒？只是
理如此。」〔註67〕因此，「理」是一個囊括自然與社會的普遍原理，是天、人
存在的一致基礎。「理」取代了「天」的位置，成爲二程思想的最高範疇，是
二程與張載的最大區別。張載以天生萬物爲「禮」的根源，而二程的「理」
則是一個立足於現象界，進而探求事物本質的範疇。程頤說：「凡眼前無非是
物，物物皆有理。如火之所以熱，水之所以寒，至於君臣父子間皆是理。」〔註
68〕「理」是決定事物存在的本質，它不僅是自然現象水寒火熱的原理，也是
人倫關係的規範，所以，二程指出「人倫者，天理也。」〔註69〕

再次，二程以「理」釋「禮」，使「理」最終成爲「禮」的根據。二程對
「禮」政治意義的強化，使得上下、尊卑之分的人倫秩序即「禮之本」，立足
於「理」的必然性基礎上，指出：「父子君臣，天下之定理，無所逃於天地之
間」〔註70〕，「天而在上，澤而處下，上下之分，尊卑之義，理之當也，禮之
本也」〔註71〕程頤也借助自然界上天下地的客觀事實，形象地表徵「禮」維
持差異秩序的本質，但「禮」是涵蓋在「理」的普遍存在之下，掃除了「天」
的痕跡，成爲二程禮學與張載禮學區別的關鍵所在。

「理」是「禮」的根據，「禮」則是「理」在人倫秩序中的具體展現，這
是二程禮學的出發點。程顥針對《論語》中林放提出「禮之本」的問題，提
出：「禮者，理也，文也。理者，實也，本也。文者，華也，末也。」〔註72〕

〔註65〕　〔宋〕程顥、程頤：《二程集・河南程氏遺書・師訓》（上）卷11，王孝魚點
　　　　　校，北京：中華書局，2004年版，第132頁。

〔註66〕　〔宋〕程顥、程頤：《二程集・河南程氏遺書・元豐己未呂與叔東見二先生語》
　　　　　（上）卷2，王孝魚點校，北京：中華書局，2004年版，第20頁。

〔註67〕　〔宋〕程顥、程頤：《二程集・河南程氏遺書・伊川雜錄》（上）卷22，王孝
　　　　　魚點校，北京：中華書局，2004年版，第290頁。

〔註68〕　〔宋〕程顥、程頤：《二程集・河南程氏遺書・楊遵道錄》（上）卷19，王孝
　　　　　魚點校，北京：中華書局，2004年版，第247頁。

〔註69〕　〔宋〕程顥、程頤：《二程集・河南程氏外書・胡氏本拾遺》（上）卷7，王孝
　　　　　魚點校，北京：中華書局，2004年版，第394頁。

〔註70〕　〔宋〕程顥、程頤：《二程集・河南程氏遺書》（上）卷5，王孝魚點校，北京：
　　　　　中華書局，2004年版，第77頁。

〔註71〕　〔宋〕程顥、程頤：《二程集・周易程氏傳》（下）卷1，王孝魚點校，北京：
　　　　　中華書局，2004年版，第749頁。

〔註72〕　〔宋〕程顥、程頤：《二程集・河南程氏遺書・師訓》（上）卷11，王孝魚點
　　　　　校，北京：中華書局，2004年版，第125頁。

孔子曾將「仁」作爲「禮」的內在根據，「禮」作爲「仁」的外在表現，使仁、禮之間呈現出雙向互動的關係。程顥則以「理」作爲「禮」的根據，「禮」則是「理」的外化表現，理本禮末，將孔子的「仁」置換成「理」，反映出儒家思想的理論提升。孔子的「仁」很大程度上是以人的心理體驗作爲道德情感的普遍原則賦予「禮」活力；而程顥從宇宙本體論的角度，以「理」作爲「禮」的根據則爲「禮」提供了哲學依據。二程也肯定人的品性之一的「仁」是「理」，但這不等於「理」就是「仁」，其中差異主要取決於「理」的落實和實現。也正在這一點上，二程兄弟也呈現出一定差異。大體上說，程顥雖然提出「理」是「禮」的根據，但他仍期望通過「仁」之體驗，淡化規範性存在與心性修養的界限，將「禮」納入「仁」之全體中，主張「識仁」是學者的首要工夫；程頤則努力解決外在規範與內在心性修養的統合，提倡履行「禮」要「心」安「理」得，關注「格物窮理」的意義，主張敬、知雙修的修養工夫論。

（三）「合內外之道」、「內外之兩忘」、心「安」「理」得的遞進

二程和張載都表示「禮」是一種差異秩序，在人倫社會中具有道德約束意義，是衡量人們言行的標準，表明「禮」具有外在客觀性。但他們又意識到「規範」和「約束」的對象是「人」，意味著「禮」的履行和實現也要取決於人的意志。因此，張載肯定禮的性情基礎，即便有天生萬物的自然而然，還需要人的順從，其禮學有天人、內外相合的意圖；二程則根本未將天和人分作兩途，而是認爲「理」就是天人一致的基礎，但如何將「禮」的踐行化作人心的自覺自願，他們也做了細緻研究。孟子的仁、義、禮、智、信五種道德活動的根源在於人的「良心」、「本心」的思想，成爲張載和二程解決「禮」的外在規範性與內在心性基礎二者關係的理論來源。

張載提出「禮」的踐行要「合內外」：「學者有專以禮出於人，而不知禮本天之自然，告子專以義爲外，而不知所以行義由內也，皆非也，當合內外之道。」〔註73〕「天」是宇宙萬物和人倫秩序的來源，「人」則是道德實踐的主體；「外」指人倫秩序的道德原則「義」，「內」指主體所具有的能力。張載由人倫道德實踐的主觀能動性表現禮的天人、內外相合。同時，他又賦予宇宙創生以道德內涵，將人倫道德實踐納入道德活動的普遍存在之下，遵循由

〔註73〕 〔宋〕張載：《張載集・經學理窟・禮樂》，章錫琛點校，北京：中華書局，1978年版，第264頁。

天到人的合一思路。張載說：「禮即天地之大德也」〔註74〕，「天地以虛爲德，至善者虛也。虛者天地之祖，天地從虛中來。」〔註75〕氣化流行的萬物生成過程是一種具有最高價值的活動，這與《易傳》「天地之大德曰生」的說法並無二致。因爲宇宙萬物的創生是一種道德實踐活動，那麼，由此而生的秩序即「禮」作爲道德原則，在與萬物具有同源性的人身上，也是人內在含有的，它並非僅是人倫規範的外在要求。張載對「禮」的這種探討思路，充分表明了「禮」是道德活動中的原則，是在動態發展的過程中實現內外相合的。

　　張載的思路從理論上來說是統合「禮」的內、外基礎的方案之一，但如同孟子一樣，這是以道德的先天存在爲前提的，即使「禮」的秩序形成是自然而然，也被賦予了道德內涵；而在人倫實踐中「禮」的實現，更需要主體的道德能力作爲必要保證。因此，人的道德能力究竟需要達到何種程度才能保證「禮」的現實實現，是一個亟待解決的問題。孟子承認道德本心具有的活動能力只是善端，並且不排除外部環境對本心的消極影響，所以主張「養心」、「收放心」才能成就道德完人。其實，張載也從未否認人性惡的現實存在，甚至他還從理論上解決了孟子性善與荀子性惡的歷史爭辯，在人性認識史上具有重要地位。那麼，排除「惡」的現象，保證道德修養過程中不受外在不良因素的干擾，對於道德能力的發揮以及禮制規範的實現就至關重要。但張載通過身體力行，發現「定性未能不動，猶累於外物」〔註76〕，表明外在規範很容易淪爲心性修養的累贅。

　　張載就上述問題眞誠地向程顥求教。程顥提出：「所謂定者，動亦定，靜亦定，無將迎，無內外。苟以外物爲外，牽己而從之，是以己性爲有內外也。且以性爲隨物於外，則當其在外時，何者爲在內？是有意於絕外誘，而不知性之無內外也。既以內外爲二本，則又烏可遽語定哉？」〔註77〕程顥一語點破張載的問題所在：人性有內外之分是導致外在規範牽制心性修養的根本原因。程

〔註74〕 〔宋〕張載：《張載集・禮樂》，章錫琛點校，北京：中華書局，1978年版，
　　　　 第264頁。
〔註75〕 〔宋〕張載：《張載集張子語錄・語錄中》，章錫琛點校，北京：中華書局，
　　　　 1978年版，第324頁。
〔註76〕 〔宋〕程顥、程頤：《二程集・河南程氏文集・答橫渠張子厚先生書》（上）
　　　　 卷2，王孝魚點校，北京：中華書局，2004年版，第460頁。
〔註77〕 〔宋〕程顥、程頤：《二程集・河南程氏文集・答橫渠張子厚先生書》（上）
　　　　 卷2，王孝魚點校，北京：中華書局，2004年版，第460頁。

顯思想中根本不存在內、外相合的問題，「天理」決定的人倫秩序從來就不曾有任何變動，一直潛存於人的道德本心之中：「『寂然不動，感而遂通』者，天理具備，元無少欠，不爲堯存，不爲桀亡。父子君臣，常理不易，何曾動來？因不動，故言『寂然』；雖不動，感便通，感非自外也。」〔註78〕他建議張載：「與其非外而是內，不若內外之兩忘也。兩忘則澄然無事矣。無事則定，定則明，明則尙何應物之爲累哉！」〔註79〕將張載所提的內、外存在作爲「忘」的內容，並沒有徹底否認內、外的客觀存在這一前提，按照程顥的「渾然與物同體」的「識仁」工夫，道德實踐中的規範性要求其實是主體由內而外地一種自我約束，「禮」只是一種自律性的道德原則，是自我修養提高的自然表現。然而，遵循張載的思路，「忘」則解決不了「定性」問題，這可能是張載最終堅持以禮爲教、期望通過禮俗改善外在道德環境的根本原因所在。

與程顥相比，程頤更正視禮學實踐中外在規範要求與內在心性基礎的二者關係。他既承認倫理規範的必要，也不否認內心自覺的意義，而是認爲二者是諧和統一的，由此倡導一種「由乎中而應乎外，制於外所以養其中」〔註80〕的行禮原則。這一原則是程頤針對孔子的「非禮」勿視、勿聽、勿言、勿動的禮學具體要求，創作「視箴」、「聽箴」、「言箴」、「動箴」時提出的。在他看來，孔子以「禮」作爲人身視、聽、言、動的根據，是對人的身心內外關係的充分認識。他說：

> 心兮本虛，應物無跡；操之有要，視爲之則。蔽交於前，其中則遷；制之於外，以安其內。克己復禮，久而誠矣。

> 人有秉彝，本乎天性；知誘物化，遂亡其正。卓彼先覺，知止有定；閑邪存誠，非禮勿聽。

> 人心之動，因言以宣；發禁躁妄，內斯靜專。矧是樞機，興戎出好；吉凶榮辱，惟其所召。傷易則誕，傷煩則支；己肆物忤，出悖來違。非法不道，欽哉訓辭！

〔註78〕〔宋〕程顥、程頤：《二程集・河南程氏遺書・元豐己未呂與叔東見二先生語》（上）卷2，王孝魚點校，北京：中華書局，2004年版，第43頁。

〔註79〕〔宋〕程顥、程頤：《二程集・河南程氏文集・答橫渠張子厚先生書》（上）卷2，王孝魚點校，北京：中華書局，2004年版，第461頁。

〔註80〕〔宋〕程顥、程頤：《二程集・河南程氏文集・四箴》（上）卷8，王孝魚點校，北京：中華書局，2004年版，第588頁。

哲人知幾，誠之於思；志士勵行，守之於爲。順理則裕，從欲
惟危；造次克念，戰兢自持；習與性成，聖賢同歸。〔註81〕

「四箴」是對先秦儒家關於人生修養及行爲方式的高度凝煉。其中，「視箴」
有荀學色彩，強調對外物親眼所見的切身經驗，是檢驗內心是否達到安寧的
標準；「聽箴」有思孟學派的特色，強調人固有的先天善性由於外在因素的誘
惑，容易失去本來狀態，因此，聽從先知先覺的教化，就可以保持本眞；「言
箴」強調外在的語言表達，是內心心理活動的反映，只有內心靜安專一，言
語才不會急躁狂妄；「動箴」則強調人的行爲方式需要理性的指導和約束，遵
從理性的要求會遊刃有餘，而一味順從欲望的驅使是危險的。「四箴」的核心
精神是孔子揭示的「性」和「習」二者相輔相成的關係，即人在上天賦予的
德性基礎上，加以後天的學習受教，才能成就集外在表現與內在修養於一體
的符合道德規範要求的理想人格。因此，程頤強調「謹於禮四五十年」的躬
行實踐，是「日履安地」，他人「非禮」而行則是「日踐危地」〔註82〕，表明
內心的自覺自願即心「安」是長期依「禮」而行的內在動力，只有這樣，「禮」
背後的「理」才能在日常生活中無所不在。

（四）「知禮成性」、「識仁」、敬知雙修的嬗蛻

張載的親身實踐表明，行「禮」達到「合內外之道」並非易事，內、
外之間有一定的張力；程顥建議「內外之兩忘」需要「萬物爲一體」的「識
仁」工夫作保證，無法用到張載那裡緩解內外張力的存在；程頤「由乎中
而應乎外，制於外所以養其中」的禮學踐行原則，憑其自身經歷說明心安
理得是「禮」融入日常生活的根本所在，也是「理」爲根據的禮學新貌所
在。儘管三人的禮學目標有一定差異，但都形成了以「禮」爲中心的修養
工夫論。

張載認爲主體的道德能力是保證「禮」順利實現的前提，是以孟子人性
包含禮的善端思想爲依據的。張載說：「人之剛柔、緩急、有才與不才，氣之
偏也。天本參和不偏，養其氣，反之本而不偏，則盡性而天矣。性未成則善
惡混，故亹亹而繼善者斯爲善矣。惡盡去則善因以成，故捨曰善而曰『成之

〔註81〕〔宋〕程顥、程頤：《二程集·河南程氏文集·四箴》（上）卷8，王孝魚點校，北京：中華書局，2004年版，第589頁。
〔註82〕〔宋〕程顥、程頤：《二程集·河南程氏遺書·端伯傳師說》（上）卷1，王孝魚點校，北京：中華書局，2004年版，第8頁。

者性也』。」〔註83〕氣的偏滯使現實人性含有「惡」的因素，但通過去惡成善的「成性」修養可以返歸「性」的至善狀態，即變化氣質之性，回歸天地之性。張載將「禮」作爲修性的「大器」，說：「禮，器則大矣，修性而非小成者與！」〔註84〕還提出「持性」也依賴於「禮」：「禮所以持性，蓋本出於性，持性，反本也。凡未成性，須禮以持之，能守禮已不畔道矣。」〔註85〕以「禮」「變化氣質」就是：「居仁由義，自然心和而體正。更要約時，但拂去舊日所爲，使動作皆中禮，則氣質自然全好。」〔註86〕「變化氣質」是「仁」、「義」爲原則指導下的心性修養工夫和「禮」爲行爲原則指導下的道德實踐的統一。此外，張載認爲對「禮」的認知、學習也能改變氣質之惡：「如氣質惡者學即能移，今人所以多爲氣所使而不得爲賢者，蓋爲不知學。」〔註87〕「學者且須觀禮，蓋禮者滋養人德性，又使人有常業，守得定，又可學便可行，又可集得義。」〔註88〕

「誠意」和「行禮」的關係，是張載禮學「合內外」的核心內容。他說：「誠意而不以禮則無徵，蓋誠非禮無以見也。誠意與行禮無有先後，須兼修之。誠謂誠有是心，有尊敬之者則當有所尊敬之心，有養愛之者則當有所撫字之意，此心苟息，則禮不備，文不當，故成就其身者須在禮，而成就禮則須至誠也。」〔註89〕「誠意」是「行禮」的內在基礎和動力源泉，「行禮」則是「誠意」的外在表現和必然結果。「誠意」是對主體提出的心理要求，「行禮」則是對外在行爲的約束。張載認爲內心「至誠」是外在合「禮」行爲的基礎，也是「禮」以「成身」、「成性」的必要條件。「行禮」主要從「灑掃應

〔註83〕〔宋〕張載：《張載集・正蒙・誠明篇第六》，章錫琛點校，北京：中華書局，1978年版，第23頁。

〔註84〕〔宋〕張載：《張載集・正蒙・至當篇第九》，章錫琛點校，北京：中華書局，1978年版，第33頁。

〔註85〕〔宋〕張載：《張載集・經學理窟・禮樂》，章錫琛點校，北京：中華書局，1978年版，第264頁。

〔註86〕〔宋〕張載：《張載集・經學理窟・氣質》，章錫琛點校，北京：中華書局，1978年版，第265頁。

〔註87〕〔宋〕張載：《張載集・經學理窟・氣質》，章錫琛點校，北京：中華書局，1978年版，第266頁。

〔註88〕〔宋〕張載：《張載集・經學理窟・學大原上》，章錫琛點校，北京：中華書局，1978年版，第279頁。

〔註89〕〔宋〕張載：《張載集・經學理窟・氣質》，章錫琛點校，北京：中華書局，1978年版，第266頁。

對」的一些基本工夫做起，因爲「灑掃應對是誠心所爲，亦是義理所當爲也」，「從基本一節節實行去，然後制度文章從此而出」。〔註90〕張載重視「行禮」過程中包涵的制度意義，是他在關中地區倡導禮俗的直接原因，但張載並非不注重「禮」的修性意義，而是強調道德氛圍更加易於推行禮的教化功能：「知禮成性而道義出，如天地設位而易行。」〔註91〕

程顥認爲張載在心性修養過程中出現的問題，從根本上說就是人性有內、外之分，但其實二程都吸收了張載將人性分爲天地之性與氣質之性的思想。〔註92〕二程的人性思想建立在「理」的基礎上，與張載以太虛作爲人性來源又根本不同。程頤斷言：「性即理也，所謂理，性是也。」〔註93〕「性」是「理」在人身上的落實和表現，是二程兄弟的一致看法：「上天之載，無聲無臭。其體則謂之易，其理則謂之道，其用則謂之神，其命於人則謂之性」。〔註94〕「上天之載」的自然而然表明「性」和「理」是從不同層次和角度對這種狀態的表述，這比較接近程顥的風格，與其主張「仁者以天地萬物爲一體」〔註95〕的修養境界有著內在一致性。二程和張載一樣遵循了孟子的人性思想，將「禮」作爲「性」的內容之一加以探討。

程顥將「仁」作爲包羅義、禮、智、信四者之「理」，以至於黃宗羲評論其學術時，認爲：「明道之學，以識仁爲主。」〔註96〕「識仁」也是程顥告誡呂大臨，使其最終由關學轉向洛學的緣由所在。呂大臨「初學於橫渠，橫渠卒，乃東見二程先生。故深淳近道，而以防檢窮索爲學。明道語之以識仁，且以『不須防檢，不須窮索』開之，先生默識心契，豁如也」〔註97〕。這說

〔註90〕〔宋〕張載：《張載集・經學理窟・學大原下》，章錫琛點校，北京：中華書局，1978 年版，第 287～288 頁。

〔註91〕〔宋〕張載：《張載集・正蒙・至當篇第九》，章錫琛點校，北京：中華書局，1978 年版，第 37 頁。

〔註92〕蒙培元：《理學範疇系統》，北京：人民出版社，1989 年版，第 234 頁。

〔註93〕〔宋〕程顥、程頤：《二程集・河南程氏遺書・伊川雜錄》（上）卷 22，王孝魚點校，北京：中華書局，2004 年版，第 292 頁。

〔註94〕〔宋〕程顥、程頤：《二程集・河南程氏遺書・端伯傳師說》（上）卷 1，王孝魚點校，北京：中華書局，2004 年版，第 4 頁。

〔註95〕〔宋〕程顥、程頤：《二程集・河南程氏遺書・元豐己未呂與叔東見二先生語》（上）卷 2，王孝魚點校，北京：中華書局，2004 年版，第 45 頁。

〔註96〕〔清〕黃宗羲原著、全祖望補修：《宋元學案・明道學案上》（第一冊）卷 13，陳金生、梁運華點校，北京：中華書局，1986 年版，第 542 頁。

〔註97〕〔清〕黃宗羲原著、全祖望補修：《宋元學案・呂范諸儒學案》（第二冊）卷 31，陳金生、梁運華點校，北京：中華書局，1986 年版，第 1105 頁。

明程顥的「識仁」是針對張載關學，突出「仁」與「禮」二者在爲學修養上的先後差異。程顥認爲：「學者須先識仁。仁者，渾然與物同體。義、禮、智、信皆仁也。識得此理，以誠、敬存之而已，不須防檢，不須窮索。若心懈則有防，心苟不懈何防之有？理有未得，故須窮索。存久自明，安得窮索？此道與物無對，大不足以名之，天地之用皆我之用。孟子言『萬物皆備於我』，須反身而誠，乃爲大樂。若反身未誠，則猶是二物有對，以己合彼，終未有之，又安得樂？」〔註98〕「識仁」是對孟子良知、良能的道德本心思想的繼承和發展，是將人的道德本心的自我活動作爲道德意識和道德實踐的源泉和基礎，因此，在道德修養工夫上，人應該做的就是反身而誠、存養本心。程顥並沒有將「禮」單獨提出來，而是將其作爲「仁」的內容之一加以認識。

程顥以「識仁」促進「禮」的自然表現，與孔子以「仁」作爲「禮」的內核有一定的相似性，但孔子也並未否定「禮」的實在性，更何況內、外的客觀存在原本就是張載禮學的基礎，如何又能以「忘」字就草草了事？因此，程頤心安理得的行禮要求確有過人之處。程頤的「四箴」並非只有箴言警句的形式，而是有著具體內容可以操作落實的，即「涵養須用敬，進學則在致知」、「格物窮理」的修養工夫。黃宗羲認爲伊川的這套工夫是對周敦頤主靜和明道主敬思想的修正。〔註99〕「敬」、「知」雙修的最大特色在於試圖將道德論和知識論融合，突出知識論的作用，並將其納入到道德論的範圍內，使得求知最終以道德爲旨向。

一方面，程頤提出內心「主敬」，則外在的思慮雜念無從而入，是解決人心不爲外物牽制的有效辦法：「人心不能不交感萬物，亦難爲使之不思慮。若欲免此，唯是心有主。如何爲主？敬而已矣。有主則虛，虛謂邪不能入。無主則實，實謂物來奪之……所謂敬者，主一之謂敬。所謂一者，無適之謂一。」〔註100〕內心專注即「敬」是避免外物干擾的根本，這是程頤在「視箴」中指出「心兮本虛」的「虛」的內涵。另一方面，程頤也指出：「人患事繫累，思慮蔽固，只是不得其要。要在明善，明善在乎格物窮理。窮至於物理，則漸

〔註98〕〔宋〕程顥、程頤：《二程集‧河南程氏遺書‧元豐己未呂與叔東見二先生語》（上）卷2，王孝魚點校，北京：中華書局，2004年版，第16～17頁。

〔註99〕〔清〕黃宗羲原著、全祖望補修：《宋元學案‧伊川學案下》（第一冊）卷16，陳金生、梁運華點校，北京：中華書局，1986年版，第652頁。

〔註100〕〔宋〕程顥、程頤：《二程集‧河南程氏遺書‧入關語錄》（上）卷15，王孝魚點校，北京：中華書局，2004年版，第168～169頁。

久後天下之物皆能窮，只是一理。」〔註101〕表明「格物窮理」以「明善」也是避免被外在事物牽累的辦法。程頤強調：「格物窮理，非是要盡窮天下之物，但於一事上窮盡，其他可以類推。」〔註102〕「類推」是認識萬物一理的關鍵所在，它既要求以外物的經驗認識作為前提條件，同時也對主體的能力提出了要求。因此，程頤指出「格物」其實是對人本性的恢復，並非外在強加的：「知者吾之所固有，然不致則不能得之，而致知必有道，故曰『致知在格物』」，「『致知在格物』，非由外鑠我也，我固有之也。因物有遷，迷而不知，則天理滅矣，故聖人欲格之。」〔註103〕這就是「聽箴」中所強調的由於外在因素影響，使得上天賦與的本性迷失，故而「格物」是恢復天理、修養心性的必需。

「涵養須用敬，進學則在致知」的修養工夫論中，並沒有明確區分道德論和知識論。在程頤那裡，「明」側重知識論的意義，只有對事物的本質有所認識，才可以稱得上「明」；而「善」則是「明」的對象，是對事物作出的一種道德判斷；「明善」意味著這種道德判斷必須符合事物的本質。因此，「明善」的入手「格物窮理」，是對某一具體事物的本質先要有所認識，使知識論上的「求真」成為道德修養上「善」的基礎，而「善」也成為衡量「真」的標準。應該說，程頤意識到了人的心靈中「真」和「善」的統一，只是道德修養上的「善」在其所處的時代有著特定要求，所以父慈子孝、君仁臣敬成為「善」的歷史內容，這是不能迴避的。

程頤說：「敬即便是禮」〔註104〕，「視聽言動，非理不為，即是禮，禮即是理也。不是天理，便是私欲。人雖有意於為善，亦是非禮。無人欲即皆天理。」〔註105〕這就將「禮」最終融彙在理學思潮內，使言行舉止的規範合「理」化成為「禮」的根本內涵。程頤的這一發展，一方面使「禮」成為更具普遍

〔註101〕〔宋〕程顥、程頤：《二程集・河南程氏遺書・入關語錄》（上）卷15，王孝魚點校，北京：中華書局，2004年版，第144頁。

〔註102〕〔宋〕程顥、程頤：《二程集・河南程氏遺書・入關語錄》（上）卷15，王孝魚點校，北京：中華書局，2004年版，第157頁。

〔註103〕〔宋〕程顥、程頤：《二程集・河南程氏遺書・暢潛道錄》（上）卷25，王孝魚點校，北京：中華書局，2004年版，第316頁。

〔註104〕〔宋〕程顥、程頤：《二程集・河南程氏遺書・入關語錄》（上）卷15，王孝魚點校，北京：中華書局，2004年版，第143頁。

〔註105〕〔宋〕程顥、程頤：《二程集・河南程氏遺書・入關語錄》（上）卷15，王孝魚點校，北京：中華書局，2004年版，第144頁。

意義、絕對性和超越性的道德律令，另一方面又使「天理」更加眞實、具體地融入人們的日常生活之中。

面對北宋立國以後穩定社會秩序、鞏固政治統治的需要，二程和張載都肯定「禮」是一種差異秩序，有規範人倫秩序君臣、父子等關係的現實意義，但在秩序來源上，他們又有不同認識：張載從宇宙生成的角度說明「太虛」決定的「天」是產生「禮」的根源，二程則認爲決定萬物存在本質的「理」是「禮」的根據，「禮」的存在因此更具政治意義。二程和張載都接受了孟子的「禮」爲人性內容之一的思想，力求解決外在倫理規範要求與內在心性修養的統合，但張載發現人性中「禮」的能力的發揮，受外在因素的影響，因而，在「知禮成性」修養工夫上，又倡導「禮俗」以改善道德氛圍推進「禮」的便利實現；程顥則從根本上否定「禮」的內外界限，將「禮」納入「仁」之中作爲「理」的內容，主張「禮」是在「識仁」工夫上由內而外的自我要求，是自我修養提高后的自然表現；程頤認爲倫理規範的外在要求與內心自覺自願是諧和統一的，主張禮學踐行的目標是「心安理得」，通過「敬」、「知」雙修來實現「禮」的內外和諧。有必要指出的是，張載也曾探討過「禮」和「理」的關係，說：「蓋禮者理也，須是學窮理，禮則所以行其義，知理則能制禮，然則禮出於理之後。今在上者未能窮，則在後者烏能盡！」〔註106〕表明對「理」的認知是制定禮制規範的基礎，與二程以「理」作爲「禮」的終極依據大爲不同。二程以「理」釋「禮」標誌著禮學發展的轉向，禮學融入了理學思潮中。

四、朱熹的禮學人生

二程體會到的「天理」標識著理學作爲一種新的學術形態的成型，而「禮」作爲人倫社會秩序的集中表現，需要通過人性修養過程中道德認知和踐履的方式達成由內而外的一種心安理得的人生體驗，則是將「理」切實融入在人們的日常行爲之中。然而，二程後學在承繼這種禮學修養工夫的主題上，卻表現出了不小的問題，從而爲朱熹禮學思想的發展留下了一定的空間。概而言之，傳統儒家禮學思想中「克己復禮」的人性修養方式，經過程頤理學思想的浸潤，以「四箴」的形式將「明善」、「格物窮理」的一套修養工夫包涵

〔註106〕〔宋〕張載：《張載集・張子語錄・語錄下》，章錫琛點校，北京：中華書局，1978 年版，第 326～327 頁。

在內，敬知雙修的實質是將規定事物賴以存在的「理」與人身視、聽、言、動的行為規範「禮」融會貫通起來。「四箴」是程頤對「克己復禮」的一種創新性解釋——將「理」落實在「禮」上。但二程弟子如呂大臨、謝良佐、游酢、楊時、尹焞卻在「克己復禮」的闡釋上或講得「過高」而無所著落、或析理不精而落於平庸、或存在「以理易禮」的問題，這些都引起朱熹的不滿和批評。〔註107〕更為關鍵的是，楊時的學生羅從彥經由李侗傳至朱熹的理學師承脈絡中，有關修養工夫論卻發生了重大的曲折。羅從彥雖然克制了楊時思想中滑向禪學的可能，但在日常生活中如何進行人性修養，他「終究又回到了主觀性極強的靜坐，這在很大程度上已放棄了程頤的主敬說」，「不能不說是一個極大的理論後退」。〔註108〕事實上，即使程頤的「四箴」在朱熹看來是「發明親切，學者尤宜深味」，但在《論語集注》中，朱熹對「克己復禮為仁」的注解，還是同時引用了程頤與謝良佐的說法。〔註109〕這表明朱熹在肯定程頤的禮學修養工夫論的基礎上又有所修正。

　　與程頤類似的是，朱熹所作〈克齋記〉也集中表達了他基於「禮」、「理」關係上所提倡的一套切實可行的修養工夫論：

> 蓋非禮而視，人欲之害仁也；非禮而聽，人欲之害仁也；非禮而言且動焉，人欲之害仁也。知人欲之所以害仁者在是，於是乎有以拔其本、塞其源克之，克之而又克之，以至於一旦豁然，欲盡而理純，則其胸中之所存者，豈不粹然天地生物之心，而藹然其若春陽之溫哉！默而成之，固無一理之不具，而無一物之不該也。感而通焉，則無事之不得於理，而無物之不被其愛矣。〔註110〕

引文濃縮了朱熹畢生思想學說的精髓所在，其思想學說創新正以解決人性修養的「禮」與事物存在的「理」二者間的理論關係為核心問題。嚴密的理論思考與實際的社會運用相結合，是朱熹作為一名儒家知識分子最為崇尚的信

〔註107〕牟堅：〈朱子對「克己復禮」的詮釋與辨析——論朱子對「以理易禮」說的批評〉，《中國哲學史》，2009 年第 1 期。

〔註108〕何俊：《南宋儒學建構》，上海：上海人民出版社，2004 年版，第 45 頁。

〔註109〕〔宋〕朱熹：《四書章句集注・論語集注・顏淵第十二》卷 6，北京：中華書局，1983 年版，第 132 頁。

〔註110〕〔宋〕朱熹：《晦庵先生朱文公文集・克齋記》（五）卷 77，朱傑人等主編，《朱子全書》第 24 冊，上海、合肥：上海古籍出版社、安徽教育出版社，2002 年版，第 3710 頁。

念，在其一生中，除了上一章所論的禮經學研究之外，對於「禮」和「理」關係的認知，也與他一生的禮學實踐活動相統一。

朱熹的父親朱松和李侗同時師事於羅從彥，可謂洛學道南學派的正宗。朱松（公元 1097～1143 年），字喬年，「嘉王榜同上舍出身，治周禮」。〔註 111〕朱熹自幼受其父親的影響，五歲時已入小學，誦讀孝經和四書；六歲時在政和刻苦讀書，大約在同年初次見李侗；九歲時，在父親的安排下，「在臨安就傅，延楊由義為師，授以司馬光雜儀等。」〔註 112〕人生初始階段所受的禮儀教育，在朱熹的腦海中留下了深刻的印象，以至於在後來的學術交往中，他還明確提到：「雜儀之書，蓋頃年楊丈嘗以教授者，感今懷昔，歲月如流，而孤露至此，言之摧咽不能自己。語次及之，亦足為慨然也。」〔註 113〕可見，後來朱熹禮學思想中重視禮儀規範與其自幼經歷緊密相關。

朱熹十四歲時，朱松過世。朱熹自言在十五歲時開始讀《周禮》：「周禮一書，周公所以立下許多條貫，皆是廣大心中流出。某自十五六時，聞人說這道理，知道如此好，但今日方識得。」〔註 114〕十八歲時，朱熹寫成生平第一部禮學著作《諸家祭禮考編》，成為日後「作《祭儀》、《家禮》、《古今家祭禮》之濫觴」。〔註 115〕這部考禮著作是在朱熹參與家中祭祀實踐的需要下誕生的：「某自十四歲而孤，十六而免喪。是時祭祀，只依家中舊禮，禮文雖未備，卻甚齊整。先妣執祭事甚虔。及某年十七八，方考訂得諸家禮，禮文稍備。」〔註 116〕二十歲時，朱熹回歸故里婺源，「封識先祖墳塋，拜宗族姻黨鄉長，謁朱氏家廟，以先業田百畝之租充省歸祭祀之用」。〔註 117〕以百畝田租充省掃祭

〔註 111〕〔宋〕陳騤：《南宋館閣錄・官秩》卷 7，文淵閣四庫全書電子版。

〔註 112〕束景南：《朱熹年譜長編》（上），上海：華東師範大學出版社，2001 年版，第 48 頁。束先生的這部著作，是本文描述朱熹的禮學人生的基本依據。

〔註 113〕〔宋〕朱熹：《晦庵先生朱文公文集・與建寧傅守箚子》（二）卷 25，朱傑人等主編，《朱子全書》第 21 冊，上海、合肥：上海古籍出版社、安徽教育出版社，2002 年版，第 1121 頁。

〔註 114〕〔宋〕黎靖德編：《朱子語類・論語十五・雍也篇四》卷 33，王星賢點校，北京：中華書局，1986 年版，第 850 頁。

〔註 115〕束景南：《朱熹年譜長編》（上），上海：華東師範大學出版社，2001 年版，第 107 頁。

〔註 116〕〔宋〕黎靖德編：《朱子語類・禮七・祭》卷 90，王星賢點校，北京：中華書局，1986 年版，第 2316 頁。

〔註 117〕束景南：《朱熹年譜長編》（上），上海：華東師範大學出版社，2001 年版，第 130 頁。

祀祖先之費，是朱熹爲朱氏宗族做的一件大事。〔註118〕家庭、宗族中祭祀禮儀的實行，因而也在朱熹學術生涯的開始佔據著首要位置。

朱熹二十四歲赴泉州同安縣主簿任，兼主縣學，經過福州時，拜訪禮學名家劉藻、任文薦；二十五歲時，朱熹親自爲縣學諸生講《論語》，並請直學柯翰爲諸生講《禮記》，因此撰寫《講禮記序說》。〔註119〕二十六歲時，朱熹考定釋奠儀、申請嚴婚禮，同時整頓禮制，作〈民臣禮議〉，又以《政和五禮》多失，建議別纂《紹興纂次政和民臣禮略》，考正禮書。〔註120〕這些都表明，朱熹對當時的禮學研究現狀十分關注，在禮學研究方法上則注重考證的基本方法；作爲一名政府行政官員，朱熹注重「禮」在基層社會的教化意義，從而以民眾作爲禮制實踐的主體，以社會風氣的糾正作爲禮儀實行的主旨，這由他的〈申嚴婚禮狀〉可說明：「竊惟禮律之文，婚姻爲重，所以別男女、經夫婦，正風俗而防禍亂之原也。訪聞本縣自舊相承，無婚姻之禮，里巷之民貧不能聘，或至奔誘，則謂之引伴爲妻，習以成風。」〔註121〕因此，禮的教化意義，在朱熹那裡以移風易俗爲落腳點。

二十八歲時，朱熹開始從學延平李侗，自此，二人的論學問答中涉及忠恕一貫之道、灑然融釋、理一分殊、仁學等諸多理學的核心話題。延平問學時期，其實是朱熹在爲「禮」尋求理論創新，最終確立「理」爲「禮」之後盾的理學思想的定型階段。

三十歲時，朱熹與許升書箚往還，討論喪禮。〔註122〕三十七歲時，朱熹與張栻討論已發未發，建立中和舊說，同時開時領悟「主敬」思想；四十歲時，朱熹作中和新說寄予張栻，同年丁母憂，他請精於風水的蔡元定選擇葬母之地，期間又著手《祭儀》《祭禮》稿的修訂。〔註123〕四十四歲時，

〔註118〕趙華富：〈朱熹與婺源茶院朱氏宗族〉，《安徽大學學報》（哲學社會科學版），2010 年第 4 期。

〔註119〕束景南：《朱熹年譜長編》（上），上海：華東師範大學出版社，2001 年版，第 166、182 頁。

〔註120〕束景南：《朱熹年譜長編》（上），上海：華東師範大學出版社，2001 年版，第 193 頁。

〔註121〕〔宋〕朱熹：《晦庵先生朱文公文集・申嚴婚禮狀》（二）卷 20，朱傑人等主編，《朱子全書》第 21 冊，上海、合肥：上海古籍出版社、安徽教育出版社，2002 年版，第 896 頁。

〔註122〕束景南：《朱熹年譜長編》（上），上海：華東師範大學出版社，2001 年版，第 246 頁。

〔註123〕束景南：《朱熹年譜長編》（上），上海：華東師範大學出版社，2001 年版，第 422 頁。

朱熹在與汪應辰、張栻、呂祖謙多次討論《祭儀》草稿的基礎上，又對其進行修訂。〔註124〕四十五時，朱熹編訂《弟子職》、《女誡》，並編成《古今家祭禮》；四十六歲時，朱熹考訂藍田呂氏《鄉約》、《鄉儀》作者，並完成《祭儀》的修訂以及作《增損呂氏鄉約》。〔註125〕同年，朱熹開始撰作《家禮》。〔註126〕四十七歲時，朱熹與張栻共同完成《四家禮範》，並由劉珙刊刻於建康。〔註127〕四十八歲時，陸九齡、陸九淵兄弟居母喪期間，寄書給朱熹詢問祔禮，朱熹有書信答覆，這是繼鵝湖之會後，朱陸恢復書信往來的開始。〔註128〕從朱熹這一時期的禮學活動中可見，現實生活中最普遍的喪祭禮儀以及社會組織結構中最基本的家庭、鄉黨禮儀的實際需要，推動著朱熹的禮學研究活動。

朱熹五十歲知南康時，注重對地方風俗和世風的改善，發佈〈知南康牒文〉；整頓軍學過程中，他在學宮建立周敦頤祠，並以二程相配。同年在發現白鹿洞故址時，朱熹計劃復興白鹿洞書院，因而發佈〈白鹿洞牒〉，並上狀申修白鹿洞書院。〔註129〕五十一歲時，白鹿洞書院建成，朱熹舉行釋菜禮而開講，定立白鹿洞書院學規；同時申乞頒降禮書與增修禮書。〔註130〕朱熹在五十二歲時，補定《古今家祭禮》，並刻版於建安；又與顏師魯討論深衣制度，撰作〈深衣制度〉。〔註131〕五十四歲時，朱熹完成對婺源茶院朱氏宗族世譜的纂修，後又著手編《小學》。〔註132〕朱熹五十八歲編成《小學》，隨後與潘友

〔註124〕束景南：《朱熹年譜長編》（上），上海：華東師範大學出版社，2001 年版，第 505 頁。

〔註125〕束景南：《朱熹年譜長編》（上），上海：華東師範大學出版社，2001 年版，第 509 和 512、525 和 536 頁。

〔註126〕束景南：《朱熹年譜長編》（上），上海：華東師範大學出版社，2001 年版，第 543 頁。

〔註127〕束景南：《朱熹年譜長編》（上），上海：華東師範大學出版社，2001 年版，第 578 頁。

〔註128〕束景南：《朱熹年譜長編》（上），上海：華東師範大學出版社，2001 年版，第 583 頁。

〔註129〕束景南：《朱熹年譜長編》（上），上海：華東師範大學出版社，2001 年版，第 621、640 頁。

〔註130〕束景南：《朱熹年譜長編》（上），上海：華東師範大學出版社，2001 年版，第 655、657、660 頁。

〔註131〕束景南：《朱熹年譜長編》（上），上海：華東師範大學出版社，2001 年版，第 702、707 頁。

〔註132〕束景南：《朱熹年譜長編》（上），上海：華東師範大學出版社，2001 年版，第 771、773 頁。

恭合作的《禮書》成爲《儀禮經傳通解》的濫觴；同年，宋高宗卒，朱熹作〈君臣服議〉以討論訂正喪服制度。〔註133〕六十一歲那年，朱熹赴漳州任，六月發佈整頓禮教的〈曉諭居喪持服遵禮律事〉；八月又頒佈旨在整頓風俗的〈勸女道還俗牓〉、〈揭示古靈先生勸諭文〉、〈勸諭榜〉等；十月，列上釋奠禮儀；十二月編《禮記解》，刊於臨漳，又在臨漳學宮刊刻《大學章句》、《近思錄》、《小學》、《家儀》、《鄉儀》、《獻壽儀》。〔註134〕六十二歲時，黃幹曾致書朱熹，內容涉及喪服、深衣等。〔註135〕六十三歲時，趙顏素寄來禮圖，余正甫、黃榦來訪，討論禮學，作〈殿屋廈屋說〉和〈明堂說〉。〔註136〕六十五時，朱熹完成對《祭儀》的補訂；同年，他也考正釋奠禮儀，並作有《紹熙縣釋奠儀圖》；八月，又爲張栻的《三家禮範》作跋；閏十月，朱熹上〈乞討論喪服箚子〉，以討論嫡孫承重之服；緊接著，他上〈祧廟議狀〉後又面奏祧廟事狀，還爲程頤的《禘說》作跋；隨後，朱熹上箚乞修三禮；十二月，滄州精舍（即竹林精舍）建成，朱熹率諸生行釋菜之禮；因祧廟事件，朱熹在當年也作成〈禘祫議〉、〈漢同堂異室廟及原廟議〉以及〈別定廟議圖說〉。〔註137〕六十六歲時，朱熹寫下〈跪坐拜說〉和〈周禮太祝九摻辯〉，且終因祧廟一事而自劾。〔註138〕

　　六十七歲時，朱熹分派黃榦、吳必大、呂祖儉、李如圭等人修撰禮書。〔註139〕禮書在朱熹六十八歲時草成，即定名《儀禮經集傳集注》，也就是後來的《儀禮經傳通解》。〔註140〕六十九歲時，朱熹大病瀕危，寫信給黃榦告訣，並

〔註133〕束景南：《朱熹年譜長編》（下），上海：華東師範大學出版社，2001 年版，第 860、874、875 頁。

〔註134〕束景南：《朱熹年譜長編》（下），上海：華東師範大學出版社，2001 年版，第 985、992、1001、1009～1010 頁。

〔註135〕束景南：《朱熹年譜長編》（下），上海：華東師範大學出版社，2001 年版，第 1042～1043 頁。

〔註136〕束景南：《朱熹年譜長編》（下），上海：華東師範大學出版社，2001 年版，第 1078 頁。

〔註137〕束景南：《朱熹年譜長編》（下），上海：華東師範大學出版社，2001 年版，第 1107、1126、1132、1167、1168 和 1180、、1184、1199、1203 頁。

〔註138〕束景南：《朱熹年譜長編》（下），上海：華東師範大學出版社，2001 年版，第 1207 和 1209 頁。

〔註139〕束景南：《朱熹年譜長編》（下），上海：華東師範大學出版社，2001 年版，第 1249 頁。

〔註140〕束景南：《朱熹年譜長編》（下），上海：華東師範大學出版社，2001 年版，第 1287 頁。

以深衣以及生平著書傳授黃榦。〔註141〕朱熹七十歲時，黃榦修纂成《喪祭禮長編》；書信回覆陳文蔚來信所問禮學；同年，朱熹又致書辛棄疾，以「克己復禮」相勉。〔註142〕朱熹生命的最後一年，他還致書胡泳、黃灝、鞏豐、王介等，並邀請胡泳來參訂喪禮，以加緊整頓禮書；隨後，朱熹又致書楊方討論編禮書；去世前一日，朱熹親手寫信向黃榦告訣，並以道相託，收拾禮書文字；之前一月，朱熹完成對《大學章句》的最後修訂。〔註143〕可以說，朱熹一生的學術活動始於禮學，並終於禮學。《家禮》和《儀禮經傳通解》只是朱熹禮學成就中對社會影響和學術發展產生重大作用的兩部代表性著作。

縱觀朱熹重振禮學的人生，可以發現：首先，社會生活的實際需要，促使朱熹終其一生對禮學的恒久研究，而這也使其在研究方法上多採用具有實事求是精神的考正方法為主；其次，理學思想的發展成熟，為朱熹編著禮書提供深厚的學養，尤以禮經研究成果中的《家禮》和《儀禮經傳通解》為典型代表；再次，禮經文本的改定以及思想內涵的深入挖掘，是朱熹構建禮、理合一這一禮學新思想的基本依據，這從朱熹剖析「禮」和「理」的關係時多引證《大學》和《中庸》，而又加入理學式解讀可窺見一斑。總體而言，朱熹禮、理合一的禮學新思想的形成，是對指向現實人倫社會秩序有效維持的儒家傳統禮學思想的理論提升。

〔註141〕束景南：《朱熹年譜長編》（下），上海：華東師範大學出版社，2001 年版，第 1319 頁。

〔註142〕束景南：《朱熹年譜長編》（下），上海：華東師範大學出版社，2001 年版，第 1369、1376、1393 頁。

〔註143〕束景南：《朱熹年譜長編》（下），上海：華東師範大學出版社，2001 年版，第 1408、1410、1411 頁。

第四章　朱熹禮、理合一的禮學新思想

　　在北宋理學家周敦頤、張載、二程，尤其是程頤對於「禮」融入理學思潮的大力推進基礎上，有鑒於程門後學在貫通「禮」與「理」的修養工夫問題上所表現的「過高」或「不精」，甚至「以理易禮」的弊病，朱熹從根本上確立起一套精緻而又務實的禮學思想體系——從體用合一的角度探討「禮」和「理」的一致相融。孫以楷先生曾從儒學的發展演變對朱熹的理學和禮學有一定論述，在他看來：原始儒學的核心是禮，但此「禮」只是形而下的制度、規範，缺乏形而上的本體根據；而儒學的發展正是要不斷尋求本體依據，「禮」的本體提升，直到朱熹才最終實現，這就是朱子的理學；因此，理學與禮學的統一不可分，是朱子的偉大貢獻——「既給予禮學以本體提升，又以本體之理爲觀照去追求禮的更廣泛的普世效應」。〔註 1〕這種體用視角的認識符合朱熹以「天理之節文，而人事之儀則」來規定「禮」的新思想。「天理」和「人事」的雙重規定，使得天道自然運行的秩序法則落實在人倫社會的道德實踐中，即「天理」內在於人心本性之中的仁、義、禮、智的「性理」發用是「實理」，這也就意味著外在人倫社會秩序的有效維持取決於個人內在的人性道德修養水平，因此，「敬」的涵養工夫與「知」的爲學方法成爲「下學人事，便是上達天理」這一禮學精髓的基本入手處。在朱熹禮、理合一的新論中，即便是作爲「禮」的原始意義來源的「祭祀」也可以從天地之理的層次上來認識其意義。

〔註 1〕孫以楷：〈朱子理學——禮學的本體提升與普世效應〉，龍念主編，《朱子學研究》，2008 年版，第 77～84 頁。

一、天理之節文：禮之體

「禮」和「理」二者間的關係，是理學家解決禮的本質、價值與功用問題時不容迴避的論題。上一章提到，張載從氣本論的宇宙萬物生成中覓得「太虛」作爲「禮」的最終來源，將對「理」的認知僅作爲制定禮制規範的基礎；二程則把事物所以存在的本質即「理」界定爲「禮之本」，但在人倫道德實踐中，如何處理外在的倫理規範與內在的人性修養之間的關係成爲程顥與程頤的禮學分歧所在。雖然程顥以理本禮末闡釋「禮」和「理」的關係，但在人性修養問題上，「禮」納入「識仁」之中使「禮」的客觀實在性無法說明，因而埋下程門後學中滑向禪學可能性的伏筆。後來與朱熹有過論辯的陸九淵認爲：「夫子所謂『克己復禮爲仁』，誠能無毫髮己私之累，則自復於禮矣。禮者理也，此理豈不在我？使此志不替，則日明日著，如川日增，如木日茂矣。必求外爍，則是自湮其源，自伐其根也。」〔註2〕這就難怪陸九淵在母喪期間，需要寄書給朱熹詢問祔禮。所以，程頤在人身視聽言動的心安理得要求中，斷定「禮即是理」可以從敬知雙修的過程中體會外在倫理規範與內在心性修養的一致相融。然而，以「理」爲最高範疇的理本論禮學思想，也容易造成以理易禮的極端偏向，事實上，這也正是朱熹思想中探討「禮」、「理」關係所面臨的學術困境。

在注解《論語》的「禮之用，和爲貴」一章中，朱熹集中表達了「禮」和「理」的體用關係。他說：

> 禮者，天理之節文，人事之儀則也。和者，從容不迫之意。蓋禮之爲體雖嚴，而皆出於自然之理，故其爲用，必從容而不迫，乃爲可貴。〔註3〕

在孔子弟子有子的眼中，「禮」正是「先王之道」之所以美好的根本所在，因而，無論大事小事均由此而行；但若有行不通之處，爲了「和」而強求「和」，不以禮制規範來加以節制，則不可行。也就是說，禮的作用在實行中有一定的條件限定，這一限定即是規章制度。而在朱熹的闡釋中，「自然」的「天理」作爲「禮」之「體」，就是實行「人事」必然和美的根據，因此，「禮」也就

〔註2〕〔宋〕陸九淵：《陸九淵集·書·與趙然道》卷12，鍾哲點校，北京：中華書局，1980年版，第159頁。

〔註3〕〔宋〕朱熹：《四書章句集注·論語集注·學而第一》卷1，北京：中華書局，1983年版，第51頁。

是「天理」的體現、「人事」的準則。朱熹弟子陳淳後來在此基礎上,對這段闡釋進一步發揮:

> 文公曰:「禮者,天理之節文,人事之儀則。」以兩句對言之,何也?蓋天理只是人事中之理,而具於心者也。天理在中而著見於人事,人事在外而根於中,天理其體而人事其用也。「儀」謂容儀而形見於外者,有粲然可象底意,與「文」字相應。「則」謂法則、準則,是箇骨子,所以存於中者,乃確然不易之意,與「節」字相應。文而儀後,節而後則,必有天理之節文,而後有人事之儀則。言須盡此二者,意乃圓備。〔註4〕

這就在朱熹理學思想中天理與事理、心性發用的基礎上,將「理」和「禮」的體用關係說得更加直白:無形無影的天理需要通過人事活動彰顯,有形有跡的人事活動根源於天理落在人心上的性理,因此,天理是「體」、人事是「用」;禮儀有形象可見,與紋飾相對應,而人事活動準則是確定不變的,與節制相對應;紋飾中有禮儀,節制中有準則,所以,必然是「天理之節文」為「人事之儀則」提供內在根據。

由陳淳對「天理之節文,人事之儀則」的體用關係解讀可知,具有儀式、德性、制度意蘊的「禮」與朱熹的「天理」思想形成一種外在表現與內在根據的相輔相成的關係──「天理」是「禮」的本體根據,而「禮」則是「天理」的現象作用。其實,這種體用視角所揭示的「理」和「禮」的密不可分關係,也可以反映出朱熹作為理學集大成者提升儒學思想理論的貢獻。對此,崔大華先生考察理學對傳統儒學觀念的詮釋時,認為:「對儒家所主張的倫理制度道德規範的永恒性、合理性及其實踐過程中應有充分自覺性的論證,是理學最根本的、最終的理論目標,理學的全部論題都直接或間接地支撐著這一目標,然而直接顯示此目標的命題卻是──『禮即理』,直接闡釋論證此命題的理論觀念卻是──理之必然、當然、所以然。這一命題及其論證,使儒家倫理觀念在理學中獲得了豐富的本體性內涵。」「如果說,理學倫理道德觀念的濃重,就其理論性質而言,表現為在向本體性理論層面升越中,具有了永恒、合理的品質,那麼,就其實踐的範圍言,則表現為『三綱五常禮之大體』之外的廣泛的生活層面的浸潤,使理學的生活方式中處處充盈著倫理的

<hr>

〔註4〕〔宋〕陳淳著:《北溪字義》卷上,熊國禎、高流水點校,北京:中華書局,1983年版,第20頁。

特質。」〔註5〕李澤厚先生也有類似看法，認爲以朱熹爲代表的宋明理學的基本特徵是「將倫理提高爲本體，以重建人的哲學」。〔註6〕

（一）禮與體用的關聯

儘管朱熹的理學思想爲其禮論闡釋提供了體用新視角，但體用思維並非朱熹首創，而是中國古代哲學中一種固有的思維方式。韋政通先生說體用思維在東漢時就已經出現了，這就是鄭玄在注《禮記》中所提到的「統之於心曰體，踐而行之曰履（用）」，但朱熹和王夫之是最善於言說體用的，尤其是朱熹「幾乎到了泛濫的地步」。〔註7〕韋先生的考察有一點重要信息，即體用合一不分，竟始於鄭玄對「禮」的注解！與此相應，「禮」與「體」還有一點文字學上的關聯，也值得留意：「『禮』與文化傳統之『體』有啓發意義的關聯在於『禮』與『體』這兩個字之間的同源關係。正如 Peter Boodberg 所論，它們是僅有的兩個共同以『豐』（禮器）作爲語音成分的漢字。」〔註8〕因此，從體用的角度把握「禮」的內涵是一種淵源有自的有效方式，朱熹以體用論禮在一定意義上具有回歸禮的學術發展傳統的重要意義，而由於理學思潮灌注在其體用思維中，又決定了朱熹探討「禮」的體用思維方式中始終包涵著理學本身所特有的一些內容，從而使其體用合一的禮學新思想的豐富意蘊絕不只是停留在鄭玄從認識論角度的體用意義上來描述「禮」的水平。

朱熹對體用的重視和揭示，直接源於程頤「體用一源、顯微無間」的思想。程頤的這個體用觀建立在其易學研究的基礎上，進而成爲「解悟」理學的「天機」。〔註9〕他說：

> 君子居則觀其象而玩其辭，動則觀其變而玩其占。得於辭，不達其意者有矣，未有不得於辭而能通其意者也。至微者理也，至著者象也。體用一源，顯微無間。觀會通以行其典禮，則辭無所不備。

〔註5〕崔大華：《儒學引論》，北京：人民出版社，2000 年版，第 602 頁。

〔註6〕李澤厚：《中國古代思想史論》，天津：天津社會科學院出版社，2003 年版，第 208 頁。

〔註7〕韋政通：《中國哲學辭典》，北京：世界圖書出版公司，1993 年版，第 813 頁。

〔註8〕〔美〕郝大維、安樂哲：《通過孔子而思》，何金俐譯，北京：北京大學出版社，2005 年版，第 104 頁。

〔註9〕〔宋〕程顥、程頤：《二程集·河南程氏外書·傳聞雜記》（上）卷 12，王孝魚點校，北京：中華書局，2004 年版，第 430 頁。

> 故善學者，求言必自近。易於近者，非知言者也。予所傳者辭也，
> 由辭以得其意，則在乎人焉。〔註10〕

程頤從《周易》卦象、爻辭和義理的三者關係中，說明對爻辭的理解玩味是把握事物變動規律的義理的前提條件，而對事物變動規律的把握包涵著「理」和「象」兩個方面。其中，「理」隱藏在「象」的背後，是「至微」；「象」則顯現在外、有形可見，是「至著」。因而，同一事物中，理是體，象是用，「理」、「象」體用不分地融合在一起，即「體用一源，顯微無間」。善於學習《周易》之人，可以從爻辭入手來體會事物變動的義理。以體用解釋「理」和「象」的關係，是程頤對「因象以明理」、「假象以顯義」的易學原則的理論概括，是其建立理學本體論哲學體系的依據。〔註11〕在此基礎上，程頤將「理」和「象」的關係也運用在「理」、「事」關係的闡發中，指出：「至顯者莫如事，至微者莫如理，而事理一致，微顯一源。古之君子所謂善學者，以其能通於此而已。」〔註12〕在此，「事」是指具體事物，「理」其實是事物之所以然的法則規定：「天下物皆可以理照，有物必有則，一物須有一理」〔註13〕、「凡物必有本末，不可分本末為兩段事。灑掃應對是其然，必有所以然。」〔註14〕也就是說，任一事物都有「理」和「事」兩方面，「理」是一事一物之所以然的原理，「事」則是這一原理的外在表現，理本事末就是理體事用，即「事理一致，微顯一源」。

朱熹全面繼承了程頤體用不分、事理一致的理學思想，並在其中又融會了周敦頤、張載等人的思想，從而使其體用思想更具靈活生動性。陳榮捷先生曾指出，朱子談論體用「範圍之廣，分析之詳，遠出乎程子之上，亦為後儒之所不及者」，因此，陳先生梳理了朱子體用論的六種原則，即：（1）以形而上下的分別作證的「體用有別」；（2）從心之未發已發所理解的「體用不離」；（3）由太極動靜發展而來的「體用一源」；（4）可從事理推擴而出的「自有

〔註10〕 〔宋〕程顥、程頤：《二程集·周易程氏傳·易傳序》（下）卷12，王孝魚點校，北京：中華書局，2004年版，第689頁。

〔註11〕 鄭萬耕：〈程朱理學的體用一源說〉，《孔子研究》，2002年第4期。

〔註12〕 〔宋〕程顥、程頤：《二程集·河南程氏遺書·暢潛道錄》（上）卷25，王孝魚點校，北京：中華書局，2004年版，第323頁。

〔註13〕 〔宋〕程顥、程頤：《二程集·河南程氏遺書·劉元承手編》（上）卷18，王孝魚點校，北京：中華書局，2004年版，第193頁。

〔註14〕 〔宋〕程顥、程頤：《二程集·河南程氏遺書·入關語錄》（上）卷15，王孝魚點校，北京：中華書局，2004年版，第148頁。

體用」；（5）以中和爲證據的「體用無定」；（6）用理一分殊來說明的「同體異用」。〔註15〕借助陳先生的說明，可以進一步探討朱熹和程頤在體用觀上的異同。朱熹說：

①「體用一源」，體雖無跡，中已有用。「顯微無間」者，顯中便具微。天地未有，萬物已具，此是體中有用。天地既立，此理亦存，此是顯中有微。〔註16〕

②「體用一源」者，自理而觀，則理爲體、象爲用，而理中有象，是一源也；「顯微無間」者，自象而觀，則象爲顯、理爲微，而象中有理，是無間也……且既曰有理而後有象，則理象便非一物。故伊川但言其一源與無間耳。其實體用顯微之分則不能無也。今曰理象一物，不必分別，恐陷於近日含糊之弊，不可不察。〔註17〕

③太極，形而上之道也；陰陽，形而下之器也。是以自其著者而觀之，則動靜不同時、陰陽不同位，而太極無不在焉。自其微者而觀之，則沖漠無朕，而動靜陰陽之理已悉具於其中矣。雖然，推之於前，而不見其始之合；引之於後，而不見其終之離也。故程子曰：「動靜無端，陰陽無始。」非知道者，孰能識之！〔註18〕

④至於所以爲太極者，又初無聲臭之可言，是性之本體然也。天下豈有性外之物哉！然五行之生，隨其氣質而所稟不同，所謂「各一其性」也。各一其性，則渾然太極之全體，無不各具於一物之中，而性之無所不在，又可見矣。〔註19〕

⑤自萬物而觀之，則萬物各一其性，而萬物一太極也。蓋合而言之，萬物統體一太極也。分而言之，一物各具一太極也。所謂天

〔註15〕 陳榮捷：《朱子新探索・朱子言體用》，上海：華東師範大學出版社，2007年版，第179～185頁。

〔註16〕 〔宋〕黎靖德編：《朱子語類・易三・綱領下》卷67，王星賢點校，北京：中華書局，1986年版，第1654頁。

〔註17〕 〔宋〕朱熹：《晦庵先生朱文公文集・答何叔京》（三）卷40，朱傑人等主編，《朱子全書》第22冊，上海、合肥：上海古籍出版社、安徽教育出版社，2002年版，第1841頁。

〔註18〕 〔宋〕朱熹：《太極圖說解》，朱傑人等主編，《朱子全書》第13冊，上海、合肥：上海古籍出版社、安徽教育出版社，2002年版，第72～73頁。

〔註19〕 〔宋〕朱熹：《太極圖說解》，朱傑人等主編，《朱子全書》第13冊，上海、合肥：上海古籍出版社、安徽教育出版社，2002年版，第73頁。

下無性外之物，而性無不在者，於此尤可以見其全矣。〔註20〕

⑥太極非是別爲一物，即陰陽而在陰陽，即五行而在五行，即萬物而在萬物，只是一箇理而已。因其極至，故名曰太極。〔註21〕

⑦自下推而上去，五行只是二氣，二氣又只是一理。自上推而下來，只是此一箇理，萬物分之以爲體，萬物之中又各具一理，所謂「乾道變化，各正性命」，然總又只是一箇理。〔註22〕

⑧自太極至萬物化生，只是一箇道理包括，非是先有此而後有彼。但統是一箇大源，由體而達用，從微而至著耳。〔註23〕

上述八條體用材料，大體上逐步深入的反映了朱熹理學思想的絕大部分內容，從中不難發現：首先，朱熹對於程頤「體用一源，顯微無間」的思想略有微辭，這可以前三條材料爲證。也就是說，從邏輯關係上來看，「體」和「用」是存在先後之分的：所謂「體用一源」，是從「理」的方面來說，理體象用，理中有象；而「顯微無間」，是從「象」的方面來說，象顯理微，象中有理；二者存在先後之分，也就意味著「理」先「事」後，即「未有事物之時，此理已具，少見應處只是此理。」〔註24〕這種「理」在「事」先的思想，也可從形而上與形而下的區分中引申：「『形而上者』指理而言，『形而下者』指事物而言。事事物物，皆有其理；事物可見，而其理難知。即事即物，便要見得此理。只是如此看。」〔註25〕而從世間萬事萬物的生成來說，「無形而有理」的「太極」是事物產生和存在的本原，「太極」所生的「陰陽」二氣的運行變動形成五種最基本的物質即「五行」金、木、水、火、土，但「五行」所受的氣稟不同則又形成各具特性的具體事物。「人」與「物」皆源於氣化生成，

〔註20〕〔宋〕朱熹：《太極圖說解》，朱傑人等主編，《朱子全書》第 13 冊，上海、合肥：上海古籍出版社、安徽教育出版社，2002 年版，第 74 頁。

〔註21〕〔宋〕黎靖德編：《朱子語類・周子之書・太極圖》卷 94，王星賢點校，北京：中華書局，1986 年版，第 2371 頁。

〔註22〕〔宋〕黎靖德編：《朱子語類・周子之書・太極圖》卷 94，王星賢點校，北京：中華書局，1986 年版，第 2374 頁。

〔註23〕〔宋〕黎靖德編：《朱子語類・周子之書・太極圖》卷 94，王星賢點校，北京：中華書局，1986 年版，第 2372 頁。

〔註24〕〔宋〕黎靖德編：《朱子語類・程子之書一》卷 95，王星賢點校，北京：中華書局，1986 年版，第 2437 頁。

〔註25〕〔宋〕黎靖德編：《朱子語類・易十一・上繫下》卷 75，王星賢點校，北京：中華書局，1986 年版，第 1935 頁。

但「人」所受的氣稟是最優秀的部分，所以，人的五常之性在應事接物的活動中，有善惡之分和事務之繁。因而，從事物的最終來源上說，只有「太極」這一個理，是萬事萬物生成的根源；但從具體的不同事物來說，每一事物的存在既是「理」的分化，又具有該事物所特有的本質和屬性。可見，引文的後五條其實是朱熹從太極、陰陽、五行的聯繫中闡發了「理一分殊」的以「理」爲本的本體論哲學。形而上與形而下、道與器的區分表明，太極之理與陰陽二氣不容混淆，而「體用一源，顯微無間」的思想則可以保證無形無跡的「理」與有形有象的「氣」的不相分離。所以，「理」是「生物之本」，「氣」是「生物之具」〔註26〕；太極生萬物，是由體達用、從微至著。這就是朱熹「有是理便有是氣，但理是本」〔註27〕的體用合一的本體論思想。對此，蒙培元先生認爲朱熹從形上與形下、體與用的關係解釋理氣關係，表現出朱子哲學的特色：形上形下的區分具有邏輯意義，而無存在意義；體用合一說明存在本體及其作用（即過程）是合一無間的，由功能而顯其本體，由過程而表現其存在，才是朱子哲學的眞正落腳點。〔註28〕

程頤、周敦頤的易學思想確實給朱熹的體用合一觀提供了前提條件，而張載開啓的「理一分殊」思想則可說是朱熹體用合一觀所必不可少的基礎環節。朱熹說：

> 天地之間，理一而已。然「乾道成男，坤道成女，二氣交感，化生萬物」，則其大小之分，親疏之等，至於十百千萬而不能齊也。不有聖賢者出，孰能合其異而會其同哉！西銘之作，意蓋如此。程子以爲理一而分殊，可謂一言以蔽之矣。蓋以乾爲父，坤爲母，有生之類，無物不然，所謂「理一」也。而人、物之生，血脈之屬，各親其親，各子其子，則其分亦安得而不殊哉！一統而萬殊，則雖天下一家、中國一人，而不流于兼愛之蔽；萬殊而一貫，則雖親疏異情、貴賤異等，而不梏於爲我之私。此西銘之大指也。觀其推親

〔註26〕〔宋〕朱熹：《晦庵先生朱文公文集·答黃道夫》（四）卷58，朱傑人等主編，《朱子全書》第23冊，上海、合肥：上海古籍出版社、安徽教育出版社，2002年版，第2755頁。

〔註27〕〔宋〕黎靖德編：《朱子語類·理氣上·太極天地上》卷1，王星賢點校，北京：中華書局，1986年版，第2頁。

〔註28〕蒙培元：《朱熹哲學十論》，北京：中國人民大學出版社，2010年版，第38頁。

親之厚，以大無我之公，因事親之誠，以明事天之道，蓋無適而非
所謂分立而推理一者。〔註29〕

張載的〈西銘〉原本是描述乾父坤母、民胞物與的天道運行與人倫道德相合
的天人合一圖景。值得注意的是，張載使用禮學色彩濃厚的「宗子」一詞表
示「君」是天地之子。二程都高度評價西銘，程顥認為它是秦漢以來學者所
未到；〔註30〕程頤則認定它是「推理以存義，擴前聖所未發」，是表明「理一
而分殊」，而「分立而推理一」是「仁之方」，即將愛親作為實行仁的方法，
由愛親推及他人則是「義」，在此意義上，仁體義用，仁是一理，義是分殊。
〔註31〕朱熹對〈西銘〉主旨的把握在程頤的基礎上又更進一步——用理氣關
係來說明「理一」和「分殊」（氣稟差異所造成）的價值所在，從形上學角度
拓展了「理一分殊」的倫理意義。朱熹表明「理一」是人的最高價值理想，
而「分殊」則是體會「一貫」之理的切實門徑。他說：

> 太極只是箇極好至善底道理。人人有一太極，物物有一太極。
> 周子所謂太極，是天地人物萬善至好底表德。〔註32〕

> 聖人未嘗言理一，多隻言分殊。蓋能於分殊中，事事物物，頭
> 頭項項，理會得其當然，然後方知理本一貫。不知萬殊各有一理，
> 而徒言理一，不知理一在何處。聖人千言萬語教人，學者終身從事，
> 只是理會這箇。要得事事物物，頭頭件件，各知其所當然，而得其
> 所當然，只此便是理一矣。〔註33〕

> 說體、用，便只是一物。不成說香匙是火箸之體，火箸是香匙
> 之用！如人渾身便是體，口裏說話便是用。不成說話底是箇物事，
> 渾身又是一箇物事！萬殊便是這一本，一本便是那萬殊。〔註34〕

〔註29〕　〔宋〕朱熹：《西銘解》，朱傑人等主編，《朱子全書》第13冊，上海、合肥：
　　　　　上海古籍出版社、安徽教育出版社，2002年版，第145～146頁。
〔註30〕　〔宋〕程顥、程頤：《二程集・河南程氏遺書・元豐己未呂與叔東見二先生語》
　　　　　（上）卷2，王孝魚點校，北京：中華書局，2004年版，第22頁。
〔註31〕　〔宋〕程顥、程頤：《二程集・河南程氏文集・答楊時論西銘書》（上）卷9，
　　　　　王孝魚點校，北京：中華書局，2004年版，第609頁。
〔註32〕　〔宋〕黎靖德編：《朱子語類・周子之書・太極圖》卷94，王星賢點校，北京：
　　　　　中華書局，1986年版，第2371頁。
〔註33〕　〔宋〕黎靖德編：《朱子語類・論語九・里仁篇下》卷27，王星賢點校，北京：
　　　　　中華書局，1986年版，第677～678頁。
〔註34〕　〔宋〕黎靖德編：《朱子語類・論語九・里仁篇下》卷27，王星賢點校，北京：
　　　　　中華書局，1986年版，第677頁。

在朱熹看來，「理一分殊」思想說到底還是可以納入體用觀來說明，但其反映的體用關係則包涵著兩層意義：第一層是「一理」與「萬物」（「萬殊」）之間，「一理」是「體」，而「萬物」是「用」；第二層則是具體的事物中，規定該事物本質的「事理」是「體」，而根據「事理」所具有的功能作用就是「用」。因此，在具體事物的層次上，體用是無定的，隨每一事物與其他事物的差異而有其獨特的體用表現。按照朱熹自己所說，即：「若以形而上者言之，則沖漠者固爲體，而其發於事物之間者爲之用；若以形而下者言之，則事物又爲體，而其理之發見者爲之用。不可概謂形而上者爲道之體、天下達道五爲道之用也。」〔註35〕因而，有學者認爲朱熹的這種體用觀具有雙向迴環的特點：「由個別抽象出一般，由殊相而達於共相，這是用中覓體的過程。共相併非撇開具體事物，而是需要一物一物相格，分辨其形而下的體用關係，這又是遍體及用。」〔註36〕

其實，體用合一觀的考察，涉及的主要是朱熹利用體用兩個範疇的相互關係來闡發其理學思想的主要論題，而對於體用兩個範疇的確定內涵，朱熹也給出了一種解釋：「體是這箇道理，用是他用處。如耳聽目視，自然如此，是理也；開眼看物，著耳聽聲，便是用。」〔註37〕可見，這個解釋終究還是離不開朱熹理學的依託。所謂的「這箇道理」，正是一種具體的「事理」的把握，「用處」即是對「事理」的價值功用的發揮。朱熹的體用合一思想，意蘊豐富，無論是以體用關係來分析理氣、太極、陰陽等範疇的意義和關係，還是從對具體事物的價值和功用的掌握來看，體用都是一種具有認識論、方法論意義的思維表達方式。朱熹體用合一觀的包容性和靈活性，使不同層面的體用探討對認識朱熹思想體系的結構以及梳理各種範疇之間的關係都大有幫助。在領會朱熹體用合一觀的基礎上，同樣可以將其作爲解剖朱熹禮學思想體系的出發點。

事實上，在對體用作出一定的解釋時，朱熹也確實以體用合一來說明「禮」，這從他與弟子的談話中可見：

〔註35〕〔宋〕朱熹：《晦庵先生朱文公文集・答呂子約》（三）卷48，朱傑人等主編，《朱子全書》第22冊，上海、合肥：上海古籍出版社、安徽教育出版社，2002年版，第2226頁。

〔註36〕景海峰：〈朱子哲學體用觀發微〉，《深圳大學學報》（人文社會科學版），1995年第4期。

〔註37〕〔宋〕黎靖德編：《朱子語類・性理三・仁義禮智等名義》卷6，王星賢點校，北京：中華書局，1986年版，第101頁。

問：「先生昔曰：『禮是體。』今乃曰：『禮者，天理之節文，人事之儀則。』似非體而是用。」曰：「公江西有般鄉談，才見分段子，便說道是用，不是體。如說尺時，無寸底是體，有寸底不是體，便是用；如秤，無星底是體，有星底不是體，便是用。且如扇子有柄，有骨子，用紙糊，此便是體；人搖之，便是用。」楊至之問體。曰：「合當底是體。」〔註38〕

根據弟子的敘述，朱熹對「禮」的認識似乎經歷了以「體」說禮到體用合一說「禮」的轉變。公正地說，這一轉變也契合朱熹個人思想學說的發展經歷，即從學李侗之前過於追求「理一」到問學李侗之後偏重「分殊」的變化。〔註39〕如果沒有「用」的介入規定，「禮」這個「體」無形象可見，它的「道理」在人們的實際生活中，究竟該如何把握、落在何處？而且，按照「理一分殊」所包涵的認識論意義，無「用」之「禮」豈不喪失了儒學先賢要求在事事物物中知其然知其所以然的爲學主旨？在此意義上，朱熹以體用相合的「天理之節文，人事之儀則」來規定「禮」，是其將禮學融入在人們的日常實際事務中。

對於以「天理」和「人事」雙重規定「禮」的必要性，朱熹也有說明：

禮即理也，但謂之理，則疑若未有形跡之可言；制而爲禮，則有品節文章之可見矣。人事如五者，固皆可見其大概之所宜，然到禮上方見其威儀法則之詳也。節文儀則，是曰事宜。〔註40〕

又問：「所以喚做禮，而不謂之理者，莫是禮便是實了，有準則，有著實處？」曰：「只說理，卻空去了。這箇禮是那天理節文，教人有準則處。佛老只爲元無這理，克來克去空了……」〔註41〕

朱熹強調從「天人上看」〔註42〕「禮」的體用內涵，不以「理」易「禮」是

〔註38〕〔宋〕黎靖德編：《朱子語類・性理三・仁義禮智等名義》卷6，王星賢點校，北京：中華書局，1986年版，第101～102頁。

〔註39〕陳來：《朱子哲學研究》，上海：華東師範大學出版社，2000年版，第66～71頁。

〔註40〕〔宋〕朱熹：《晦庵先生朱文公文集・答曾擇之》（四）卷60，朱傑人等主編，《朱子全書》第23冊，上海、合肥：上海古籍出版社、安徽教育出版社，2002年版，第2893頁。

〔註41〕〔宋〕黎靖德編：《朱子語類・論語二十三・顏淵篇上》卷41，王星賢點校，北京：中華書局，1986年版，第1048頁。

〔註42〕〔宋〕朱熹：《晦庵先生朱文公文集・答曾擇之》（四）卷60，朱傑人等主編，《朱子全書》第23冊，上海、合肥：上海古籍出版社、安徽教育出版社，2002年版，第2894頁。

其發揚傳統儒學精髓，而又注入理學內容的眞實寫照，因此，煥發新貌的禮學在朱熹那裡也具有批評釋老兩家的學術意義。

（二）禮之體出於自然之理

正如前文所引陳淳對朱熹體用合一的禮論新思想的解讀，在「天理」和「人事」的雙重規定中，「天理之節文」是體。「天理」作爲朱熹哲學思想的最高範疇，在此毋需多言。「節文」是理解「禮」之「體」的關鍵。事實上，「節文」早在孔門後學對「禮」的探討中就已明確提出。《禮記・檀弓下》中提到：「辟踊，哀之至也；有算，爲之節文也。」孔穎達據此解釋：「撫心爲辟，跳躍爲踊。孝子喪親，哀慕至懣，男踊女辟，是哀痛之至極也。若不裁限，恐傷其性，故辟踊有算，爲準節文章。」〔註43〕也就是說，所謂「節文」是指「準節文章」。喪事禮儀中「辟踊」的次數，隨居喪時間的推移而有一定的限制，是爲了適當地表達喪親的悲哀之情。〈坊記〉中還說道：「禮者，因人之情而爲之節文，以爲民坊者也。」鄭玄注「節文」：「此『節文』者，謂農有田裏之差，士有爵命之級。」〔註44〕這裡的「節文」實際是一種制度。

前文曾引用過孟子關於「禮」的一段話：「仁之實，事親是也；義之實，從兄是也。智之實，知斯二者弗去是也；禮之實，節文斯二者是也；樂之實，樂斯二者，樂則生矣……」在孟子那裡，人倫社會關係下「禮」的實質是對各種道德行爲所抒發的內在心理情感的積極弘揚和消極約束，可以在「事親」之「仁」與「從兄」之「義」之間進行調節，做出合乎具體情境要求的行爲。而朱熹對此作注，則指出：「斯二者，指事親從兄而言。知而弗去，則見之明而守之固矣。節文，謂品節文章。樂則生矣，謂和順從容，無所勉強，事親從兄之意油然自生，如草木之有生意也。」〔註45〕朱熹用「品節文章」來解釋「節文」，並表明人倫規範的履行並非強求，而是出於人心本性的自覺自願。

朱熹多次採用「節文」或類似表達來說明「禮」，比如：

> 禮，節文也。〔註46〕

〔註43〕《十三經注疏》整理委員會整理：《禮記正義》（第一冊），北京：北京大學出版社，2000 年版，第 314 頁。

〔註44〕《十三經注疏》整理委員會整理：《禮記正義》（第四冊），北京：北京大學出版社，2000 年版，第 1635 頁。

〔註45〕〔宋〕朱熹：《四書章句集注・孟子集注・離婁章句上》卷 7，北京：中華書局，1983 年版，第 287 頁。

〔註46〕〔宋〕朱熹：《四書章句集注・論語集注・學而第一》卷 1，北京：中華書局，1983 年版，第 52 頁。

人，指人身而言。具此生理，自然便有惻怛慈愛之意，深體味
之可見。宜者，分別事理，各有所宜也。禮，則節文斯二者而已。
〔註47〕

禮，謂制度品節也。〔註48〕

禮，即理之節文也。〔註49〕

禮，謂義理之節文。〔註50〕

由此可見，在朱熹的禮學思想中，所謂「天理之節文」，其實說明的是以「理」作爲本體根據的外在可見的禮儀制度，而禮儀制度中則又包涵著內在無形的「理」，因而「禮儀制度」可以依據對「理」的把握而人爲制定。所以，朱熹也從禮制結構的等級差異分別解釋了「節」和「文」：「『禮者，天理之節文。』節謂等差，文謂文采。等差不同，必有文以行之。」〔註51〕

朱熹通過「聖人制禮」的解說，進而指出「禮」是出於自然的「天理」。他說：

「天敘有典，勅我五典五惇哉！天秩有禮，自我五禮有庸哉！」許多典禮，都是天敘天秩下了，聖人只是因而敕正之，因而用出去而已。凡其所謂冠昏喪祭之禮，與夫典章制度，文物禮樂，車輿衣服，無一件是聖人自做底。都是天做下了，聖人只是依傍他天理行將去。如推箇車子，本自轉將去，我這裡只是略扶助之而已。〔註52〕

蓋聖人制禮，無一節是強人，皆是合如此……嘗謂呂與叔說得數句好云：「自斬至緦，衣服異等，九族之情無所撼；自王公至皁隸，

<hr>

〔註47〕〔宋〕朱熹：《四書章句集注・中庸章句》，北京：中華書局，1983年版，第28頁。

〔註48〕〔宋〕朱熹：《四書章句集注・論語集注・爲政第二》卷1，北京：中華書局，1983年版，第54頁。

〔註49〕〔宋〕朱熹：《四書章句集注・論語集注・爲政第二》卷1，北京：中華書局，1983年版，第55頁。

〔註50〕〔宋〕朱熹：《四書章句集注・論語集注・衛靈公第十五》卷8，北京：中華書局，1983年版，第167～168頁。

〔註51〕〔宋〕黎靖德編：《朱子語類・論語十八・子罕篇上》卷36，王星賢點校，北京：中華書局，1986年版，第963頁。

〔註52〕〔宋〕黎靖德編：《朱子語類・尚書一・皋陶謨》卷78，王星賢點校，北京：中華書局，1986年版，第2020頁。

儀章異制，上下之分莫敢爭。皆出於性之所有，循而行之，無不中節也。」此言禮之出於自然，無一節強人。須要知得此理，則自然和。〔註53〕

　　禮樂者，皆天理之自然。節文也是天理自然有底，和樂也是天理自然有底。然這天理本是儱侗一直下來，聖人就其中立簡界限，分成段子；其本如此，其末亦如此；其外如此，其裏亦如此，但不可差其界限耳。才差其界限，則便是不合天理。所謂禮樂，只要合得天理之自然，則無不可行也。〔註54〕

可見，在朱熹那裡，包涵著等級差異的禮儀制度，是以「天理」流行中所蘊涵的自然秩序爲依據的；人爲制禮如果不能效法自然秩序，凸出「禮」的差異結構，則是違背「天理」。因此，符合「天理」自然的禮儀制度，都具有實際可行性。

　　其實，朱熹對於「天理」自然秩序的說明，是在綜合張載和程頤對「禮」的差異秩序來源的基礎上所形成的。如前文所論，張載從氣化流行的萬物生成角度說明「禮本天之自然」，而程頤則從事物存在的必然原理上裁定「理之當也，禮之本也」，他們二人都將「禮之本」歸結爲是一種差異秩序，所不同的是，張載思考的差異秩序是以生物的時、空差別作爲實然依據，而二程的差異秩序則以事物存在的本質規定作爲必然根據，所以，張載以「太虛」之「氣」作爲「禮」的來源，程頤就以「所以然」之「理」作爲「禮」的根源。然而，在朱熹那裡，「理」是「生物之本」，「氣」是「生物之具」，這就使朱熹對「秩序」的思考既具有張載那種從實然到當然的因素，也具有程頤那種從必然到當然的因素，而這種包涵「實然」和「必然」內容的「當然」之秩序，照朱熹所說就是「自然之秩」：

　　因其生而第之以其所當處者，謂之敘；因其敘而與之以其所當得者，謂之秩。天敘便是自然底次序，君便教他居君之位，臣便教他居臣之位，父便教他居父之位，子便教他居子之位。秩，便是那天敘裏面物事，如天子祭天地，諸侯祭山川，大夫祭五祀，士庶人

〔註53〕〔宋〕黎靖德編：《朱子語類・論語四・學而篇下》卷22，王星賢點校，北京：中華書局，1986年版，第513～514頁。

〔註54〕〔宋〕黎靖德編：《朱子語類・禮四・小戴禮》卷87，王星賢點校，北京：中華書局，1986年版，第2253頁。

祭其先，天子八，諸侯六，大夫四，皆是有這箇敘，便是他這箇自
然之秩。〔註55〕

因而，朱熹眼中的「禮」是內蘊著事物根本差異的禮儀制度的存在及其功用
的現實統一體，這使其注釋「禮之用，和為貴」時，明確提出「禮之為體雖
嚴，而皆出於自然之理」，而所謂「自然之理」終究是從「天理」中流行出
來：

禮是那天地自然之理。理會得時，繁文末節皆在其中。「禮儀三
百，威儀三千」，卻只是這箇道理。千條萬緒，貫通來只是一箇道理。
夫子所以說「吾道一以貫之」，曾子曰「忠恕而已矣」，是也。蓋為
道理出來處，只是一源。散見事物，都是一箇物事做出底。一草一
木，與他夏葛冬裘，渴飲饑食，君臣父子，禮樂器數，都是天理流
行，活潑潑地。那一件不是天理中出來！〔註56〕

在此基礎上，朱熹緊接著「禮之體」的說明，又指出「其為用，必從容而不
迫，乃為可貴」。所謂「用」指的是對「禮」的運用和實行，這在《論語》的
原文中已有揭示：「有所不行，知和而和，不以禮節之，亦不可行也」。而朱
熹對此注解並總結說：

如此而復有所不行者，以其徒知和為貴而一於和，不復以禮節
之，則亦非復理之本然矣，所以流蕩忘反，而亦不可行也……愚謂
嚴而泰，和而節，此理之自然，禮之全體也。毫釐有差，則失其中
正，而各倚於一偏，其不可行均矣。〔註57〕

在朱熹的思想中，從「天理」這一個「理」創生萬事萬物的過程中，氣稟差
異造成事物內在涵有的本質規定性所具有的等級差別，正是「節文」之「禮」
賴以存在並發生作用的根本依據，「節」的「等差」不同則是實行相應「文采」
之「禮儀」的準則。

（三）禮儀實行根據事理準則

朱熹在《論語集注》中曾引證他人對「禮之本」的說明：「天敘天秩，人

〔註55〕〔宋〕黎靖德編：《朱子語類・尚書一・皋陶謨》卷78，王星賢點校，北京：
中華書局，1986年版，第2019頁。

〔註56〕〔宋〕黎靖德編：《朱子語類・論語二十三・顏淵篇上》卷41，王星賢點校，
北京：中華書局，1986年版，第1049頁。

〔註57〕〔宋〕朱熹：《四書章句集注・論語集注・為政第二》卷1，北京：中華書局，
1983年版，第51～52頁。

－165－

所共由，禮之本也。」〔註58〕這表明天理的自然秩序形成實際事務中人們踐
行禮儀的基本準則，是朱熹闡明「禮之體」出於「自然之理」的必要組成部
分和現實意義所在。正因為如此，朱熹認同人倫社會結構中的禮儀制度，即
不同身份的個人各居其位並享用不同級別的禮節儀式來反映其職責，比如：
君天子臣諸侯的社會裏，君臣各就各位的政治體制下，只有天子可以祭祀天
地，而諸侯僅可以祭祀山川。這種現實人事活動中相關禮制的實行，按照朱
熹所說也就是「自然之秩」。因此，朱熹說：

> 所以禮謂之「天理之節文」者，蓋天下皆有當然之理。今復禮，
> 便是天理。但此理無形無影，故作此禮文，畫出一箇天理與人看，
> 教有規矩可以憑據，故謂之「天理之節文」。有君臣，便有事君底節
> 文；有父子，便有事父底節文；夫婦長幼朋友，莫不皆然，其實皆
> 天理也。〔註59〕

正如有學者指出：「以朱熹為代表的理學家們對『理』的辨析終是落實在由『禮』
所規定的社會行為中。」〔註60〕其實，無論是張載、二程，還是朱熹，他們
所探討的「禮」作為一種社會行為，都離不開構成社會的人與人之間的各種
人倫關係，而包涵在人倫關係中的「理」也就是「當然之理」，正是人們以「禮
文」作為行為「規矩」的「天理」的實際體現。

　　對於人倫關係中的「當然之理」，朱熹也明確指出其「所以然」是天理的
賦予，進而表明人性中內在固有的「禮」發揮作用，則是其外在行為可以達
到從容不迫的「自然和」。他說：

> 理之所當然者，所謂民之秉彝、百姓所日用者也，聖人之為禮
> 樂刑政，皆所以使民由之也。其所以然，則莫不原於天命之性……
> 〔註61〕

> 道即理也，以人所共由而言則謂之道，以其各有條理而言則謂

〔註58〕〔宋〕朱熹：《四書章句集注・論語集注・為政第二》卷1，北京：中華書局，
　　　　1983年版，第60頁。
〔註59〕〔宋〕黎靖德編：《朱子語類・論語二十四・顏淵篇下》卷42，王星賢點校，
　　　　北京：中華書局，1986年版，第1079頁。
〔註60〕何俊：〈由禮轉理抑或以禮合理：唐宋思想轉型的一個視角〉，《北京大學學報》
　　　　（哲學社會科學版），2007年第6期。
〔註61〕〔宋〕朱熹：《四書或問・論語或問》卷8，黃坤校點，上海、合肥：上海古
　　　　籍出版社、安徽教育出版社，2001年版，第259頁。

之理。其目則不出乎君臣、父子、兄弟、夫婦、朋友之間，而其實無二物也。〔註62〕

所謂道者，只是日用當然之理。事親必要孝，事君必要忠，以至事兄而弟，與朋友交而信，皆是道也。〔註63〕

當然之理，人合恁地底，便是體，故仁義禮智爲體。〔註64〕

性，即理也。天以陰陽五行化生萬物，氣以成形，而理亦賦焉，猶命令也。於是人物之生，因各得其所賦之理，以爲健順五常之德，所謂性也。〔註65〕

禮是恭敬底物事，爾心中自不恭敬，外面空做許多般模樣；樂是和樂底物事，爾心中自不和樂，外面強做和樂，也不得。心裏不恁地，外面強做，終是有差失。縱饒做得不差失，也只表裏不相應，也不是禮樂。〔註66〕

禮如此之嚴，分明是分毫不可犯，卻何處有個和？須知道吾心安處便是和。〔註67〕

人事活動中所運用和實行的「當然之理」從根本上規定了各種外在倫理行爲的基本準則，這個「當然之理」表現在人們的日常生活中就是應當共同遵守的禮儀制度，但「當然之理」的「所以然」之故，也就是說「禮」的實行過程中不容違背的必然性，則是由「天理」到「事理」的分殊過程中，人們實踐「事理」的出發點其實是人心本性中內蘊著源於天命所賦予的「性理」，從這個意義上說，禮儀制度的存在及其作用雖然在其外在表現形式上不免森

〔註62〕 〔宋〕朱熹：《晦庵先生朱文公文集·答王子合》（三）卷49，朱傑人等主編，《朱子全書》第22冊，上海、合肥：上海古籍出版社、安徽教育出版社，2002年版，第2257頁。

〔註63〕 〔宋〕黎靖德編：《朱子語類·論語十六·述而篇》卷34，王星賢點校，北京：中華書局，1986年版，第863頁。

〔註64〕 〔宋〕黎靖德編：《朱子語類·程子門人·胡康侯》卷101，王星賢點校，北京：中華書局，1986年版，第2591頁。

〔註65〕 〔宋〕朱熹：《四書章句集注·中庸章句》，北京：中華書局，1983年版，第17頁。

〔註66〕 〔宋〕黎靖德編：《朱子語類·論語七·八佾篇》卷25，王星賢點校，北京：中華書局，1986年版，第605頁。

〔註67〕 〔宋〕黎靖德編：《朱子語類·論語四·學而篇下》卷22，王星賢點校，北京：中華書局，1986年版，515頁。

嚴，但從人們踐行禮儀制度的實質內容時是按照內心要求來說，認同「禮」也就意味著內心意願與外在行爲的表裏一致，這就是「禮之用，和爲貴」中所謂「和」的落實安頓之處——心安。

在朱熹與其弟子的討論中，從一個「天理」到各種「事理」的過程中所涉及的「體」、「用」分層正是根據「事理」準則實現「禮」的理論前提：

> 問：「去歲聞先生曰：『只是一箇道理，其分不同。』所謂分者，莫只是理一而其用不同？如君之仁，臣之敬，子之孝，父之慈，與國人交之信之類是也。」曰：「其體已略不同。君臣、父子、國人是體；仁敬慈孝與信是用。」問：「體、用皆異？」曰：「如這片板，只是一箇道理，這一路子恁地去，那一路子恁地去。如一所屋，只是一箇道理，有廳，有堂。如草木，只是一箇道理，有桃，有李。如這眾人，只是一箇道理，有張三，有李四；李四不可爲張三，張三不可爲李四。如陰陽，西銘言理一分殊，亦是如此。」又曰：「分得愈見不同，愈見得理大。」〔註68〕

在此，朱熹的弟子甘節對於「理一分殊」的認識較爲籠統，只看到作爲「體」的一個「理」具有不同的作用表現，因此認定各種人倫關係的具體要求只是同體異用之「理」的分殊；而朱熹則從事物存在的層面上對弟子的認識給以糾正，指出各種實際存在的人倫關係這個「體」已經不同，所以其具體要求的「用」也就不同，也就是說每一事物的「體」和「用」都有其特殊性。這一段師生對話較爲眞實地反映了從體用關係上來看待「天理」與「事理」之間「理一分殊」的過程，包涵著兩層相輔相成的含義：從形成事物最終來源的「天理」來說，「天理」是「體」，「事理」是「用」；從各種事物的實際存在來說，構成一事物本質的「事理」是「體」，而該事物與生俱來的屬性所表現的功用則是「用」。

因此，從「體」、「用」的基本含義來說，所謂「天理之節文」是「禮」之「體」，這個「禮」是「天理」在現實人倫社會中所表現出來的禮儀制度，而禮儀制度的存在所具有的維持人倫關係的基本功能，也是來源於「天理」的流行作用，所以，歸根究底，「天理之節文」是「禮之體」。對此，朱熹也有明確指示：

〔註68〕〔宋〕黎靖德編：《朱子語類‧性理三‧仁義禮智等名義》卷6，王星賢點校，北京：中華書局，1986年版，第102頁。

> 萬物皆有此理,理皆同出一原。但所居之位不同,則其理之用
> 不一。如為君須仁,為臣須敬,為子須孝,為父須慈。物物各具此
> 理,而物物各異其用,然莫非一理之流行也。〔註69〕

> 夫天下之事莫不有理,為君臣者有君臣之理,為父子者有父子
> 之理,為夫婦、為兄弟、為朋友以至於出入起居、應事接物之際,
> 亦莫不各有理焉。有以窮之,則自君臣之大以至事物之微,莫不知
> 其所以然與其所當然。〔註70〕

包括君臣、父子等在內的各種人倫關係中,每一個人都各就其位的發揮其相
應的職責,履行與其職責相一致的各種禮儀行為,是將「天理」流行的作用
呈現為有形可見、有跡可循的真實存在。

二、人事之儀則:實理之用

從「天理」流行的層面來說,對禮儀制度的實行,就意味著對「禮」的
存在與其價值的一種肯定,其更深層次的意涵則是以形而下的具體禮儀制度
來彰顯形而上的抽象「天理」,從禮儀制度之「節文」中體會天理流行之「自
然」,由此可見「天理」的包容性,正所謂:「『禮儀三百,威儀三千,悠悠大
哉!』皆是天道流行,發見為用處。」〔註71〕另一方面,從「人事」活動的
層面來說,根據「事理」準則來履行適當的禮儀行為,是對「天理」的落實,
其最具意義的地方則在於形而上的「天理」到「事理」的發生可以具體展現
為形而下的「威儀」、「文飾」,也就是禮樂制度,從而成為人們可以由人性出
發所認同的行為準則,在此意義上,人性內在固有的「理」就是「實理」,所
謂的「人事之儀則」其實也就是人心本性的「實理」在發揮作用,使各種行
為規範的踐行是「油然自生」,說到底就是心安理得的雙重實現。

朱熹說:

> 宇宙之間,一理而已,天得之而為天,地得之而為地,而凡生

〔註69〕〔宋〕黎靖德編:《朱子語類‧大學五‧或問下》卷18,王星賢點校,北京:
　　　　中華書局,1986年版,第398頁。
〔註70〕〔宋〕朱熹:《晦庵先生朱文公文集‧甲寅行宮便殿奏箚二》(一)卷14,朱
　　　　傑人等主編,《朱子全書》第20冊,上海、合肥:上海古籍出版社、安徽教
　　　　育出版社,2002年版,第668~669頁。
〔註71〕〔宋〕黎靖德編:《朱子語類‧中庸三》卷64,王星賢點校,北京:中華書局,
　　　　1986年版,第1584頁。

於天地之間者，又各得之以爲性。其張之爲三綱，其紀之爲五常，蓋皆此理之流行，無所適而不在。若其消息盈虛，循環不已，則自未始有物之前，以至人物消盡之後，終則復始，始復有終又未嘗有頃刻之或停也。〔註72〕

道之顯者謂之文，蓋禮樂制度之謂。〔註73〕

人物各循其性之自然，則其日用事物之間，莫不各有當行之路，是則所謂道也……道者，日用事物當行之理，皆性之德而具於心，無物不有，無時不然，所以不可須臾離也。若其可離，則爲外物而非道矣。〔註74〕

蓋道者自然之路，德者人之所得，故禮者道體之節文，必其人之有德，然後乃能行之也。〔註75〕

存之於中謂理，得之於心爲德，發見於行事爲百行。〔註76〕

程子「性即理也」，此說最好。今且以理言之，畢竟卻無形影，只是這一箇道理。在人，仁義禮智，性也。然四者有何形狀，亦只是有如此道理。有如此道理，便做得許多事出來，所以能惻隱、羞惡、辭遜、是非也……蓋性中所有道理，只是仁義禮智，便是實理。〔註77〕

可見，作爲人倫社會行爲規範的「三綱五常」來源於「天理」，而「天理」內在於人性之中所賦予人的先天道德本性，則是人們在應事接物的活動中遵循道德本性而做出各種道德行爲的內在根據，因而，這種從道德本性來發出各

〔註72〕〔宋〕朱熹：《晦庵先生朱文公文集·讀大紀》（四）卷70，朱傑人等主編，《朱子全書》第23冊，上海、合肥：上海古籍出版社、安徽教育出版社，2002年版，第3376頁。

〔註73〕〔宋〕朱熹：《四書章句集注·論語集注·子罕第九》卷5，北京：中華書局，1983年版，第110頁。

〔註74〕〔宋〕朱熹：《四書章句集注·中庸章句》，北京：中華書局，1983年版，第17頁。

〔註75〕〔宋〕朱熹：《四書或問·中庸或問下》卷，黃坤校點，上海、合肥：上海古籍出版社、安徽教育出版社，2001年版，第96～97頁。

〔註76〕〔宋〕黎靖德編：《朱子語類·性理三·仁義禮智等名義》卷6，王星賢點校，北京：中華書局，1986年版，第101頁。

〔註77〕〔宋〕黎靖德編：《朱子語類·性理一·人物之性氣質之性》卷4，王星賢點校，北京：中華書局，1986年版，第63～64頁。

種道德行為的規定，在根本上確定了禮儀制度作為行為規範在社會發展中的始終存在。外在的道德行為始終源於人的內在道德本性，而道德本性又是「天理」流行在人身上的落實，所以，遵守行為規範的人倫道德活動是對「理」的存在和作用的具體展現。

（一）人倫道德為禮之大體

在「儒家禮學思想的構成」一章，曾經論及漢代皇權統治社會中，「三綱五常」是將道德觀念融入社會組織結構中的一種核心價值體系，其最具意義的地方在於將禮治社會模式確立為從思想層面到制度層面再到行為層面的皇權行政體系的展開。也就是說，「三綱五常」與皇權統治社會之間是一種相得益彰的相輔相成關係，其中，「三綱」所代表的倫理關係是「五常」這些道德觀念社會化的憑藉，而「五常」的道德觀念也只有融入人倫交往中為人們接受和理解，才被內化變成社會性的東西。然而，「三綱五常」是以漢人所建立的天人之間的神秘聯繫作為理論前提的，即漢儒在儒家理論基礎上又吸收了陰陽家的五行宇宙論，從而將儒家倫常政治綱領以宇宙圖式作為基石。在一定意義上說，漢代儒學的發展呈現出宗教化的傾向。

朱熹作為宋代新儒學——理學的集大成者，對於「三綱五常」的禮治社會模式也是分外推崇和竭力佐證的，在以體用視角揭示「禮」的「天理」和「人事」的雙重規定基礎之上，他又明確指出「三綱五常」，正是「禮之大體」：

> 三綱，謂：君為臣綱，父為子綱，夫為妻綱。五常，謂：仁義禮智信……三綱五常，禮之大體，三代相繼，皆因之而不能變。其所損益，不過文章制度小過不及之間，而其已然之跡，今皆可見。則自今以往，或者繼周而王者，雖百世之遠，所因所革亦不過此，豈但十世已乎！〔註78〕

這段引文是朱熹針對孔子陳述夏商周三代禮制沿革損益情況所進行的注解。在朱熹看來，以三代社會為例，禮制傳統的延續發展包涵著價值理念的因襲繼承以及表現形式的損益變革，其中，「三綱五常」作為維繫人倫關係的道德樞紐，就是「禮」具有持續存在價值的根本依據，而且更是禮儀形式無論如何革新，都不會影響到禮制實質發生變化的基本原因。

雖然朱熹和漢儒一樣認同道德觀念在人倫關係的維繫中具有內化倫理規

〔註78〕〔宋〕朱熹：《四書章句集注・論語集注・為政第二》卷1，北京：中華書局，1983年版，第59頁。

範的意義，但在如何內化外在倫理規範的問題上，朱熹則揚棄了漢儒解決這一問題的基本思路。朱熹從其理學思想出發，將人倫關係中的倫理規範與道德行為的基本準則立足於「事理」與「性理」在人心本性中實現統合的理論基礎之上。朱熹說：

> 理只是這一箇。道理則同，其分不同。君臣有君臣之理，父子有父子之理。〔註79〕

> 性即理也。在心喚做性，在事喚做理。〔註80〕

> 如事親當孝，事兄當弟之類，便是當然之則。然事親如何卻須要孝，從兄如何卻須要弟，此即所以然之故……〔註81〕

> 所以然之故，即是更上面一層。如君之所以仁，蓋君是個主腦，人民土地皆屬它管，它自是用仁愛。試不仁愛看，便行不得。非是說為君了，不得已用仁愛，自是理合如此。試以一家論之：為家長者便用愛一家之人，惜一家之物，自是理合如此，若天使之然。每常思量著，極好笑，自那原頭來便如此了。又如父之所以慈，子之所以孝，蓋父子本同一氣，只是一人之身，分成兩箇，其恩愛相屬，自然有不期然而然者。其它大倫皆然，皆天理使之如此，豈容強為哉……〔註82〕

> 天道流行，造化發育，凡有聲色貌相而盈於天地之間者，皆物也。既有是物，則其所以為是物者，莫不各有當然之則，而自不容已，是皆得於天之所賦，而非人之所能為也。今且以至切而近者言之，則心之為物，實主於身，其體則有仁義禮智之性，其用則有惻隱羞惡恭敬是非之情，渾然在中，隨感而應，各有攸主，而不可亂也。〔註83〕

〔註79〕〔宋〕黎靖德編：《朱子語類・性理三・仁義禮智等名義》卷6，王星賢點校，北京：中華書局，1986年版，第99頁。

〔註80〕〔宋〕黎靖德編：《朱子語類・性理二・性情心意等名義》卷5，王星賢點校，北京：中華書局，1986年版，第82頁。

〔註81〕〔宋〕黎靖德編：《朱子語類・大學五・或問下》卷18，王星賢點校，北京：中華書局，1986年版，第414頁。

〔註82〕〔宋〕黎靖德編：《朱子語類・大學四・或問上》卷17，王星賢點校，北京：中華書局，1986年版，第383頁。

〔註83〕〔宋〕朱熹：《四書或問・大學或問下》，黃坤校點，上海、合肥：上海古籍出版社、安徽教育出版社，2001年版，第22～23頁。

　　賀孫因舉大學或問云：「心之爲物，實主於身。其體，則有仁義
禮智信之性；其用，則有惻隱、羞惡、恭敬、是非之情。渾然在中，
隨感而應。以至身之所具，身之所接，皆有當然之則而自不容已，
所謂理也，元有一貫意思。」曰：「然。施之君臣，則君臣義；施之
父子，則父子親；施之兄弟，則兄弟和；施之夫婦，則夫婦別，都
只由這箇心。如今最要先理會此心。」〔註84〕

與張載、二程等理學家一樣，朱熹將人倫道德實踐中禮制規範的要求立足於
孟子的人心本性思想基礎之上。張載曾經認定外在倫理規範容易淪爲人性道
德修養的累贅，因而導致程顥向其建議「內外之兩忘」，但程顥不否認內、
外的客觀存在並不能從根本上緩解張載的問題，這才使程頤在正視禮學實踐
中外在規範要求與內在心性基礎之上所倡導的心安理得的禮學體驗方式略
高一籌。然而，作爲程頤思想的繼承者，朱熹在探討倫理規範與人性道德的
問題上，與其對程頤「體用一源，顯微無間」的思想發展一樣，他所肯定的
踐行「禮」要達到心安的「自然和」，具有不同於程頤或者說超越程頤的地
方，就是對人心本性中「性理」所包涵的倫理道德的作用機製作出了詳細的
說明，而需要特別指出的是，朱熹正好又是從體用的角度將心看作「性」之
「體」與「情」之「用」的統一體來闡明「性理」存在及其作用的。因而，
在朱熹看來，君仁臣敬、父慈子孝的倫理道德規範，說到底就是人的心性中
仁義禮智信五種道德本體，在應事接物中產生的四種基本道德情感在發揮作
用，所以，心性作用基礎上人的外在行爲「動容周旋」符合「禮」的規定，
也就是在「日用之間」表現「天理流行」〔註85〕，這從根本上確保了倫理道
德規範的實踐並非「強爲」，而是一種發自內心的自覺自願的行爲。

　　因而，究其根本，在人心內在包涵「天理」的道德本性基礎上，「天理之
節文，人事之儀則」的體用合一的「禮之大體」能否得到實行以及「自然和」
能否實現，取決於人心中「性」、「情」的「中」、「和」。在朱熹與弟子的對話
中，人心中「存天理」是實行禮樂的基本前提：

　　問：「禮者，天理之節文：樂者，天理之和樂。仁者，人心之天

〔註84〕　〔宋〕黎靖德編：《朱子語類・論語九・里仁篇下》卷27，王星賢點校，北京：
　　　　　中華書局，1986年版，第680頁。
〔註85〕　〔宋〕朱熹：《四書章句集注・論語集注・顏淵第十二》卷6，北京：中華書
　　　　　局，1983年版，第132頁。

理。人心若存得這天理，便與禮樂湊合得著，若無這天理，便與禮
樂湊合不著。」曰：「固是。若人而不仁，空有那周旋百拜，鏗鏘鼓
舞，許多勞攘，當不得那禮樂。」〔註86〕

「節」與「和」是理解朱熹說「禮之體」出於「自然之理」的重要字眼。「節」
字上文已述及，在此不論。孔門弟子說「禮之用，和爲貴」的「和」，除去朱
熹的解釋，在孔門後學那裡其實也可從心理活動的角度來進行說明。《中庸》
說：「天命之謂性，率性之謂道，修道之謂教⋯⋯喜怒哀樂之未發，謂之中；
發而皆中節，謂之和。中也者，天下之大本也；和也者，天下之達道也。」
即，將人的喜怒等情感作用作爲「率性」行爲方式的出發點，是「和」的基
本意涵。而朱熹對「中」、「和」的釋讀最具特色，而且在此問題上，他有所
謂「中和舊說」到「中和新說」的領悟轉變，也就是「從『心是已發』到『心
有體用』的轉變」。〔註87〕最終，朱熹認爲：「喜、怒、哀、樂，情也。其未
發，則性也，無所偏倚，故謂之中。發皆中節，情之正也，無所乖戾，故謂
之和。大本者，天命之性，天下之理皆由此出，道之體也。達道者，循性之
謂，天下古今之所共由，道之用也。」〔註88〕朱熹的解釋並不是單純意義上
的心理現象說明，而是從體用合一的角度表明：「性」是心之「體」，「情」是
心之「用」，「心統性情」才有「率性之謂道」的行爲表現。因此，從「心」
是「身之所主」〔註89〕的意義上說，仁義禮智的「性理」是人倫道德實踐的
內在根據，而各種道德情感發生作用就是人倫規範的功用實現。

（二）禮儀體驗遵循性情發用

朱熹將人心視爲人倫道德規範實現的載體，不僅因爲從心理現象的形成
過程來說，「心」所具有的情感作用是其可以感知各種人類經驗活動這一基本
功能的表現，更因爲從道德主體的人性實現來說，「心」中所包涵的道德本體
即「性」發出的道德情感也是人的外在道德行爲符合倫理規範的內在根據。
因此，性情雖有體用之分，但二者統合在「渾淪一物」的「心」中，「性」是

〔註86〕〔宋〕黎靖德編：《朱子語類・論語七・八佾篇》卷25，王星賢點校，北京：
中華書局，1986年版，第604頁。

〔註87〕蒙培元：《朱熹哲學十論》，北京：中國人民大學出版社，2010年版，第82
頁。

〔註88〕〔宋〕朱熹：《四書章句集注・中庸章句》，北京：中華書局，1983年版，第
18頁。

〔註89〕〔宋〕朱熹：《四書章句集注・大學章句》，北京：中華書局，1983年版，第
3頁。

「心之全體」，「情」則是「心之妙用」，但實際上所謂的「全體妙用」自始至終貫穿著「心」的知覺功能：

> 心之全體湛然虛明，萬理具足，無一毫私欲之間；其流行該遍，貫乎動靜，而妙用又無不在焉。故以其未發而全體者言之，則性也；以其已發而妙用者言之，則情也。然「心統性情」，只就渾淪一物之中，指其已發、未發而爲言爾；非是性是一箇地頭，心是一箇地頭，情又是一箇地頭，如此懸隔也。〔註90〕

陳來先生指出，朱熹的「心體虛明」思想首先是從人的道德實踐出發的，而沒有失誤的應事接物活動是以正確地瞭解對象以及對象與主體的關係爲前提條件的，這就意味著認識論的意義也包含在其中。〔註91〕

根據朱熹自己所說，「心統性情」一語出自張載，但正如在「儒家禮學思想的構成」一章中所述，孟子以心善言性善的思想中已經較爲明確地提及惻隱、羞惡、辭讓、是非四種道德情感經擴充後，可以表現爲內在道德品性到外在道德行爲的「善」的實現。朱熹對思孟學派一脈相承之主旨內容的把握是十分精當的，他將中和的理解建立在性情未發已發的辨析上，而關於孟子的「四端」之「心」，朱熹同樣給出了極富個人特色的解說：

> 惻隱、羞惡、辭讓、是非，情也。仁、義、禮、智，性也。心，統性情者也。端，緒也。因其情之發，而性之本然可得而見，猶有物在中而緒見於外也。〔註92〕

> 人多說性方說心，看來當先說心。古人制字，亦先制得「心」字，「性」與「情」皆從「心」。以人之生言之，固是先得這道理。然才生這許多道理，卻都具在心裏。且如仁義自是性，孟子則曰「仁義之心」；惻隱、羞惡自是情，孟子則曰「惻隱之心，羞惡之心」。蓋性即心之理，情即性之用。今先說一箇心，便教人識得箇情性底總腦，教人知得箇道理存著處。若先說性，卻似性中別有一箇心。橫渠「心統性情」語極好。〔註93〕

〔註90〕〔宋〕黎靖德編：《朱子語類・性理二・性情心意等名義》卷5，王星賢點校，北京：中華書局，1986年版，第94頁。

〔註91〕陳來：《朱子哲學研究》，上海：華東師範大學，2000年版，第218頁。

〔註92〕〔宋〕朱熹：《四書章句集注・孟子集注・公孫丑章句上》卷3，北京：中華書局，1983年版，第238頁。

〔註93〕〔宋〕黎靖德編：《朱子語類・性理二・性情心意等名義》卷5，王星賢點校，北京：中華書局，1986年版，第91～92頁。

> 仁義禮智，性也；惻隱、羞惡、辭讓、是非，情也；以仁愛，以義惡，以禮讓，以智知者，心也。性者，心之理也；情者，心之用也；心者，性情之主也。〔註94〕

> 性，本體也，其用情也；心則統性情，該動靜而爲之主宰也，故程子曰心一也。有指體而言者，有指用而言者，蓋謂此也。今直以性爲本體，而心爲之用，則情爲無用者，而心亦偏於動矣。且性之爲體，正以仁義禮智之未發者而言，不但爲視聽作用之本而已也。明乎此，則吾之所謂性者，彼佛氏固未嘗得窺其彷彿，而何足以亂吾之眞哉！〔註95〕

孟子的「四端」之心放在朱熹理學思想的系統下，也就是「心」所具有的道德本性是「理」在人「心」中的落實，換言之，「心之理」是一種「性理」，但「性理」的存在與作用需要通過人的外在道德行爲來彰顯；而「性理」這一道德本性的存在與價值則需要通過「心」的情感功能發生作用才可最終外化，在此過程中，「性」作爲道德本體，也就是「天命之性」仁、義、禮、智在「心」中的存在，而「情」作爲「性」的作用表現，則是惻隱、羞惡、辭讓、是非的「心」之基本功能；因此，從人是道德主體的意義來說，所謂「性」其實是「情」的「未發」狀態，而「情」則是「性」的「已發」狀態，「性」和「情」的一貫聯繫就統合在「心」的存在與作用之中。在此，朱熹體用合一的「天理」、「性理」與「事理」思想表露無遺，即「性理」作爲「天理」作用的一種表現，在「天命之性」的道德本性基礎上，「事理」作爲人倫道德實踐的基本準則源於「天理」而又內在於「性理」之中，但無論是「理」、「性理」還是「事理」的自身存在都需要通過其作用來表現，而所謂的作用表現又必須以「理」的實際存在爲首要前提，因此，從不同的層面切入「理」的具體分析，「理」的存在與作用又有不同的具體表現形式，唯獨同一層次的「實理」存在與作用是體會「所以然之理」與「當然之則」的入手處，從而作爲人倫道德行爲活動的出發點。

〔註94〕 〔宋〕朱熹：《晦庵先生朱文公文集·元亨利貞》（四）卷67，朱傑人等主編，《朱子全書》第23冊，上海、合肥：上海古籍出版社、安徽教育出版社，2002年版，第3254頁。

〔註95〕 〔宋〕朱熹：《晦庵先生朱文公文集·孟子綱領》（五）卷74，朱傑人等主編，《朱子全書》第24冊，上海、合肥：上海古籍出版社、安徽教育出版社，2002年版，第3584頁。

　　朱熹說人心中仁、義、禮、智的本性存在，不只是視、聽等行爲活動的
發生根據。誠然，若究其根本，這當中確實包涵著天人相合過程的層層推進
和步步落實等一些鉅細無遺的重要內容，但僅以人性內容之一的「禮」來說，
人身的視、聽、言、動卻無非是體驗「禮」的直接著力點。因此，朱熹說：

　　　　蓋禮爲心之規矩，而其用無所不在，以身而言，則視聽言動四
　　　者，足以該之矣。四者之間，由粗而精，由小而大，所當爲者皆禮
　　　也，所不當爲者皆非禮也。禮即天之理也，非禮則己之私也，於是
　　　四者謹而察之，知其非禮，則勿以止焉，則是克己之私，而復於禮
　　　矣。且非禮而勿視聽者，防其自外入而動於內者也；非禮而勿言動
　　　者，謹其自內出而接於外者也。內外交進，爲仁之功不遺餘力矣。
　　〔註96〕
視聽言動的外在行爲若不符合「禮」的規定，是對內在道德本性到外在道德
行爲這一心性作用過程的擾亂。因而，當朱熹與其弟子討論「三年之喪」的
實行時，最終將其落在人「心」上，要求行禮者應親自去體驗感悟：

　　　　或問：「哀慕之情，易得間斷，如何？」曰：「此如何問得人？
　　　孝子喪親，哀慕之情，自是心有所不能已，豈待抑勒，亦豈待問人？
　　　只是時時思慕，自哀感。所以說『祭思敬，喪思哀』。只是思著自是
　　　敬，自是哀。若是不哀，別人如何抑勒得他？」因舉「宰我問三年
　　　之喪」云云，曰：「女安則爲之！聖人也只得如此說，不當抑勒他，
　　　教他須用哀。只是從心上說，教他自感悟。」〔註97〕
喪親的悲痛之情是一種發自內心的眞情實感，並非他人可以抑制，因而，履
行「三年之喪」的禮制規定，原本就是「心安」的一種自發要求。朱熹要求
在「心」的意義上感悟「三年之喪」，正可以表明禮儀道德行爲是依據人心道
德本性和道德情感而發生的。
　　在朱熹的眼中，人倫道德的規範作用都是遵循人性之「理」：

　　　　蓋天命之性，仁、義、禮、智而已。循其仁之性，則自父子之
　　　親，以至於仁民愛物，皆道也；循其義之性，則自君臣之分，以至

〔註96〕〔宋〕朱熹：《四書或問・論語或問》卷12，黃坤校點，上海、合肥：上海古
　　　籍出版社、安徽教育出版社，2001年版，第295頁。
〔註97〕〔宋〕黎靖德編：《朱子語類・禮六・冠昏喪》卷89，王星賢點校，北京：中
　　　華書局，1986年版，第2279頁。

> 於敬長尊賢，亦道也；循其禮之性，則恭敬辭讓之節文，皆道也；
> 循其智之性，則是非邪正之分別，亦道也。蓋所謂性者，無一理之
> 不具，故所謂道者，不待外求而無所不備。〔註98〕

父子、君臣等人倫關係的重視，仁、義、禮、智等道德行為的實踐，原本就是儒家心性思想的核心內容，思孟學派早已有意將天道性命貫通，但與朱熹相比，其學理構建的通透性還略遜一籌。朱熹的時代，佛、道兩家的發展都對儒學振興形成一定的挑戰，儘管以朱熹為代表的儒家學者在某些方面吸收了兩家思想，但他們也從根本上揭示儒學不同於兩家的生命力所在，進而批評佛、道。如前面引文所示，朱熹在「心統性情」意義上所謂的「性」就自認是佛家難以窺其堂奧的。由此可以再作引申，正如儒學復興時期的某些學者所論，性情發用基礎上的禮制規範行為所反映的人倫道德是儒家與佛、道的根本差異。

（三）仁義禮智是實理

朱熹說：

> 道無形體，只性便是道之形體。然若無箇心，卻將性在甚處！
> 須是有箇心，便收拾得這性，發用出來。蓋性中所有道理，只是仁
> 義禮智，便是實理。吾儒以性為實，釋氏以性為空。〔註99〕

> 性是實理，仁義禮智皆具。〔註100〕

> 實理者，合當決定是如此。為子必孝，為臣必忠，決定是如此
> 了。〔註101〕

「實理」是朱熹提出的一個具有鮮明學術主旨的概念。在朱熹思想中，「實理」也不僅僅可從人性層面來把握。朱熹對《中庸》提出的「誠」和「誠之」的注解，具有將「實理」由「天理」高度貫通至人性層面的意義。他說：

> 誠者，真實無妄之謂，天理之本然也。誠之者，未能真實無妄，

〔註98〕〔宋〕朱熹：《四書或問·中庸或問上》，黃坤校點，上海、合肥：上海古籍出版社、安徽教育出版社，2001年版，第47頁。

〔註99〕〔宋〕黎靖德編：《朱子語類·性理一·人物之性氣質之性》卷4，王星賢點校，北京：中華書局，1986年版，第64頁。

〔註100〕〔宋〕黎靖德編：《朱子語類·性理二·性情心意等名義》卷5，王星賢點校，北京：中華書局，1986年版，第83頁。

〔註101〕〔宋〕黎靖德編：《朱子語類·中庸三·第二十五章》卷64，王星賢點校，北京：中華書局，1986年版，第1577頁。

而欲其眞實無妄之謂，人事之當然也。聖人之德，渾然天理，眞實無妄，不待思勉而從容中道，則亦天之道也。未至於理，則不能無人欲之私，而其爲德不能皆實。故未能不思而得，則必擇善，然後可以明善；未能不勉而中，則必固執，然後可以誠身，此則所謂人之道也。〔註102〕

　　問：「『誠者，眞實無妄之謂，天之道也。』此言天理至實而無妄，指理而言也。『誠之者，未能眞實無妄，而欲其眞實無妄之謂，人之道也。』此言在人當有眞實無妄之知行，乃能實此理之無妄，指人事而言也。蓋在天固有眞實之理，在人當有眞實之功。聖人不思不勉，而從容中道，無非實理之流行，則聖人與天如一，即天之道也。未至於聖人，必擇善，然後能實明是善；必固執，然後實得是善，此人事當然，即人之道也。程子所謂『實理』者，指理而言也；所謂『實見得是，實見得非』者，指見而言也。此有兩節意。」曰：「如此見得甚善。」〔註103〕

　　所謂誠者物之終始，不誠無物者，以理言之，則天地之理，至實而無一息之妄，故自古至今，無一物之不實，而一物之中自始至終，皆實理之所爲也；以心言之，則聖人之心，亦至實而無一息之妄，故從生至死，無一事之不實，而一事之中，自始至終，皆實心之所爲也。〔註104〕

　　蓋有是實理，則有是天；有是實理，則有是地。如無是實理，則便沒這天，也沒這地。凡物都是如此……〔註105〕

可見，所謂「實理」包涵著「天理」自然流行的本然存在與「天理」下落爲「性理」具有的應然價值的雙重意涵，按照朱熹所說就是天道方面的「天理至實而無妄」，以及人道方面的「人事」「實此理之無妄」，這種天人相合的「實

〔註102〕〔宋〕朱熹：《四書章句集注·中庸章句》，北京：中華書局，1983 年版，第
　　　　31 頁。
〔註103〕〔宋〕黎靖德編：《朱子語類·中庸三·第二十五章》卷 64，王星賢點校，
　　　　北京：中華書局，1986 年版，第 1564 頁。
〔註104〕〔宋〕朱熹：《四書或問·中庸或問下》，黃坤校點，上海、合肥：上海古籍
　　　　出版社、安徽教育出版社，2001 年版，第 94 頁。
〔註105〕〔宋〕黎靖德編：《朱子語類·中庸三·第二十五章》卷 64，王星賢點校，
　　　　北京：中華書局，1986 年版，第 1576 頁。

理」觀對於聖人而言就是「本體」與「工夫」的統一，而對於一般普通人來說，則需要經過修養工夫的歷練才能實現。

因此，朱熹又指出：

> 天地之間，陰陽交錯，而實理流行，蓋與道爲體也。寒暑晝夜，闔闢往來，而實理於是流行其間，非此則實理無所頓放。猶君臣父子夫婦長幼朋友，有此五者，而實理寓焉。〔註106〕

> 吾之所謂道者，君臣、父子、夫婦、昆弟、朋友當然之實理也。彼（指上文所提「釋氏」——引者）之所謂道，則以此爲幻爲妄而絕滅之，以求其所謂清淨寂滅者也。人事當然之實理，乃人之所以爲人而不可以不聞者，故朝聞之而夕死，亦可以無憾。若彼之所謂清淨寂滅者，則初無所效於人生之日用，其急於聞之者，特懼夫死之將至，而欲倚是以敵之耳。〔註107〕

從理學思潮的歷史使命來說，其哲理化的儒學內容致思，原本具有抗衡佛、老思想衝擊的學術意義。無論是先秦儒學的禮學主題，還是兩漢儒學的經學形式，人倫道德的維護始終是儒學發展一以貫之的主旨。理學作爲宋代以降的儒學新形態，人倫道德的復興不僅是現實社會結構變化的需要，更是儒學基本問題天道性命愈臻圓熟透徹的學理要求，因而，朱熹構建的理學思想系統中採用「實理」來解析天理流行和性理價值，但卻始終以人倫規範作爲支點。

其實，「實理」概念的確立，毋寧說是朱熹彙聚儒學精繺，而向佛、道兩家發出的一支利箭。佛道兩家在理論構思上確有值得儒者借鑒之處，但在社會人倫問題上的輕忽也爲儒者豎立了箭靶。朱熹對此有特別闡述：

> 彼老子、浮屠之說，固有疑於聖賢者矣，然其實不同者，則此以性命爲眞實，而彼以性命爲空虛也。此以爲實，故所謂寂然不動者，萬理粲然於其中，而民彝物則，無一之不具。所謂感而遂通天下之故，則必順其事，必循其法，而無一事之或差。彼以爲空，則徒知寂滅爲樂，而不知其爲實理之原，徒知應物見形，而不知其有

〔註106〕〔宋〕黎靖德編：《朱子語類·程子之書一》卷95，王星賢點校，北京：中華書局，1986年版，第2422頁。

〔註107〕〔宋〕朱熹：《四書或問·論語或問》卷4，黃坤校點，上海、合肥：上海古籍出版社、安徽教育出版社，2001年版，第180頁。

眞妄之別也。是以自吾之說而修之，則體用一原，顯微無間，而治
心、修身、齊家、治國，無一事之非理。由彼之說，則其本末橫飛，
中外斷絕，雖有所謂朗澈靈通、虛靜明妙者，而無所救於滅理亂倫
之罪、顛倒運用之失也。故自古爲其學者，其初無不似有可喜，考
其終則詖淫邪遁之見鮮有不作而害於政事者。〔註108〕

這一段引文是朱熹向孝宗皇帝上書的一部分。朱熹認爲，儒家從「性命」是
「眞實」出發，因而人倫道德實踐既能合乎事理要求，也能遵循性命作用法
則，所以是「體用一原、顯微無間」的倫理本體和德性修養工夫的貫通；而
佛、道兩家以「性命」爲「空虛」的界定，會導致行爲實踐無法判定的後果，
由此引起內在心性修養與外在事務活動的隔絕，最終將對人倫社會秩序的維
護構成直接損害。因此，朱熹又說：「孔孟見實理，把作合做底看。他（指老
子——引者）不見實理，把做無故不肯爲」〔註109〕，「佛氏偏處只是虛其理。
理是實理，他卻虛了，故於大本不立也」。〔註110〕

　　在朱熹看來，儒釋之間的差別，僅從「天命之謂性」的一句話中就可見
分曉：

　　　　只如說「天命之謂性」，釋氏便不識了，便遽說是空覺。吾儒說
底是實理，看他便錯了。他云：「不染一塵，不捨一法。」既「不染
一塵」，卻如何「不捨一法」？到了是說那空處，又無歸著。且如人
心，須是其中自有父子君臣兄弟夫婦朋友。他做得徹到底，便與父
子君臣兄弟夫婦朋友都不相親。吾儒做得到底，便「父子有親，君
臣有義，兄弟有序，夫婦有別，朋友有信」。吾儒只認得一箇誠實底
道理，誠便是萬善骨子。〔註111〕

人倫規範的存在與價值終究是「實理」，也就是通過一系列切實可行的工夫來
表現，這就是儒家不同於佛家的根本。其實，孟子思想中，人倫規範仁、義、

〔註108〕〔宋〕朱熹：《晦庵先生朱文公文集・戊申封事》（一）卷11，朱傑人等主編，
　　　　《朱子全書》第20冊，上海、合肥：上海古籍出版社、安徽教育出版社，2002
　　　　年版，第611頁。

〔註109〕〔宋〕黎靖德編：《朱子語類・孟子十・盡心上》卷60，王星賢點校，北京：
　　　　中華書局，1986年版，第1447頁。

〔註110〕〔宋〕黎靖德編：《朱子語類・釋氏》卷126，王星賢點校，北京：中華書局，
　　　　1986年版，第3027頁。

〔註111〕〔宋〕黎靖德編：《朱子語類・釋氏》卷126，王星賢點校，北京：中華書局，
　　　　1986年版，第3017頁。

禮、智的共存互動已經在「實」的層面有所提示：「仁之實，事親是也；義之實，從兄是也；智之實，知斯二者弗去是也；禮之實，節文斯二者是也；樂之實，樂斯二者，樂則生矣……」而對於這裡的「實」，朱熹也曾重點說明：

> 或問「事親、從兄」一段。曰：「緊要在五箇實字上。如仁是『親親而仁民，仁民而愛物』，義是長長、貴貴、尊賢。然在家時，未便到仁民愛物；未事君時，未到貴貴；未從師友時，未到尊賢，且須先從事親從兄上做將去，這箇便是仁義之實。仁民、愛物，貴貴、尊賢，是仁義之英華。若理會得這箇，便知得其他，那分明見得而守定不移，便是智之實；行得恰好，便是禮之實；由中而出，無所勉強，便是樂之實。大凡一段中必有緊要處，這一段便是這箇字緊要。」〔註112〕

> 這實字便是對華字。且如愛親、仁民、愛物，無非仁也，但是愛親乃是切近而真實者，乃是仁最先發去處；於仁民、愛物，乃遠而大了。義之實亦然。〔註113〕

可見，朱熹強調從事親從兄的工夫「做」起，是「實」的最基本意思。隨著個人成長經歷中人際交往範圍的擴大，仁、義、禮、智的工夫是有序展開的，但血緣聯繫基礎上的家族倫理規範事親之「仁」和從兄之「義」則是具有起點意義的根本工夫。因此，由對血緣至親的工夫推及其他人、物所產生的仁、義、禮、智實際上都是對仁義之道的發展。朱熹認同人倫道德的「五常」觀念，其中還包括一個「信」字，但他對「信」的闡述實際上就蘊涵在仁義禮智工夫的總體說明中，因為「信」就是「實」，並且與「誠」的「真實無妄」具有同等意義。他說：

> 蓋信之於五常，猶土之於五行也。五行非土不立，而土無定位；五常非信不有，而信非一端。故曰：「誠者物之終始，不誠無物。」此亦可以觀之矣。〔註114〕

> 蓋人之性皆出於天，而天之氣化必以五行為用。故仁、義、禮、

〔註112〕〔宋〕黎靖德編：《朱子語類・孟子六・離婁上》卷56，王星賢點校，北京：中華書局，1986年版，第1332～1333頁。

〔註113〕〔宋〕黎靖德編：《朱子語類・孟子六・離婁上》卷56，王星賢點校，北京：中華書局，1986年版，第1333頁。

〔註114〕〔宋〕朱熹：《四書或問・孟子或問》卷3，黃坤校點，上海、合肥：上海古籍出版社、安徽教育出版社，2001年版，第434～435頁。

智、信之性，即水、火、金、木、土之理也。木仁，金義，火禮，水智，各有所主。獨土無位而爲四行之實，故信亦無位而爲四德之實也。〔註115〕

通過「實理」的闡發，朱熹十分明確地將人倫道德規範「五常」作爲人人容易親近並可以切身體會的一套基本工夫，這是對禮儀制度最深入淺出的一種說明，而且也主旨鮮明的將「禮」的倫理探討引向每一個個體的實際應用。而就在這種倫理思考走向個體應用的過程中，朱熹也揭示了「禮」的兩種實現類型，一種是聖人似的「自誠明」的禮學修養工夫的一體表現，另一種則是聖人以外的人人皆可的「自明誠」的禮學修養工夫的逐步實現。朱熹說：

聖人將那廣大底收拾向實處來，教人從實處做將去。老佛之學則說向高遠處去，故都無工夫了。聖人雖說本體如此，及做時，須事事著實。如禮樂刑政，文爲制度，觸處都是。體用動靜，互換無端，都無少許空闕處。若於此有一毫之差，則便於本體有虧欠處也。「洋洋乎，禮儀三百，威儀三千。」洋洋是流動充滿之意。〔註116〕

「自誠明，謂之性。」誠，實然之理，此堯舜以上事。學者則「自明誠，謂之教」，明此性而求實然之理。經禮三百，曲禮三千，無非使人明此理。此心當提撕喚起，常自念性如何善？因甚不善？人皆可爲堯舜，我因甚做不得？立得此後，觀書亦見理，靜坐亦見理，森然於耳目之前！〔註117〕

朱熹雖然肯定「自誠明」的禮學修養工夫，但在實際的討論中，他更爲關注「自明誠」這種禮學修養工夫的普遍意義，因此，對於「明此性而求實然之理」，朱熹實際上又引入了「主敬」涵養和「格物致知」來作爲禮學修養工夫的進一步入手處。

〔註115〕〔宋〕朱熹：《晦庵先生朱文公文集・答方賓王》（四）卷56，朱傑人等主編，《朱子全書》第23冊，上海、合肥：上海古籍出版社、安徽教育出版社，2002年版，第2658～2659頁。

〔註116〕〔宋〕黎靖德編：《朱子語類・中庸三・第二十七章》卷64，王星賢點校，北京：中華書局，1986年版，第1584頁。

〔註117〕〔宋〕黎靖德編：《朱子語類・中庸三・第二十一章》卷64，王星賢點校，北京：中華書局，1986年版，第1567頁。

三、「敬」與「知」：下學人事，便是上達天理

朱熹在天道性命貫通的意義上所提出的「實理」，就其總體旨向而言，是以儒家對人倫道德規範的重視來批評佛、道兩家在此問題上的忽略，這可以用「理是實的」來表達「實理」的第一層面意義；「實理」的第二層面意義，被朱熹落實在心性修養工夫的層面，也就是通過仁、義、禮、智等道德觀念的基本入手工夫來充實表現倫理本體意義上的「實理」。如果說「實理」的第一層面意義，是針對佛、道兩家，那麼，第二層面的「實理」意義則有糾正理學陣營內部發展流弊的意義，而事實上所謂的理學內部流弊也就是滑向釋氏禪學的程門後學對「主敬」工夫的偏離，這在上文已經引證過相關學者的研究成果，在此不贅言。有必要再指出的是，朱熹在辨析程門後學對「克己復禮」的誤解基礎上來批評「以理易禮」的學術傾向，其實也是與其對性命「實理」的探討聯繫在一起的，這從朱熹對《中庸》首章的理解就可以看出。

（一）「克己復禮」以「求仁」

在朱熹眼中，《中庸》所講的就是「實學」，「善讀者玩索而有得」將會終身受用。〔註118〕他明確提到：

> 中庸曰：「天命之謂性，率性之謂道，修道之謂教，何也？」曰：
> 天命之謂性，渾然全體，無所不該也；率性之謂道，大化流行，各有條貫也；修道之謂教，克己復禮，日用工夫也。知全體，然後條貫可尋，而工夫有序。然求所以知之，又在日用工夫，下學上達而已矣。〔註119〕

可見，「克己復禮」作為平時常用的基本工夫，實際上正是體會天道性命貫通的關節點，它不僅包涵著天命之性的道德本體作為實現人倫規範的內在根據的意義，也表明人性修養過程中人倫道德實踐正是道德主體擴充其天賦道德的現實路徑。「克己復禮」源於孔子向其弟子顏淵解說「仁」，在指出「克己復禮為仁」後，孔子又以「非禮」勿視、勿聽、勿言、勿動作了進一步的補充說明。程頤正是在領會孔子意指的基礎上，創作「四箴」並將其落實為敬知雙修的禮學修養工夫，從而對朱熹的禮學探討有直接啟迪。

〔註118〕〔宋〕朱熹：《四書章句集注・中庸章句》，北京：中華書局，1983年版，第17頁。

〔註119〕〔宋〕朱熹：《晦庵先生朱文公文集・中庸首章說》（四）卷67，朱傑人等主編，《朱子全書》第23冊，上海、合肥：上海古籍出版社、安徽教育出版社，2002年版，第3264頁。

朱熹在注解孔子與弟子的師生對話時，指出：

> 仁者，本心之全德。克，勝也。己，謂身之私欲也。復，反也。
> 禮者，天理之節文也。爲仁者，所以全其心之德也。蓋心之全德，
> 莫非天理，而亦不能不壞於人欲。故爲仁者必有以勝私欲而復於禮，
> 則事皆天理，而本心之德復全於我矣……顏淵聞夫子之言，則於天
> 理人欲之際，已判然矣，故不復有所疑問，而直請其條目也。非禮
> 者，己之私也。勿者，禁止之辭。是人心之所以爲主，而勝私復禮
> 之機也。私勝，則動容周旋無不中禮，而日用之間，莫非天理之流
> 行矣……此章問答，乃傳授心法切要之言。非至明不能察其幾，非
> 至健不能致其決。故惟顏子得聞之，而凡學者亦不可以不勉也。程
> 子之箴，發明親切，學者尤宜深玩。〔註120〕

人心中包涵的道德本性是「天理」，但會受到「私欲」的損壞影響，是「克己
復禮」作爲人性修養工夫的必要性。而在「心統性情」的道德主體實現其道
德本性的過程中，未發狀態的「性」源於「天理」，當然不會是「私欲」，唯
有在「性」到「情」的發用情形中才有可能形成「私欲」，進而損壞心中「天
理」的正常作用。在此意義上，朱熹說他第一次在程頤「凡言心者，皆指已
發」的啓示下，將「中和」理解成「心爲已發，而以性爲未發之中」，「雖於
心性之實未始有差，而未發、已發命名未當，且於日用之際欠缺本領一段工
夫」。〔註121〕所謂的「本領一段工夫」，朱熹進一步解釋道：

> 蓋赤子之心，動靜無常，非寂然不動之謂，故不可謂之中。然
> 無營欲智巧之思，故爲未遠乎中耳。未發之中，本體自然不須窮索，
> 但當此之時，敬以持之，使此氣象常存而不失，則自此而發者，其
> 必中節矣。此日用之際本領工夫……向來講論思索，直以心爲已發，
> 而所論致知格物，亦以察識端倪爲初下手處，以故缺卻平日涵養一
> 段工夫。〔註122〕

〔註120〕〔宋〕朱熹：《四書章句集注・論語集注・顏淵第十二》卷3，北京：中華書
　　　　局，1983年版，第131～132頁。

〔註121〕〔宋〕朱熹：《晦庵先生朱文公文集・已發未發說》（四）卷67，朱傑人等主
　　　　編，《朱子全書》第23冊，上海、合肥：上海古籍出版社、安徽教育出版社，
　　　　2002年版，第3266頁。

〔註122〕〔宋〕朱熹：《晦庵先生朱文公文集・已發未發說》（四）卷67，朱傑人等主
　　　　編，《朱子全書》第23冊，上海、合肥：上海古籍出版社、安徽教育出版社，
　　　　2002年版，第3267頁。

也就是說，「敬」是對人心內在固有的德性狀態的一種保持，若失去了這種德性狀態的存在，那麼，人心的情感功能所產生的作用便會失去道德本性的保障，也就無所謂「中和」。所以，從道德主體的內在修養來說，心統性情狀態的正常維繫絕對不能缺少對道德本性存養的「敬」這一「本領工夫」。

「敬」的存養工夫，是朱熹在「天理」與「人欲」之別的基礎上，強調「克己復禮」是「求仁」的必要條件，而「仁」所包涵的雙重意蘊則是克除私欲、恢復天理的「克己復禮」過程最終以復「禮」的外在行為作為「仁」實現的具體表現，因而，「克己」與「復禮」的統一過程其實正是「仁」與「禮」的道德實踐的基本工夫。朱熹說：

> 仁者，愛之理，心之德也。〔註123〕

> 人之為心，其德亦有四，曰仁義禮智，而仁無不包。其發用焉，則為愛恭宜別之情，而惻隱之心無所不貫……蓋仁之為道，乃天地生物之心，即物而在，情之未發而此體已具，情之既發而其用不窮，誠能體而存之，則眾善之源、百行之本，莫不在是。此孔門之教所以必使學者汲汲於求仁也。〔註124〕

> 人受天地之中以生，而仁義禮智之性具於其心。仁雖專主於愛，而實為心體之全德；禮則專主於敬，而心之所以為規矩者也。然人有是身，則耳目口體之間，不能無私欲之累，以違於禮而害夫仁。人而不仁，則自其一身莫適為主，而事物之間，顛倒錯亂，益無所不至矣。此聖門之學，所以汲汲於求仁，而顏子之問，夫子特以克己復禮告之，蓋欲其克去有己之私欲，而復於規矩之本然，則夫本心之全德，將不離乎此而無不盡也……己者，人欲之私也，禮者，天理之公也，一心之中，二者不容並立，而其相去之間，不能以毫髮，出乎此則入乎彼，出於彼則入於此矣。是其克與不克，復與不復，如手反覆，如臂屈伸，誠欲為之，其機固亦在我而已，夫豈他人之所以得與哉！〔註125〕

〔註123〕〔宋〕朱熹：《四書章句集注‧論語集注‧學而第一》卷1，北京：中華書局，1983年版，第48頁。

〔註124〕〔宋〕朱熹：《晦庵先生朱文公文集‧仁說》（四）卷67，朱傑人等主編，《朱子全書》第23冊，上海、合肥：上海古籍出版社、安徽教育出版社，2002年版，第3279～3280頁。

〔註125〕〔宋〕朱熹：《四書或問‧論語或問》卷12，黃坤校點，上海、合肥：上海古籍出版社、安徽教育出版社，2001年版，第294～295頁。

　　　　禮是自家本有底，所以說簡「復」，不是待克了己，方去復禮。
　　克得那一分人欲去，便復得這一分天理來；克得那二分己去，便復
　　得這二分禮來。且如箕踞非禮，自家克去箕踞，稍稍端坐，雖未能
　　如尸，便復得這些簡來。〔註126〕

　　　　克己便是復禮，不是克己了，方待復禮，不是做兩截工夫。
〔註127〕

　　　　某之意，不欲其只說復理而不說「禮」字。蓋說復禮，即說得
　　著實：若說作理，則懸空，是簡甚物事？〔註128〕

「愛之理」是從性情體用合一的意義上說「仁」，而「心之德」則是從心的道
德本性意義上說「仁」。「仁」之「愛」、「禮」之「恭」、「義」之「宜」、「智」
之「別」都是「心之德」的具體內容，而因為惻隱之心的「仁」貫穿在所有
這些內容之中，所以又具有包涵四德的「全德」之稱，對此，朱熹也曾有特
別說明：「惻隱只是動處。接事物時，皆是此心先擁出來，其間卻自有羞惡、
是非之別，所以惻隱又貫四端」。〔註129〕「禮」是人心本性內在固有的「規矩」，
是在遵循性情發用的內在根據基礎上實現其外在行為規範意義的。然而，「情」
所發出的「欲」有「好」與「不好」之別：「欲是情發出來底。心如水，性猶
水之靜，情則水之流，欲則水之波瀾，但波瀾有好底，有不好底。欲之好底，
如『我欲仁』之類；不好底則一向奔馳出去，若波濤翻浪；大段不好底欲則
滅卻天理，如水之壅決，無所不害。孟子謂情可以為善，是說那情之正，從
性中流出來者，元無不好也。」〔註130〕人身的感官欲望是自家私有的，在正
常生存需要範圍內的物欲需求都是合理的，但若不加以節制的苛求則會陷溺
人心原有的道德本性。所以，人性修養中道德主體性的發揮，就是運用人心
中的自然規矩保障性情發用過程中「情之正」，這也就是「克與不克，復於不

〔註126〕〔宋〕黎靖德編：《朱子語類‧論語二十三‧顏淵篇上》卷41，王星賢點校，
　　　　　北京：中華書局，1986年版，第1047頁。
〔註127〕〔宋〕黎靖德編：《朱子語類‧論語二十三‧顏淵篇上》卷41，王星賢點校，
　　　　　北京：中華書局，1986年版，第1049頁。
〔註128〕〔宋〕黎靖德編：《朱子語類‧論語二十三‧顏淵篇上》卷41，王星賢點校，
　　　　　北京：中華書局，1986年版，第1065頁。
〔註129〕〔宋〕黎靖德編：《朱子語類‧程子之書一》卷95，王星賢點校，北京：中
　　　　　華書局，1986年版，第2419頁。
〔註130〕〔宋〕黎靖德編：《朱子語類‧性理二‧性情心意等名義》卷5，王星賢點校，
　　　　　北京：中華書局，1986年版，第93～94頁。

復」，「其機固亦在我」的意思。「克己復禮」是一個實實在在的對人身私欲有
所節制的過程，因此不以「復理」來代替「復禮」，是在心性修養的實際工夫
層面上的強調。

將「求仁」落實在「克己復禮」的工夫上，是朱熹撥亂反正從而發揚程
頤敬知雙修的禮學修養工夫的切入點。朱熹解說了他與程頤在性、情、仁、
愛關係問題上的差異：

> 程子之所詞，以愛之發而名仁者也。吾之所論，以愛之理而名
> 仁者也。蓋所謂情性者，雖其分域之不同，然其脈絡之通，各有攸
> 屬者，則何嘗判然離絕而不相管哉！吾方病夫學者誦程子之言而不
> 求其意，遂至於判然離愛而言仁……〔註131〕

從性情一脈相通的聯繫上以「愛之理」來說「仁」，可以杜絕對程頤原意的誤
解。在此基礎上，朱熹辨析了「程氏之徒」說「仁」的兩種失誤，即「有謂
愛非仁，而以萬物與我爲一爲仁之體者」以及「有謂愛非仁，而以心有知覺
釋仁之名者」：

> 彼謂物我爲一者，可以見仁之無不愛矣，而非仁之所以爲體之
> 眞也；彼謂心有知覺者，可以見仁之包乎智矣，而非仁之所以得名
> 之實也。觀孔子答子貢博施濟眾之問，與程子所謂覺不可以訓仁者，
> 則可見矣……泛言同體者，使人含糊昏緩而無警切之功，其弊或至
> 於認物爲己者有之矣；專言知覺者，使人張皇迫躁而無沉潛之味，
> 其弊或至於認欲爲理者有之矣。〔註132〕

第一種失誤在於以仁德的外在廣泛作用而忽略了「仁」是道德主體的內在本
性，容易造成物我內外界限的泯滅；第二種失誤則是用人心的基本知覺功能
來掩蓋了「仁」是道德本性的主體實現，難免引起私欲公理的混淆。

對於上述兩種失誤，朱熹也曾向張栻提及，並且毫不諱言地將其批爲「近
世學者驚怪恍惚、窮高極遠之言也」：

> 大抵二先生之前，學者全不知有仁字，凡聖賢說仁處，不過

〔註131〕〔宋〕朱熹：《晦庵先生朱文公文集·仁說》（四）卷67，朱傑人等主編，《朱
子全書》第 23 冊，上海、合肥：上海古籍出版社、安徽教育出版社，2002
年版，第 3280 頁。

〔註132〕〔宋〕朱熹：《晦庵先生朱文公文集·仁說》（四）卷67，朱傑人等主編，《朱
子全書》第 23 冊，上海、合肥：上海古籍出版社、安徽教育出版社，2002
年版，第 3280～3281 頁。

只作愛字看了。自二先生以來，學者始知理會仁字，不敢只作愛
說。然其流復不免有弊者。蓋專務說仁，而於操存涵泳之功，不
免有所忽略，故無復優柔厭飫之味、克己復禮之實，不但其蔽也
愚而已；而又一向離了愛字，懸空揣摸，即無眞實見處，故其爲
說恍惚驚怪，弊病百端，殆反不若全不知有仁字而只作愛字看卻
之爲愈也。

　　熹竊嘗謂若實欲求仁，固莫若力行之近。但不學以明之，則有
擿埴冥行之患，故其蔽愚。若主敬致知交相爲助，則自無此蔽矣。
若且欲曉得仁之名義，則又不若且將愛字推求。若見得仁之所以愛，
而愛之所以不能盡仁，則仁之名義意思瞭然在目矣，初不必求之於
恍惚有無之間也。〔註133〕

朱熹對「克己復禮」以「求仁」的道德實踐意義的強調，是將「仁」作爲可
以由行爲規範之禮儀制度入手的一種基本工夫，這在他向弟子解釋不滿張栻
理解「仁」的方式中可見一斑：

　　王壬問：「南軒類聚言仁處，先生何故不欲其如此？」曰：「便
是工夫不可恁地。如此，則氣象促迫，不好。聖人說仁處固是緊要，
不成不說仁處皆無用！亦須是從近看將去，優柔玩味，久之自有一
箇會處，方是工夫。如『博學、審問、愼思、明辨、篤行』，聖人須
說『博學』，如何不教人便從愼獨處做？須是說『禮儀三百，威儀三
千』，始得。」〔註134〕

所以，在朱熹那裡，「求仁」的基本工夫既包括「主敬」的「操存涵泳」道德
本性的意義，也包括「致知」的知行結合來進行道德體認的涵義，而這兩者
的融會貫通是落實在「克己復禮」的禮制規範意義內化在心性修養的人倫道
德實踐中。

（二）主敬涵養

　　前文論及程頤在創作「四箴」的基礎上，以「主敬」即內心的專注作爲

〔註133〕〔宋〕朱熹：《晦庵先生朱文公文集・答張敬夫》（二）卷31，朱傑人等主編，
　　　　《朱子全書》第21冊，上海、合肥：上海古籍出版社、安徽教育出版社，2002
　　　　年版，第1335～1336頁。

〔註134〕〔宋〕黎靖德編：《朱子語類・胡氏門人・張敬夫》卷103，王星賢點校，北
　　　　京：中華書局，1986年版，第2605～2606頁。

避免人心被外物牽制的有效辦法，從而使其禮學修養工夫將人身視聽言行的規範合「理」化作爲基本內容。事實上，「敬」與「禮」的內在關聯可謂由來已久。《左傳》中明確指出：「禮，國之干也；敬，禮之輿也。不敬則禮不行」。〔註135〕孔子曾經提到：「居上不寬，爲禮不敬，臨喪不哀，吾何以觀之哉？」〔註136〕這也是將「敬」作爲禮儀行爲的一種神態要求。《禮記·曲禮》的開篇將各種禮儀行爲的內在精神概括爲「毋不敬」，足見「敬」與「禮」的密切聯繫。《說文解字》說：「敬，肅也。」段玉裁作注：「肅者，持事振敬也。」〔註137〕也就是說，「敬」的本義是要求在待人接物時神態、言詞嚴肅。朱熹在程頤將「敬」理解爲「主一無適」的意義上，全面擴充了「敬」的意涵，將其作爲「一心之主宰，而萬事之本根也」。〔註138〕蒙培元先生認爲朱熹之所以看重「敬」，「在於它是提高道德實踐的自主性、自覺性，進行自我改造的根本方法」。〔註139〕

在朱熹看來，「敬」首先具有「收斂身心」的意義，這是對程頤「主敬」思想的繼承以及對尹焞收斂身心說的發揚：

> 然敬有甚物？只如「畏」字相似。不是塊然兀坐，耳無聞，目無見，全不省事之謂。只收斂身心，整齊純一，不恁地放縱，便是敬。〔註140〕

> 程子推出一箇「敬」字與學者說，要且將箇「敬」字收斂箇身心，放在模匣子裏面，不走作了，然後逐事逐物看道理。〔註141〕

> 問：「和靖說：『其心收斂，不容一物。』」曰：「這心都不著一物，便收斂。他上文云：『今人入神祠，當那時直是更不著得些子事，只有箇恭敬。』此最親切。今人若能專一此心，便收斂緊密，都無

〔註135〕 《左傳·僖公十一年》
〔註136〕 《論語·八佾》
〔註137〕 〔漢〕許慎撰、〔清〕段玉裁注：《說文解字注》，杭州：浙江古籍出版社，1998年版，第434頁。
〔註138〕 〔宋〕朱熹：《四書或問·大學或問上》，黃坤校點，上海、合肥：上海古籍出版社、安徽教育出版社，2001年版，第2頁。
〔註139〕 蒙培元：《理學範疇系統》，北京：人民出版社，1989年版，第407頁。
〔註140〕 〔宋〕黎靖德編：《朱子語類·學六·持守》卷12，王星賢點校，北京：中華書局，1986年版，第208頁。
〔註141〕 〔宋〕黎靖德編：《朱子語類·學六·持守》卷12，王星賢點校，北京：中華書局，1986年版，第208頁。

些子空蕤。若這事思量未了，又走做那邊去，心便成兩路。〔註142〕
在此，「心」所具有的道德本性是其不放縱迷失於外物干擾的根本原因，而所謂「收斂身心」也就是對這種道德本性的保存。

　　內心主一的「敬」會「隨事」而動靜一致，也是朱熹賦予「敬」的基本意蘊，而這更是「敬」具有儒學本色的特點所在。他說：

　　　　二先生所論「敬」字，須該貫動靜看方得。夫方其無事而存主不懈者，固敬也；及其應物而酬酢不亂者，亦敬也。故曰：「毋不敬，儼若思。」又曰：「事思敬，執事敬。」豈必以攝心坐禪而謂之敬哉？〔註143〕

　　　　主一又是「敬」字注解。要之，事無小無大，常令自家精神思慮盡在此。遇事時如此，無事時也如此。〔註144〕

　　　　敬不是只恁坐地。舉足動步，常要此心在這裡。〔註145〕

　　　　敬不是萬事休置之謂，只是隨事專一，謹畏，不放逸耳。〔註146〕

　　　　深究近世學者之病，只是合下欠卻持敬工夫，所以事事滅裂。其言敬者，又只說能存此心，自然中理。至於容貌辭氣，往往全不加工。設使眞能如此存得，亦與釋老何異。（上蔡說便有此病了。）又況心慮荒忽，未必眞能存得耶？程子言敬，必以整齊嚴肅、正衣冠、尊瞻視爲先，又言未有箕踞而心不慢者，如此乃是至論。而先聖說克己復禮，尋常講說，於「禮」字每不快意，必訓作「理」字然後已，今乃知其精微縝密，非常情所及耳。〔註147〕

〔註142〕〔宋〕黎靖德編：《朱子語類·大學四·或問上》卷17，王星賢點校，北京：中華書局，1986年版，第373頁。

〔註143〕〔宋〕朱熹：《晦庵先生朱文公文集·答廖子晦》（三）卷45，朱傑人等主編，《朱子全書》第22冊，上海、合肥：上海古籍出版社、安徽教育出版社，2002年版，第2078頁。

〔註144〕〔宋〕黎靖德編：《朱子語類·學六·持守》卷12，王星賢點校，北京：中華書局，1986年版，第206頁。

〔註145〕〔宋〕黎靖德編：《朱子語類·學六·持守》卷12，王星賢點校，北京：中華書局，1986年版，第211頁。

〔註146〕〔宋〕黎靖德編：《朱子語類·學六·持守》卷12，王星賢點校，北京：中華書局，1986年版，第211頁。

〔註147〕〔宋〕朱熹：《晦庵先生朱文公文集·答林擇之》（三）卷43，朱傑人等主編，《朱子全書》第22冊，上海、合肥：上海古籍出版社、安徽教育出版社，2002年版，第1968～1969頁。

可見，所謂的「隨事專一」其實是在事理準則的基礎上調動人的心性活動，使得內在性情的發用成爲外在行爲方式的根本依據，從而以「容貌辭氣」的整齊嚴肅作爲「禮」的實際表現。

因此，朱熹也將身心內外的「整齊嚴肅」作爲「敬」的完滿體現，而這又是「敬」貫穿在禮儀踐行中使人的「視聽言動」合「禮」的基本內容。朱熹說：

> 「持敬」之說，不必多言，但熟味「整齊嚴肅」、「嚴威儼恪」、「動容貌」、「整思慮」、「正衣冠」、「尊瞻視」此等數語而使加功焉，則所謂直內、所謂主一，自然不費安排而身心肅然，表裏如一矣……大抵身心內外，初無間隔。所謂心者固主乎內，而凡視聽言動、出處語默之見於外者，亦即此心之用而未嘗離也。〔註148〕

> 「持敬」之說甚善，但如所喻，則須是天資盡高底人，不甚假修爲之力，方能如此。若顏曾以下，尤須就視聽言動，容貌辭氣上做工夫。蓋人心無形，出入不定，須就規矩繩墨上守定，便自內外帖然。豈曰放僻邪侈於內，而姑正容謹節於外乎？且放僻邪侈正於莊整齊肅相反，誠能莊整齊肅，則放僻邪侈決知其無所容矣……所謂莊整齊肅者，正所以存其心也。〔註149〕

> 問敬。曰：「不用解說，只整齊嚴肅便是。」〔註150〕

也就是說，「敬」的涵養工夫說到底是在日常行爲活動中體會心性自然的內在要求，「整齊嚴肅」只是這一自然要求的外化表現。

在上述關於「敬」的意涵基礎上，朱熹也明確提出「敬」是「存心養性事天」，實現天人合一目標的基本工夫：

> 「存其心，養其性，所以事天也。」心性皆天之所以與我者，不能存養而梏亡之，則非所以事天也。夫心主乎性者也，敬以存之，

〔註148〕 〔宋〕朱熹：《晦庵先生朱文公文集·答楊子直》（三）卷45，朱傑人等主編，《朱子全書》第22冊，上海、合肥：上海古籍出版社、安徽教育出版社，2002年版，第2072頁。

〔註149〕 〔宋〕朱熹：《晦庵先生朱文公別集·何叔京》（六）卷4，朱傑人等主編，《朱子全書》第25冊，上海、合肥：上海古籍出版社、安徽教育出版社，2002年版，第4901頁。

〔註150〕 〔宋〕黎靖德編：《朱子語類·學六·持守》卷12，王星賢點校，北京：中華書局，1986年版，第211頁。

則性得其養而無所害矣。此君子之所以奉順乎天，蓋能盡其心而終
之之事，顏、冉所以請事斯語之意也。然學者將以求其盡心，亦未
有不由此而入者。故敬者學之終始，所謂徹上徹下之道，但其意味
淺深有不同爾。〔註151〕

「存心養性事天」作爲道德踐履的最高目標，對於普通的學者而言，其實是
建立在「盡心知性知天」的道德認知的不斷深入基礎之上，因此，「敬」也伴
隨著爲學過程的始終，成爲「學」的出發點和宗旨所在。

關於「敬」與「學」的聯繫，朱熹是從「小學」和「大學」這兩個階段
來揭示「敬」的基本工夫與最終結果的。朱熹說：

敬之一字，聖學所以成始而成終者也。爲小學者，不由乎此，
固無以涵養本原，而謹夫灑掃應對進退之節，與夫六藝之教。爲大
學者，不由乎此，亦無以開發聰明，進德修業，而致夫明德新民之
功……敬者，一心之主宰，而萬事之本根也。知其所以用力之方，
則知小學之不能無賴於此以爲始；知小學之賴此以始，則夫大學之
不能無賴乎此以爲終者，可以一以貫之而無疑矣。蓋此心既立，而
由是格物致知以盡事物之理，則所謂尊德性而道問學；由是誠意正
心以修其身，則所謂先立其大者而小者不能奪；由是齊家治國以及
乎天下，則所謂修己以安百姓，篤恭而天下平。〔註152〕

這裡，「小學」是指八到十五歲的幼童入學後，「教之以灑掃、應對、進退之
節，禮樂、射御、書數之文」，而「大學」則是孩童成長到十五歲之後，「教
之以窮理、正心、修己、治人之道」。〔註153〕在朱熹看來，小學就是人生開始
階段接受一些禮節儀式的訓練，在潛移默化中形成身體儀態的規範合「禮」，
而大學則是在人的心智逐漸成熟、人生經歷不斷豐富之時，能夠理性地體認
禮儀中包涵的「天理」、「性理」到「事理」的步步落實，從而在修身的心性
道德修養基礎上實現「家」、「國」、「天下」有序的「恭敬有禮」的禮治社會

〔註151〕〔宋〕朱熹：《晦庵先生朱文公文集・答張敬夫問目》（二）卷32，朱傑人等
　　　　　主編，《朱子全書》第21冊，上海、合肥：上海古籍出版社、安徽教育出版
　　　　　社，2002年版，第1398頁。
〔註152〕〔宋〕朱熹：《四書或問・大學或問上》，黃坤校點，上海、合肥：上海古籍
　　　　　出版社、安徽教育出版社，2001年版，第2～3頁。
〔註153〕〔宋〕朱熹：《四書章句集注・大學章句序》，北京：中華書局，1983年版，
　　　　　第1頁。

理想。所以，朱熹也明確提到：「學之大小，固有不同，然其爲道則一而已。是以方其幼也，不習之於小學，則無以收其放心，養其德性，而爲大學之基本。及其長也，不進之於大學，則無以察夫義理，措諸事業，而收小學之成功。」〔註154〕

「小學」受到朱熹的特別重視，終究是源於朱熹主張在「事理」中「堅定涵養」，因而，「小學」也成爲「格物致知」的先決條件：

> 古者初年入小學，只是教之以事，如禮樂射御書數及孝悌忠信之事。自十六七入大學，然後教之以理，如致知、格物及所以爲忠信孝悌者。〔註155〕

> 小學是事，如事君，事父，事兄，處友等事，只是教他依此規矩做去。大學是發明此事之理。〔註156〕

> 近來覺得「敬」之一字，眞聖學始終之要，向來之論，謂必先知其知，然後有以用力於此，疑若未安。蓋古人由小學而進於大學，其於灑掃應對進退之間，持守堅定，涵養純熟，固已久矣。是以大學之序，特因小學已成之功，而以格物致知爲始。今人未嘗一日從事於小學，而日必先致其知，然後敬有所施，則未知其以何爲主而格物以致其知也。〔註157〕

所以，朱熹有感於時人對「小學」教育的茫然無知，曾在弟子的協助下編輯《小學》。《小學》的基本內容取材於《禮記》中的〈曲禮〉、〈王制〉、〈郊特牲〉、〈內則〉、〈玉藻〉、〈少儀〉、〈樂記〉、〈祭義〉、〈祭統〉、〈坊記〉等篇，以及《周禮》和《儀禮》等其他儒家文獻。作爲一部儒學典籍，《小學》既是一部儒家倫常教育的蒙學讀本，同時又具有很強的「禮書」性質。朱熹在《小學》的序文中明確指出了「小學」與「大學」循序漸進的理由：「必使其講而

〔註154〕〔宋〕朱熹：《四書或問·大學或問上》，黃坤校點，上海、合肥：上海古籍出版社、安徽教育出版社，2001 年版，第 1 頁。

〔註155〕〔宋〕黎靖德編：《朱子語類·學一·小學》卷 7，王星賢點校，北京：中華書局，1986 年版，第 124 頁。

〔註156〕〔宋〕黎靖德編：《朱子語類·學一·小學》卷 7，王星賢點校，北京：中華書局，1986 年版，第 125 頁。

〔註157〕〔宋〕朱熹：《晦庵先生朱文公文集·答胡廣仲》（三）卷 42，朱傑人等主編，《朱子全書》第 22 冊，上海、合肥：上海古籍出版社、安徽教育出版社，2002 年版，第 1894～1895 頁。

習之於幼穉之時，欲其習與智長、化與心成，而無扞格不勝之患也」。〔註158〕
束景南先生曾經高度評價《小學》在朱熹四書學體系中的重要性，他說：「沒
有『小學』，不僅使他的四書學在體繫上還不完整，而且也同他的『涵養須用
敬，進學則在致知』的思想學問大旨牴觸。因為他的敬知雙修、誠明兩進，
是以敬的涵養為主（主敬），但是《大學》中的次序卻先講格物致知，由格物、
致知而進於正心、誠意、修身、齊家直至治國，平天下，是先致知進學再用
敬涵養。他用『小學』來彌補了他四書學中的這一漏洞。在他看來，童蒙的
灑掃應對進退等小學工夫，就是從敬的涵養入手；到成人後入大學，便又從
窮理致知入手⋯⋯他把小學與大學統一起來，從而也就把用敬與致知統一起
來，他在淳熙十四年序定成《小學》一書，標誌著小學也被納入了《四書集
注》的四書學體系中。」〔註159〕

　　如果說上述關於「小學」以涵養本原、「大學」以「格物致知」的「主敬」
工夫伴隨著「為學」的不同階段呈現出收斂身心與道德理想實現的不同目標，
那麼，「敬」本身與「窮理」的內在關聯，就是「格物致知」以獲得德性之知
來進行人倫道德實踐的必要基礎。朱熹說：

　　　　涵養中自有窮理工夫，窮其所養之理；窮理中自有涵養工夫，
　　養其所窮之理，兩項都不相離。〔註160〕

　　　　學者工夫，唯在居敬、窮理二事。此二事互相發。能窮理，則
　　居敬工夫日益進；能居敬，則窮理工夫日益密。〔註161〕

　　　　主敬、窮理雖二端，其實一本。〔註162〕

　　　　持敬是窮理之本；窮得理明，又是養心之助。〔註163〕

　　　　蓋心主乎一身而無動靜語默之間，是以君子之於敬，亦無動靜

〔註158〕〔宋〕朱熹：《小學》，朱傑人等主編，《朱子全書》第13冊，上海、合肥：
　　　　上海古籍出版社、安徽教育出版社，2002年版，第393頁。
〔註159〕束景南：《朱子大傳》（下），北京：商務印書館，2003年版，第808～809頁。
〔註160〕〔宋〕黎靖德編：《朱子語類・學三・論知行》卷9，王星賢點校，北京：中
　　　　華書局，1986年版，第149頁。
〔註161〕〔宋〕黎靖德編：《朱子語類・學三・論知行》卷9，王星賢點校，北京：中
　　　　華書局，1986年版，第150頁。
〔註162〕〔宋〕黎靖德編：《朱子語類・學三・論知行》卷9，王星賢點校，北京：中
　　　　華書局，1986年版，第150頁。
〔註163〕〔宋〕黎靖德編：《朱子語類・學三・論知行》卷9，王星賢點校，北京：中
　　　　華書局，1986年版，第150頁。

　　語默而不用其力焉。未發之前，是敬也固已主乎存養之實；已發之際，是敬也又常行於省察之間。方其存也，思慮未萌而知覺不昧，是則靜中之動⋯⋯及其察也，事物紛糾而品節不差，是則動中之靜⋯⋯有以主乎靜中之動，是以寂而未嘗不感；有以察乎動中之靜，是以感而未嘗不寂。寂而常感，感而常寂，此心之所以周流貫徹而無一息之不仁也。〔註164〕

　　「主敬」與「窮理」的互相發明關係，追根究底還是在於「心統性情」的道德主體意義的實現過程中，而道德本心的「未發」狀態與「已發」狀態所對應的「存養」工夫和「省察」工夫雖在總體上隸屬於「敬」，但其中對「心」的實質要求則有著內外兩種方向的截然不同。按照朱熹的思想，「心」的存在與活動是性情發用的基本前提、根本立足點，所謂的「心」之動靜，其實是指「性」的「動中之靜」和「情」的「靜中之動」。而「敬」根據朱熹所說，也是「該貫動靜」、「隨事專一」。因此，「敬」作爲「心」的一種涵養工夫，所謂「主乎存養之實」是在未遇外在事物的情形下，沒有事務干擾而靜養心性，保存內在德性，也就是內在於心性的「仁」；而「常行於省察之間」則是在遇事接物的行爲活動中，察識事物之理而又能反躬自省，實現內在德性到外在德行的表裏一致，這實際上是「爲仁」。在此意義上，朱熹也認同「敬」的修養工夫對於存天理、滅私欲的必要性：「敬，只是收斂來。程夫子亦說敬。孔子說『行篤敬』，『敬以直內，義以方外』。聖賢亦是如此，只是工夫淺深不同。聖賢說得好：『人生而靜，天之性也；感物而動，性之欲也。』物至知知，然後好惡形焉。好惡無節於內，知誘於外，不能反躬，天理滅矣！」〔註165〕在此，「敬」和「義」的內外相持也是朱熹解釋「主敬」和「窮理」聯繫的基本內容之一：「敬者，守於此而不易之謂；義者，施於彼而合宜之謂。」〔註166〕

　　從人倫道德的實現來說，道德主體基於心性修養工夫上的「主敬」，一方

〔註164〕〔宋〕朱熹：《晦庵先生朱文公文集・答張欽夫》（二）卷32，朱傑人等主編，《朱子全書》第21冊，上海、合肥：上海古籍出版社、安徽教育出版社，2002年版，第1419頁。

〔註165〕〔宋〕黎靖德編：《朱子語類・學六・持守》卷12，王星賢點校，北京：中華書局，1986年版，第208頁。

〔註166〕〔宋〕黎靖德編：《朱子語類・學六・持守》卷12，王星賢點校，北京：中華書局，1986年版，第216頁。

面是對道德本性的涵養保存，另一方面也是在此基礎上對道德能力的反躬體認。反躬體認的實質也就是道德本心對性理與事理的統攝一貫，這就是「主敬」與「窮理」「其實一本」的根本內涵。然而，在接觸外在事物的情形中，道德本心的認知活動雖然經歷見聞之知到德性之知的昇華，即相當於小學階段聽聞規矩去做事到大學階段發明「事之理」基礎上再去做事，但其實終究是對「心」中內在德性的一種充實回歸。因而，在此意義上，德性之知的「性理」之「所以然」與「所當然」就成為「主敬」涵養工夫與人倫道德行為的聯結點。所以，朱熹注解《中庸》「故君子尊德性而道問學，致廣大而盡精微，極高明而道中庸。溫故而知新，敦厚以崇禮」時，說：「尊者，恭敬奉持之意。德性者，吾所受於天之正理。道，由也。溫，猶燖溫之溫，謂故學之矣，復時習之也。敦，加厚也。尊德性，所以存心而極乎道體之大也。道問學，所以致知而盡乎道體之細也。二者修德凝道之大端也。不以一毫私意自蔽，不以一毫私欲自累，涵泳乎其所已知。敦篤乎其所已能，此皆存心之屬也。析理則不使有毫釐之差，處事則不使有過不及之謬，理義則日知其所未知，節文則日謹其所未謹，此皆致知之屬也。蓋非存心無以致知，而存心者又不可以不致知。」〔註167〕在朱熹看來，「尊德性而道問學」正是學者領會人倫道德修養方法的關鍵，其具體做法就是將「存心」與「致知」統一，「存心」通過「主敬」工夫來保持，「致知」則需要「窮理」認識來辨析。

（三）格物致知

事實上，「主敬」涵養是對人倫道德實踐主體能力的一種操存，而所謂「窮理」、「致知」或者「窮理致知」、「致知窮理」從根本上說都具有同一意義，即是在人倫道德實踐活動中對事物存在的「義理」的一種掌握，這其實是主體對客觀世界的一種認識，按照朱熹所說，也就是「心」與「理」的結合統一，是「合內外之理」的體認過程。然而，無論是從認知對象的範圍確定，還是從主體認知能力的最終來源來說，天人相合的道德踐履始終是「致知」的主體內容。這不僅從格物致知和致知力行的兩方面內容可見，也在朱熹個人的禮學思想構建中有所體現。

「致知」原本是《大學》中「修身」之道的一個重要環節，即「致知在格物」、「物格而後知至」。理學思潮背景下，二程兄弟對《大學》特別重視，

正式提出了「格物致知」說；朱熹則在二程的基礎上，對「格物致知」作了全面發展，提出了系統的的理論，從而爲其天人性命之學服務。〔註168〕在此，有必要特別指出的是，朱熹結合「主敬」涵養工夫來完善「格物致知」，其實也是對胡宏主張「居敬」致「知」卻沒有「格物」思想的修正。朱熹說：

> 今且論涵養一節，疑古人直自小學中涵養成就，所以大學之道只從格物做起。今人從前無此工夫，但見大學以格物爲先，便欲只以思慮知識求之，更不於操存處用力，縱使窺測得十分，亦無實地可據。大抵「敬」字是徹上徹下之意，格物致知乃其間節次進步處耳。〔註169〕

> 格物以身，伊川有此一說。然大都說非一。五峰既出於一偏而守之，亦必有一切之效，然不曾熟看伊川之意也。〔註170〕

> 五峰說「立志以定其本，居敬以持其志。志立乎事物之表，敬行乎事物之內，而知乃可精」者，這段語本說得極精。然卻有病者，只說得向裏來，不曾說得外面，所以語意頗傷急迫。蓋致知本是廣大，須用說得表裏內外周偏兼該方得。其曰「志立乎事物之表，敬行乎事物之內」，此語極好。而曰「而知乃可精」，便有局促氣象。他便要就這裡便精其知。殊不知致知之道不如此急迫，須是寬其程限，大其度量，久久自然通貫。他言語只說得裏面一邊極精，遺了外面一邊，所以其規模之大不如程子。且看程子所說：「今日格一件，明日格一件，積久自然貫通。」此言該內外，寬緩不迫，有涵泳從容之意，所謂「語小天下莫能破，語大天下莫能載」也。〔註171〕

> 五峰只說立志居敬，至於格物，卻不說。其言語自是深險，而無顯然明白氣象，非急迫而何！〔註172〕

〔註168〕蒙培元：《理學範疇系統》，北京：人民出版社，1989年版，第345、347頁。

〔註169〕〔宋〕朱熹：《晦庵先生朱文公文集·答林擇之》(三) 卷43，朱傑人等主編，《朱子全書》第22冊，上海、合肥：上海古籍出版社、安徽教育出版社，2002年版，第1978～1979頁。

〔註170〕〔宋〕黎靖德編：《朱子語類·大學五·或問下》卷18，王星賢點校，北京：中華書局，1986年版，第419頁。

〔註171〕〔宋〕黎靖德編：《朱子語類·大學五·或問下》卷18，王星賢點校，北京：中華書局，1986年版，第419頁。

〔註172〕〔宋〕黎靖德編：《朱子語類·大學五·或問下》卷18，王星賢點校，北京：中華書局，1986年版，第420頁。

胡宏在理解《大學》時曾提到：「敬者，聖門用功之妙道……苟知不先至，則不知所終，譬如將適一所，而路有多岐，莫知所適，則敬不得施，內無主矣。內無主而應事物，則未有能審事物之輕重者也。故務聖人之道者，必先致知，即超然有所見，方力行以終之。終之之妙，則在其人，他人不得而與也。」〔註173〕雖然胡宏提到「敬」需要「致知」來作爲條件，而且事實上他也看到外在事物具有一定的屬性特徵來被人心判別，但他始終沒有說明外在事物如何被人心內化，終究缺少了積累「格物」成效以達到「自然貫通」的內外兼顧、表裏一致的寬大氣象。因而，這也正是朱熹既肯定其「居敬」、「致知」修養工夫的立意，而又不滿其「語意」內容偏狹的直接原因。

　　「格物」在「主敬」與「致知」之間的關鍵作用被再次凸顯出來，是「格物致知」可以被納入朱熹禮學思想體系來進行探討的基本立足點，而這也離不開「小學」到「大學」旨在禮儀涵養基礎上來實現禮治社會理想的禮學目標來作爲旨向。朱熹曾說：「大學須自格物入，格物從敬入最好。只敬，便能格物。敬是個瑩徹底物事。」〔註174〕因此，朱熹強調「大學」的「修身」之道是「因小學已成之功，而以格物致知爲始」，而《大學》的要緊處只在「格物」，其首章「明德」、「新民」、「止於至善」是說一個「體統」，而「致知」和「格物」則是「用力處」。〔註175〕眾所周知，朱熹對《大學》文本的改定和補傳最爲引人注目，但無論是經文的編次，還是所謂「格物致知」的補傳，其實他都吸收了二程的見解。朱熹所補傳文如下：

> 所謂致知在格物者，言欲致吾之知，在即物而窮其理也。蓋人心之靈，莫不有知，而天下之物，莫不有理。惟於理有未窮，故其知有不盡也。是以大學始教，必使學者即凡天下之物，莫不因其已知之理而益窮之，以求至乎其極。至於用力之久，而一旦豁然貫通焉，則眾物之表裏精粗無不到，而吾心之全體大用無不明矣。此謂物格，此謂知之至也。〔註176〕

〔註173〕〔宋〕胡宏：《胡宏集・知言・大學》，吳仁華點校，北京：中華書局，1987年版，第 34 頁。

〔註174〕〔宋〕黎靖德編：《朱子語類・大學一・經上》卷 14，王星賢點校，北京：中華書局，1986 年版，第 269 頁。

〔註175〕〔宋〕黎靖德編：《朱子語類・大學一・經上》卷 14，王星賢點校，北京：中華書局，1986 年版，第 260 頁。

〔註176〕〔宋〕朱熹：《四書章句集注・大學章句》，北京：中華書局，1983 年版，第 35～36 頁。

也就是說，「格物致知」其實在於「即物窮理」，而具體內涵則包括：其一，人心內在所有的德性「知」，是「天理」落實的「性理」，它是一種認知能力，因而，可以通過「已知」來追求「未知」，這就是人的認知主體地位；其二，每一事物的存在都有「理」，「事理」、「物理」是「天理」的不同表現，是可以被認知的具體對象，所以，對於各種事物之「理」的不斷把握，源於事物存在的客觀多樣性；其三，認知主體與認知對象的結合統一，正是運用人心所具有的「天理」來通貫各種事物存在中的「天理」，從而以外在事理、物理印證內心性理。這樣，「即物窮理」也就成爲朱熹說明「格物致知」的最終落腳點。

朱熹指出：

> 窮理者，因其所已知而及其所未知，因其所已達而及其所未達。人之良知，本所固有。然不能窮理者，只是足於已知已達，而不能窮其未知未達，故見得一截，不曾又見得一截，此其所以於理未精也。然仍須工夫日日增加。今日既格得一物，明日又格得一物，工夫更不住地做。如左腳進得一步，右腳又進一步；右腳進得一步，左腳又進，接續不已，自然貫通。〔註177〕

也就是說，格物窮理是一個不容間斷的認識累積和深化的過程。在此意義上，朱熹注解《大學》經文「致知在格物」和「物格而後知至」時，認爲：「致，推極也。知，猶識也。推極吾之知識，欲其所知無不盡也。格，至也。物，猶事也。窮至事物之理，欲其極處無不到也」，「物格者，物理之極處無不到也。知至者，吾心之所知無不盡也」。〔註178〕按照朱熹所說，「格物」固然是由於事物之理的多樣存在，但「窮理」卻不能沒有心性良知的能動作用，而《大學》之所以強調「格物」而不說「窮理」，其實是將「窮理」落在「事物」上來說明心性作用的切實：「『窮理』二字不若格物之爲切，便就事物上窮格」，「格物，不說窮理，卻言格物。蓋言理，則無可捉摸，物有時而離；言物，則理自在，自是離不得。釋氏只說見性，下梢尋得一箇空洞無稽底性，亦由他說，於事上更動不得」〔註179〕，「大學不說窮理，只說箇格物，便是要人就

〔註177〕〔宋〕黎靖德編：《朱子語類・大學五・或問下》卷18，王星賢點校，北京：中華書局，1986年版，第392～393頁。
〔註178〕〔宋〕朱熹：《四書章句集注・大學章句》，北京：中華書局，1983年版，第4頁。
〔註179〕〔宋〕黎靖德編：《朱子語類・大學二・經下》卷15，王星賢點校，北京：中華書局，1986年版，第289頁。

事物上理會，如此方見得實體。所謂實體，非就事物上見不得。」〔註180〕可見，「格物窮理」也具有針對佛家脫離事物來談論心性的弊病。

如朱熹所說，「理」在「事物」中，但卻必須經由人心內在固有的「良知」來進行推擴，這其實也是爲學修養工夫不可以簡單地以內、外相論的根本原因，因而，相對來說，「合內外之理」才是比較全面而又準確的概括了「格物」過程。對此，朱熹曾有特別說明：

> 人之所以爲學，心與理而已矣。心雖主乎一身，而其體之虛靈，足以管乎天下之理；理雖散在萬物，而其用之微妙，實不外乎一人之心，初不可以內外精粗而論也。然或不知此心之靈，而無以存之，則昏昧雜擾，而無以窮眾理之妙。不知眾理之妙，而無以窮之，則偏狹固滯，而無以盡此心之全。此理勢之相須，蓋亦有必然者。是以聖人設教，使人默識此心之靈，而存之於端莊靜一之中，以爲窮理之本；使人知有眾理之妙，而窮之於學問思辨之際，以致盡心之功。鉅細相涵，動靜交養，初未嘗有內外精粗之擇，及其真積力久，而豁然貫通焉，則亦有以知其渾然一致，而果無內外精粗之可言矣。〔註181〕

> 問：「格物須合內外始得？」曰：「他內外未嘗不合。自家知得物之理如此，則因其理之自然而應之，便見合內外之理。目前事事物物，皆有至理。如一草一木，一禽一獸，皆有理。草木春生秋殺，好生惡死。『仲夏斬陽木，仲冬斬陰木』，皆是順陰陽道理……自家知得萬物均氣同體，『見生不忍見死，聞聲不忍食肉』，非其時不伐一木，不殺一獸，『不殺胎，不夭夭，不覆巢』，此便是合內外之理。」〔註182〕

從根本上說，一方面，「良知」是「格物窮理」獲取「事物之理」的能動推手，但作爲人心內在所有的「良知」雖說是「吾之知識」的一種認知能力，卻不能不因爲「事物之理」存在的具體多樣性，而導致「吾心之所知」的認知結

〔註180〕〔宋〕黎靖德編：《朱子語類・大學二・經下》卷 15，王星賢點校，北京：中華書局，1986 年版，第 288 頁。

〔註181〕〔宋〕朱熹：《四書或問・大學或問下》，黃坤校點，上海、合肥：上海古籍出版社、安徽教育出版社，2001 年版，第 24 頁。

〔註182〕〔宋〕黎靖德編：《朱子語類・大學二・經下》卷 15，王星賢點校，北京：中華書局，1986 年版，第 296 頁。

果也需要不斷地累積窮盡，因此，從「知」的意義上來說，這是憑藉內在良知進而獲取更多的關於外在事物知識的一種途徑；另一方面，「吾心之所知」或者說「自家知得物之理」的最終目的，是要在應事接物的實際行動中來自然發揮內心所知的「事物之理」的作用，在此意義上，人的外在行爲實踐應當是發自內心地遵循「事物之理」的一種自然表現。因而，所謂的「知」既包涵著人能知的內在良知本性，也意味著人對所知的外在事物之理的應用，而從應用事物之理的行爲表現來說，人的一舉一動只有在遵循內心所掌握到的「事物之理」的條件下才可達到自然狀態。所以，「格物窮理」、「致知」的完全意義就是要根據人心對事物的存在及其作用之「理」的把握，來作爲人的外在行爲活動的內在根據。正因爲如此，朱熹強調《大學》中的「格物致知」是誠意正心的修身工夫進而實現爲齊家、治國、平天下這一禮治實踐理想的原始起點。他說：「知至者，吾心之所知無不盡也。知既盡，則意可得而實矣，意既實，則心可得而正矣。修身以上，明明德之事也。齊家以下，新民之事也。物格知至，則知所止矣。意誠以下，則皆得所止之序也。」〔註183〕在此，朱熹將「心」與「理」的結合即「格物致知」作爲人倫道德實踐的出發點，是從「心」的道德主體意義來說的，而這一立場上的「合內外之理」就其實質用意來說，則是要將人倫道德實踐的身體力行引向爲學修養工夫的循序漸進。由此，也就不難理解，朱熹之所以特別重視《大學》，窮其一生來研究《大學》，其實也是對這一思想意識的一種親身示範，即由其個人學術修養的不斷精進來促進禮治社會理想的實現，而這種促進作用不僅表現在從學理上完善禮治社會理論，更表現在其個人的言傳身教付諸於禮治實踐的基本工夫已然成爲一種事實例證。

如果說「格物致知」對於禮治社會理想的基礎意義尚屬於「格物」與「禮」的一種整體性關聯，那麼，朱熹所認爲的「格物」的具體內容就包括各種人倫道德實踐的禮儀規範，則是「格物」與「禮」的一種具體的內在聯繫。朱熹說：

> 世間之物，無不有理，皆須格過。古人自幼便識其具。且如事君事親之禮，鐘鼓鏗鏘之節，進退揖讓之儀，皆目熟其事，躬親其禮。及其長也，不過只是窮此理，因而漸及於天地鬼神日月陰陽草

〔註183〕〔宋〕朱熹：《四書章句集注·大學章句》，北京：中華書局，1983年版，第4頁。

　　木鳥獸之理，所以用工也易。今人皆無此等禮數可以講習，只靠先
　　聖遺經自去推究，所以要人格物主敬，便將此心去體會古人道理，
　　循而行之。如事親孝，自家既知所以孝，便將此孝心依古禮而行之；
　　事君敬，便將此敬心依聖經所說之禮而行之。一一須要窮過，自然
　　浹洽貫通。如論語一書，當時門人弟子記聖人言行，動容周旋，揖
　　讓進退，至爲纖悉。如鄉黨一篇，可見當時此等禮數皆在。至孟子
　　時，則漸已放棄。如孟子一書，其說已寬，亦有但論其大理而已。
　　〔註184〕

　　這裡，朱熹將「格物」的「物」規定爲世間所有存在的事物，但從人生經歷
的成長過程來說，對於「事理」、「物理」的最初認識來源於自幼耳聞目睹的
一些禮儀習慣，比如如何對待君主、侍奉血緣至親、瞭解禮樂儀式等等，這
些禮儀習慣的親身體驗，隨著身心發展也會自然地成爲人們舉手投足的行爲
準則，因而，這種習慣化過程所遵循的各種禮儀其實也就將禮制規範轉化爲
一種身心自我的內在要求；然而，對於道德主體的人性修養來說，禮儀習慣
的遵循還只是一種最初意義上的身心鍛鍊，唯有對禮儀習慣之所以實行的來
龍去脈及其價值作用的理性認知，並進而將其推擴到天地運行的各種自然現
象以及各種生物存在的合「理」把握，才是「格物窮理」的爲學修養工夫既
簡易而又氣象宏大的全方位體現。但是，對於朱熹來說，問題的關鍵不在於
爲學修養工夫能否引起時人的重視和認可，而在於作爲爲學修養工夫中實際
行動的第一環節「禮」的習慣養成已經根本得不到很好地執行，這才有必要
從經典書目的研究中擇取禮儀常識的相關內容，事實上形成通過讀書窮理的
方式來尋求「禮」的學術實踐活動；通過學術研究活動所領悟到的禮學知識，
雖是「古禮」歷史，卻直接指向現行禮治社會理想的實踐，因而，從這個意
義來說，經典書目，特別是「三禮」經典的學習研究正是實現禮治理想的首
要條件。

　　其實，在朱熹眼中，不僅是經典書目所記載的各種禮儀知識是「格物窮
理」以瞭解事物之理的一種基本方式，而且所謂的聖人開示僅說「格物」兩
個字，也是將其具體內容落實到事物上來理會，所以，每一事物的動靜狀態
以及人們的飲食住行、言語表達這些實實在在的具體事務都包涵著「天理」

〔註184〕〔宋〕黎靖德編：《朱子語類・大學二・經下》卷 15，王星賢點校，北京：
　　　　中華書局，1986 年版，第 286～287 頁。

和「人欲」，需要人們去親身體會。〔註185〕而與此相對的是，那種不「就事窮理」，卻直接「以心會理」的「格物」學說，在朱熹看來與佛家並無實質差異，他說：

> 大學諸說，亦放前意，蓋不欲就事窮理，而直欲以心會理，故必以格物爲心接乎物；不欲以愛親敬長而易其所謂清淨寂滅者，故必以所厚爲身而不爲家，以至「新民」、「知本」、「絜矩」之說，亦反而附之於身，蓋惟恐此心之一出而交乎事物之間也。至於分別君、相、諸侯、卿、大夫、士、庶人之學，亦似有獨善自私之意，而無公物我、合内外之心。此蓋釋氏之學爲主於中，而外欲強爲儒者之論，正如非我族類而欲強以色笑相親，意思終有間隔礙阻不浹洽處。
> 〔註186〕

應該說，這一段話是朱熹針對陸九淵心學修養工夫懸空而不切實的嚴厲批評。在弟子向其說起「陸先生」不取程頤的「格物」說，是以爲「隨事討論」容易導致「精神易弊」，反不如「求之於心」省力時，朱熹明確說：「不去隨事討論後，聽他胡做，話便信口說，腳便信步行，冥冥地去，都不管他。」〔註187〕朱熹從十五六歲時已讀到程頤的「格物」說——「格，至也，格物而至於物則物理盡」，但他並不能理解「格物」的意思，以至於因而「往來於心，餘三十年」，直到後來「就實用功處求之」，並參考其他的經傳書目以及實際經驗，才領悟到程頤的「格物」說符合《大學》的本意，表達的是天道性命貫通的重要內容。

朱熹說：

> 「天生烝民，有物有則」，物者形也，則者理也，形者所謂形而下者也，理者所謂形而上者也。人之生也固不能無是物矣，而不明其物之理，則無以順性命之正而處事物之當，故必即是物以求之。知求其理矣，而不至夫物之極，則物之理有未窮，而吾之知亦未盡，

〔註185〕〔宋〕黎靖德編：《朱子語類・大學二・經下》卷15，王星賢點校，北京：中華書局，1986年版，第287頁。

〔註186〕〔宋〕朱熹：《晦庵先生朱文公文集・答江德功》（三）卷44，朱傑人等主編，《朱子全書》第22冊，上海、合肥：上海古籍出版社、安徽教育出版社，2002年版，第2037頁。

〔註187〕〔宋〕黎靖德編：《朱子語類・大學五・或問下》卷18，王星賢點校，北京：中華書局，1986年版，第393頁。

故必至其極而後已，此所謂「格物而至於物，則物理盡」者也。物
理皆盡，則吾之知識廓然貫通，無有蔽礙，而意無不誠、心無不正
矣。〔註188〕

在此，形而上之「理」與形而下之「物」的統一，其實也就是在人事活動中
對事物之「理」的「所以然」與「所當然」的認知和踐行，因而，朱熹也特
別提到若將「格物」直接訓解為「接物」，那麼對「窮理」的發明則不利：「人
莫不與物接，但或徒接而不求其理，或粗求而不究其極，是以雖與物接而不
能知其理之所以然與其所當然也。今日一與物接而理無不窮，則亦太輕易矣。
蓋特出於聞聲悟道、見色明心之餘論，而非吾之所謂窮理者，固未可同年而
語也。」〔註189〕

由此可見，《大學》中的「格物致知」經過朱熹的表彰，作為一種禮學修
養工夫，是從「為學」階段到「為學」條件，再到「為學」內容，乃至「為
學」目標的系統而又全面的「理學」洗禮。對於朱熹而言，「學者學夫人事，
形而下者也；而其事之理，則固天之理也，形而上者也。」〔註190〕而「禮」
既然被朱熹規定為「天理之節文」、「人事之儀則」，那麼，從「為學」或者說
「道問學」的角度來說，無論是主敬涵養的德性保存，還是格物致知的義理
進展，都蘊涵著下學人事上達天理的基本訴求，而且，這也是人倫道德理想
追求禮制文明卻必定以個體人性道德修養的仁義禮智作為基點的內在要求。
在此意義上，朱熹一再表明：「蓋禮之小者，自為童子而不可闕焉者也，至於
成人，然後及其大者，又必服習之久而有得焉，然後內有以固其肌膚之會，
筋骸之束，而德性之守，得以堅定而不移；外有以行於鄉黨州閭之間，達於
宗廟朝廷之上，而其酬酢之際，得以正固而不亂也。」〔註191〕

從前文對「朱熹的禮學人生」的描述來看，朱熹由始至終對日常生活中

〔註188〕〔宋〕朱熹：《晦庵先生朱文公文集‧答江德功》（三）卷44，朱傑人等主編，
　　　　《朱子全書》第22冊，上海、合肥：上海古籍出版社、安徽教育出版社，2002
　　　　年版，第2037～2038頁。

〔註189〕〔宋〕朱熹：《晦庵先生朱文公文集‧答江德功》（三）卷44，朱傑人等主編，
　　　　《朱子全書》第22冊，上海、合肥：上海古籍出版社、安徽教育出版社，2002
　　　　年版，第2038頁。

〔註190〕〔宋〕朱熹：《四書或問‧論語或問》卷14，黃坤校點，上海、合肥：上海
　　　　古籍出版社、安徽教育出版社，2001年版，第335頁。

〔註191〕〔宋〕朱熹：《四書或問‧論語或問》卷8，黃坤校點，上海、合肥：上海古
　　　　籍出版社、安徽教育出版社，2001年版，第258～259頁。

的禮儀實踐保持著高度的學術熱情，就其個人而言，他自幼學習禮經，少年時期已經開始承擔起自家祭祀禮儀的一些具體工作，並因而著手祭禮的考訂，這些都爲他編撰禮書提供了直接支持；而就朱熹對於二程、張載禮學思想的吸收，乃至他與張栻、呂祖謙等人關於「禮」的學術交流來說，都從學理上爲其制定禮儀做出了相應的理論準備。朱熹由祭禮發端的《家禮》創新到最後《儀禮經傳通解》的編撰，極具示範意義的驗證了其體用合一的禮論新思想最終落實在爲學修養工夫的實際進展之上。

四、祭祀：天地之理

正如第一章分析「儒家禮學思想的構成」中所述，祭祀禮儀是「禮」的原始意義，在中國古代文明的發生中有著不容忽視的歷史意義，但說到底，祭禮其實是初民在神靈信仰支配下通過崇拜活動來表達世俗生活的一種意願。隨著中國古代文明的發展，西周王權制國家系統中祭禮從根本上維護君天子臣諸侯的政治權力結構，不過，西周禮制文明所確立的人文道德因素，也使祭禮的鬼神觀念與人生在世的生命價值往往形成一種微妙的聯繫。儒學創始人孔子答覆弟子詢問「事鬼神」時，說：「未能事人，焉能事鬼？」「未知生，焉知死？」，但同時又表示「祭如在，祭神如神在」、「敬鬼神而遠之」，這確實容易使後人在不瞭解孔子思想的情形下對「祭祀」與「鬼神」問題不知所措。因而，對於傳統社會政治生活中的大事「祭」，究竟該如何明晰地闡發其存在的合理性和必要性，「鬼神」觀念又該如何去理性看待，這無疑是實行祭禮時需要解決的理論問題。朱熹從其理學思想出發，深入解析了祭禮的上述根本問題。

錢穆先生曾經指出朱熹所說的「祭祀之禮」，是「會通天地萬物古今異世而合一言之」，所以實際上是「朱子宇宙本體論形上學」之中的一番主要見解。〔註192〕誠如錢先生慧見，朱熹曾明確表示：

> 天下大底事，自有箇大底根本；小底事，亦自有箇緊切處。若見得天下亦無甚事。如鬼神之事，聖賢說得甚分明，只將禮熟讀便見。二程初不說無鬼神，但無而今世俗所謂鬼神耳。古來聖人所制祭祀，皆是他見得天地之理如此。〔註193〕

〔註192〕錢穆：《朱子新學案》（上），成都：巴蜀書社，1986年版，第225頁。
〔註193〕〔宋〕黎靖德編：《朱子語類‧鬼神》卷3，王星賢點校，北京：中華書局，1986年版，第34頁。

在朱熹看來，儒家祭祀觀的實質也就是要人體會天地自然之理，因而對於孔子有關「祭祀」與「鬼神」的看法，朱熹認爲它已經一語道盡了對待「鬼神」的正確態度，即將「鬼神」作爲「第二著」之事：「鬼神事自是第二著。那箇無形影，是難理會底，未消去理會，且就日用緊切處做工夫。子曰：『未能事人，焉能事鬼！未知生，焉知死！』此說盡了。此便是合理會底理會得，將間鬼神自有見處。若合理會底不理會，只管去理會沒緊要底，將間都沒理會了。」〔註194〕可見，朱熹著重對實際事物的把握，而對超乎感官的無跡可尋的鬼神采取一種擱置的態度。這其實與朱熹倡導「格物窮理」的務實工夫有著內在一致性，儘管朱熹說「未消去理會」鬼神，但事實上對「鬼神」之「理」的探究從來都是朱熹與其弟子論學的一個重要主題，這可以看作是「窮理」精神的一種體現。然而，需要特別說明的是，對「鬼神」「窮理」的「格物」條件並不是要求去接觸「鬼神」，事實上朱熹對「鬼神」的擱置態度已經說明此路不通，「格物」在這種情形下其實是對社會上「鬼神」信仰現象以及包括孔子、二程乃至其他學人對「鬼神」觀念探討的一種瞭解。朱熹正是在吸收孔子、二程以及張載等人有關「鬼神」思想的基礎上，對神靈祭祀問題做出了全面的學理說明。〔註195〕

朱熹對「鬼神」作出全面解析，應該說也有出於抵抗佛家生死觀念下「鬼神」思想的一層考慮，這從上面引文中「而今世俗所謂鬼神」一句中也可窺見。朱熹說：「鬼神死生之理，定不如釋家所云，世俗所見。」〔註196〕他還特別指出「無鬼神」、「無釋氏」的言論是「無義理」的：「『鬼神』二字著於六經，而釋氏之說見行於世，學者當講究，識其眞妄，若不識得，縱使絕口不談，豈能使之無邪？」〔註197〕可見，「鬼神」作爲儒家固有的一個話題，並不是一個可以輕易逃避的問題，學者的任務正是要闡明其究竟，從而理性地來對待社會生活中的「鬼神」信仰和崇拜。

〔註194〕〔宋〕黎靖德編：《朱子語類・鬼神》卷3，王星賢點校，北京：中華書局，1986 年版，第 33 頁。

〔註195〕錢穆先生在「朱子論鬼神」中明確提到，朱熹探討鬼神的相關文字表達是直接繼承了「橫渠鬼神者二氣之良能及伊川謂鬼神者造化之跡」兩語而來。參見氏著：《朱子新學案》（上），成都：巴蜀書社，1986 年版，第 205 頁。

〔註196〕〔宋〕黎靖德編：《朱子語類・鬼神》卷3，王星賢點校，北京：中華書局，1986 年版，第 35 頁。

〔註197〕〔宋〕朱熹：《晦庵先生朱文公文集・答徐子融》（四）卷 58，朱傑人等主編，《朱子全書》第 23 冊，上海、合肥：上海古籍出版社、安徽教育出版社，2002 年版，第 2766 頁。

正如朱熹所說，《中庸》中就明確提到：「鬼神之爲德，其盛矣乎！視之而弗見，聽之而弗聞，體物而不可遺。使天下之人齊明盛服，以承祭祀。洋洋乎！如在其上，如在其左右。」朱熹對此注解道：

> 程子曰：「鬼神，天地之功用，而造化之跡也。」張子曰：「鬼神者，二氣之良能也。」愚謂以二氣言，則鬼者陰之靈也，神者陽之靈也。以一氣言，則至而伸者爲神，反而歸者爲鬼，其實一物而已。爲德，猶言性情功效……鬼神無形與聲，然物之終始，莫非陰陽合散之所爲，是其爲物之體，而物所不能遺也。其言體物，猶易所謂幹事……齊之爲言齊也，所以齊不齊而致其齊也。明，猶潔也。洋洋，流動充滿之意。能使人畏敬奉承，而發見昭著如此，乃其體物而不可遺之驗也。〔註198〕

這就是說，從祭祀的意義上來看，鬼神不過是天地運行造化的一種基本形式，其實也就是陰陽二氣的運動變化。對於這一段注解，朱熹本人也就其中的關鍵要點再做了進一步的解釋說明。他說：

> 鬼神主乎氣而言，只是形而下者。但對物而言，則鬼神主乎氣，爲物之體；物主乎形，待氣而生。蓋鬼神是氣之精英，所謂「誠之不可掩」者。誠，實也。言鬼神是實有者，屈是實屈，伸是實伸。屈伸合散，無非實者，故其發見昭昭不可掩如此。〔註199〕

> 或問：「鬼神『體物而不可遺』，只是就陰陽上說。末後又卻以祭祀言之，是如何？」曰：「此是就其親切著見者言之也。若不如此說，則人必將風雷山澤做一般鬼神看，將廟中祭享者又做一般鬼神看。故即其親切著見者言之，欲人會之爲一也。」〔註200〕

就是說，將「鬼神」看作「氣」的流行變動，是從形而下的層次上來表明其存在方式；而舉凡有形可見的天地萬物的生成，都有賴於氣化流行的過程，因此，對每一個具體物體來說，「鬼神」之「氣」的運行聚散狀態都會從根本上決定物體的存在形態。反之，物體存在形態的某種外在變化，其實也可以

〔註198〕〔宋〕朱熹：《四書章句集注·中庸章句》，北京：中華書局，1983年版，第25頁。

〔註199〕〔宋〕黎靖德編：《朱子語類·中庸二·第十六章》卷63，王星賢點校，北京：中華書局，1986年版，第1544頁。

〔註200〕〔宋〕黎靖德編：《朱子語類·中庸二·第十六章》卷63，王星賢點校，北京：中華書局，1986年版，第1544～1545頁。

反映「鬼神」之「氣」的內在運行狀態，所以，「鬼神」之氣本身的陰陽運行始終是物體存在所必不可少的基本依據，這就是「鬼神」是「物之體」而又「物所不能遺」的意思。在朱熹看來，之所以又要將「鬼神」用「祭祀」來說明，則是源於祭祀活動對於人們而言是比較容易把握的，但如果不以祭祀來作必要解釋，光說「鬼神」「體物而不可遺」就容易因爲祭祀對象的差異而誤會「鬼神」沒有實質的內在規定性，導致祭祀什麼就有什麼樣的鬼神，這是不能理會天地功用、二氣良能的「鬼神」意涵的，當然也更不會理解「祭祀」是「天地之理」。

根據朱熹的闡述，鬼神就是氣的一種運行狀態，而陰陽二氣的自然運行，不僅對天地山川的自然鬼神以及包括祖先在內的人物神靈具有存在論意義上的同等作用，而且對於祭祀自然鬼神和人物神靈來說，「氣」的自然運行其實也是建立人神聯繫、溝通主祭者與祭祀對象的重要媒介，用朱熹的話說也就是對「氣」的一種「感通」。朱熹說：

> 鬼神只是氣。屈伸往來者，氣也。天地間無非氣。人之氣與天地之氣常相接，無間斷，人自不見。人心才動，必達於氣，便與這屈伸往來者相感通。〔註201〕

> 這箇天地陰陽之氣，人與萬物皆得之。氣聚則爲人，散則爲鬼。然其氣雖已散，這箇天地陰陽之理生生而不窮。祖考之精神魂魄雖已散，而子孫之精神魂魄自有些小相屬。故祭祀之禮盡其誠敬，便可以致得祖考之魂魄。這箇自是難說。看既散後，一似都無了。能盡其誠敬，便有感格，亦緣是理常只在這裡也。〔註202〕

> 天道流行，發育萬物，有理而後有氣。雖是一時都有，畢竟以理爲主，人得之以有生。氣之清者爲氣，濁者爲質。知覺運動，陽之爲也；形體，陰之爲也。氣曰魂，體曰魄……所謂神者，以其主乎形氣也。人所以生，精氣聚也。人只有許多氣，須有箇盡時：盡則魂氣歸於天，形魄歸於地而死矣……此所以有生必有死，有始必有終也。夫聚散者，氣也。若理，則只泊在氣上，初不是凝結自爲

〔註201〕〔宋〕黎靖德編：《朱子語類・鬼神》卷3，王星賢點校，北京：中華書局，1986年版，第34頁。

〔註202〕〔宋〕黎靖德編：《朱子語類・鬼神》卷3，王星賢點校，北京：中華書局，1986年版，第46頁。

一物。但人分上所合當然者便是理，不可以聚散言也。然人死雖終歸於散，然亦未便散盡，故祭祀有感格之理。先祖世次遠者，氣之有無不可知。然奉祭祀者既是他子孫，必竟只是一氣，所以有感通之理。然已散者不復聚。釋氏卻謂人死爲鬼，鬼復爲人。如此，則天地間常只是許多人來來去去，更不由造化生生，必無是理。〔註203〕

自天地言之，只是一箇氣。自一身言之，我之氣即祖先之氣，亦只是一箇氣，所以才感必應。〔註204〕

祭祀之感格，或求之陰，或求之陽，各從其類，來則俱來……主祭祀者既是他一氣之流傳，則盡其誠敬感格之時，此氣固寓此也。〔註205〕

所祭者，其精神魂魄，無不感通，蓋本從一源中流出，初無間隔，雖天地山川鬼神亦然也。〔註206〕

通過「氣」的這種紐帶作用，朱熹表明鬼神祭祀其實就是外在祭祀對象與主祭者的同類之「氣」的一種相互感通。所以，儒家的「鬼神」觀念與佛家生死輪迴基礎上的「鬼神」觀有著截然不同，這是因爲儒家視野中人死之後雖然可以享受主祭者發自內心的眞誠禮敬，也就是同類之氣的感召，但形體死亡即意味著氣散，因而絕對不會再有氣聚復生的情況出現；與儒家這種生死鬼神觀相反的是，佛家主張「人死爲鬼，鬼復爲人」、生死輪迴，這是根本不能體現天地造化的無窮生機的。

正因爲朱熹強調「祭祀」之「理」是同類之氣的「感通」，所以他對祭祀實行的規章制度的正當性也有特別提示，並對當時社會種種不合理的祭祀現象有所批評，進而又主張打擊「淫祀」。他說：

此身在天地間，便是理與氣凝聚底。天子統攝天地，負荷天地間事，與天地相關，此心便與天地相通。不可道他是虛氣，與我不

〔註203〕〔宋〕黎靖德編：《朱子語類‧鬼神》卷3，王星賢點校，北京：中華書局，1986年版，第36～37頁。

〔註204〕〔宋〕黎靖德編：《朱子語類‧鬼神》卷3，王星賢點校，北京：中華書局，1986年版，第47頁。

〔註205〕〔宋〕黎靖德編：《朱子語類‧鬼神》卷3，王星賢點校，北京：中華書局，1986年版，第50頁。

〔註206〕〔宋〕黎靖德編：《朱子語類‧鬼神》卷3，王星賢點校，北京：中華書局，1986年版，第52頁。

相干。如諸侯不當祭天地，與天地不相關，便不能相通。聖賢道在
萬世，功在萬世。今行聖賢之道，傳聖賢之心，便是負荷這物事，
此氣便與他相通。如釋奠列許多籩豆，設許多禮儀，不成是無此姑
謾爲之！人家子孫負荷祖宗許多基業，此心便與祖考之心相通。
〔註207〕

　　古時祭祀都是正，無許多邪誕。古人只臨時爲壇以祭，此心發
處，則彼以氣感，才了便散。今人不合做許多神像只兀兀在這裡坐，
又有許多夫妻子母之屬。如今神道必有一名，謂之「張太保」「李太
保」，甚可笑。〔註208〕

　　先王制禮，自天子以至於庶人，報本享親，皆有常典，牲器時
日，皆有常度，明有禮樂，幽有鬼神，一理貫通，初無間隔。苟禮
之所不載，即神之所不享。是以祭非其鬼，即爲淫祀。淫祀無福，
經有明文，非固設此以禁之，乃其理之自然，不可得而易也……先
王之政，執左道以亂政，假鬼神以疑眾者，皆必誅而不以聽，其慮
深矣。〔註209〕

在此，朱熹認同古禮祭祀中的等級制度，是將主祭者在社會政治生活中所承
擔的職責權限與「氣」的同類感通要求相結合，從而表明依據政治身份實行
祭祀之禮的正當性正是王道政治的基本出發點；而這種從最高統治者「天子」
到社會底層民眾「庶人」的祭祀行爲，其最根本的意義都是對生命來源和職
責權源的一種情感回應——「報本」，所以，按照祭祀禮儀要求的禮器設置、
樂舞形式背後始終都貫穿著「鬼神」之「氣」的感通；因此，不以「氣感」
爲宗旨的祭祀現象，比如神像的塑造、「祭非其鬼」都是應該遭到遏制和糾正
的。朱熹曾經嚴厲的批評時人祭祀天地山川之神，以塑「貌像」來祭，是「極
無義理」。〔註210〕

〔註207〕〔宋〕黎靖德編：《朱子語類‧鬼神》卷3，王星賢點校，北京：中華書局，
　　　　1986年版，第46～47頁。
〔註208〕〔宋〕黎靖德編：《朱子語類‧禮四‧小戴禮》卷87，王星賢點校，北京：
　　　　中華書局，1986年版，第2261頁。
〔註209〕〔宋〕朱熹：《晦庵先生朱文公文集‧己酉擬上封事》(一) 卷12，朱傑人等
　　　　主編，《朱子全書》第20冊，上海、合肥：上海古籍出版社、安徽教育出版
　　　　社，2002年版，第622頁。
〔註210〕〔宋〕黎靖德編：《朱子語類‧鬼神》卷3，王星賢點校，北京：中華書局，
　　　　1986年版，第53頁。

　　朱熹對於「祭祀」之「理」的闡發，其實在其個人有關祭祀實踐中都得到自覺貫徹。朱熹說祭祀天地山川之「鬼神」，原本就是對天道運行、氣化生物的一種表現，所以，這種祭祀是可以被「鬼神」之「氣」接受的；子孫祭祀先祖神靈，是生命傳承的同類之「氣」可以交感；一般的祭祀「先賢」、「先聖」，是對先人「功德」的「回報」，就好比祭祀「五帝」一樣。〔註211〕所以，就其身為南宋政府官員之一，朱熹不僅在任職期間，順應鄉風民俗，舉行祈雨祈晴的祭祀活動，更憂心忡忡地主張打擊「淫祀」，更值得一提的是，他還積極參與孝宗祔廟問題的「祧廟議」事件，在學術分歧與政治糾葛之間力求趙宋皇室敬祖祭祖的合理進行；〔註212〕作為朱氏子孫，朱熹自從父親過世之後就已承擔起家中的主要祭祀活動，母親過世後他又特別留心喪葬儀式以及墓地安葬等問題，乃至他回婺源祭祖，無不表示他對祖先祭祀的看重；而作為一名儒家知識分子，朱熹對聖賢的祭祀，在其教學活動中都有特別表現，其用意更是關涉到道統觀的重大問題，對此，田浩等學者有具體研究可茲參考。這裡簡要綜述「釋奠儀」與「道統觀」形成的研究成果。釋奠其實是儒者對先聖先師表達崇拜、恭敬之心的一種禮儀，而道統則可以表明儒者對儒家思想的認同以及儒學精神的理解。朱熹曾經專門著成《紹熙州縣釋奠儀圖》，旨在為地方州縣學校舉行釋奠儀提供標準文本。〔註213〕滄州精舍建成後，朱熹率領諸生舉行釋菜禮，祭祀孔子、顏回、曾子、子思、孟子、周敦頤、程顥、程頤、邵雍、司馬光、張載、李侗這些一脈相承的儒家學者，是對道統譜系的認定，這種行為以及朱熹向孔子之靈祈禱而作的祈禱文，可以說既有助於增強朱熹獲取並繼承孔子之「道」的信心，也使其成為理學發展的首領。〔註214〕

〔註211〕〔宋〕黎靖德編：《朱子語類・禮七・祭》卷90，王星賢點校，北京：中華書局，1986年版，第2290頁。
〔註212〕殷慧、肖永明：〈學術與政治糾結中的朱熹祧廟之議〉，《湖南大學學報》（社會科學版），2009年第4期；亦可參見殷慧博士學位論文〈朱熹禮學思想研究〉第6章的類似論述。
〔註213〕〔宋〕朱熹：《紹熙州縣釋奠儀圖》，朱傑人等主編，《朱子全書》第13冊，上海、合肥：上海古籍出版社、安徽教育出版社，2002年版，第1～61頁。
〔註214〕參見〔美〕田浩：《朱熹的思維世界》（增訂版），南京：江蘇人民出版社，2009年版，第251～275頁；殷慧：〈朱熹道統觀的形成與釋奠儀的開展〉，《湖南大學學報》（社會科學版），2010年第3期（同樣可見於殷慧博士學位論文《朱熹禮學思想研究》第6章的類似論述）。

　　從朱熹對祭祀禮儀的學理探討以及實踐活動中可見，「理」作爲「禮」的形上根據，是「天理」這一朱熹思想中的最高範疇在人倫社會制度中的存在方式，而「禮」作爲「天理」的形下表現，則是以天道自然運行的法則所衍生的人道行爲準則來作爲維持人倫社會秩序的基本內容。所以，在天理自然與事物之理的多樣存在之間，人本身的內在「性理」雖源於「天理」，卻又可以感受到人事活動的外在「事理」，使得作爲人倫道德行爲主體的人心本性的修養活動，成爲內化外在人倫事理進而自然體現人倫道德規範的關鍵用功處。正因爲如此，「天理」落實在人身上的「性理」──仁、義、禮、智作爲人的道德本性，就是一種「實理」，當然這不僅是說「天理」落實，更意味著人倫道德修養工夫的切實，因而，所謂「克己復禮」以「求仁」、主敬涵養乃至「格物致知」無一不是從爲學修養的角度指向禮治社會的最高理想。朱熹作爲一名儒家知識分子，又特別注重經典書目以及先聖先賢對於各種人倫道德實踐的相關知識性探討，這一方面是朱熹對儒家禮學歷史的珍視，另一方面也是朱熹將人性道德修養轉向爲學精進的親身示範。朱熹的親身垂範無疑是一種最佳的禮學行動表現。無論是他對「禮」的原始意義「祭祀」的學理追究，還是祭祀活動的開展，都具有「致知」與「力行」統一的特色。而最具知行統一意義的禮學思想體系構建，當推朱熹編撰《家禮》和《儀禮經傳通解》的學術實踐。

結　語

　　儒家禮學思想是最能反映其學派特徵以及儒學存在價值的根本所在，這不僅是因爲儒家學派的誕生是以中國古代禮儀文明傳統爲其社會土壤，更因爲從儒學的創始者孔子開始，「禮」的學理致思就一直是儒家學者不容迴避的研究主題。

　　中國古代文明的實質是源於祭祀權力所衍生的王權國家的政治統治，其表現形式即是包涵著人文道德屬性的禮儀制度，而最終目的則是要維持社會秩序的差異結構，進而保障王權至高無上。孔子生活的時代，禮制規範遭到破壞並沒有使其放棄禮儀文明傳統，反而激發了他「復禮」的熱情。他將「禮」的內在價值根植在人人都可以親身感受的血緣親情基礎上，又以自己的身體力行表明人性修養就是「禮」的體驗過程，這就使得現實社會中人倫規範意義的實現在很大程度上取決於人的道德修養水平。孟子和荀子在孔子的基礎上，對「禮」的學理探討都有所推進。其中，孟子看重「禮」作爲人的道德本性的內涵，而荀子受社會戰亂的影響，重視「禮」維持社會差異結構的價值和功能。因而，進入皇權統治社會中，荀子的禮治社會理想不僅受到學者的認可，更在漢代皇權統治實踐中得到全面體現，這是因爲荀子將經典學習作爲提升個人學養的基本途徑，並與君主集權政治下的官僚制度相聯繫，因而適應了漢代最高統治者確立漢家法度代代相承的現實需要。漢代統治者將禮經的確立作爲禮治實踐的一項重要內容。而「三綱五常」這個漢代政治與經典結合的產物，則是一個從思想到制度再到行爲層面可以深入影響人們日常生活的核心價值體系。雖說漢代禮治社會模式在很大程度上將禮經作爲政治的附庸，但禮經研習或多或少都包涵著學者的一定學術追求。鄭玄在東漢

政權搖搖欲墜的情形下遍注三禮，是希望通過禮制理想來解決社會失序的時代困惑。因此，儒家禮學思想從一開始就是在思想學說與社會制度的互動中豐富發展的。

朱熹是宋代理學思想家之一，但更是一名儒家禮學大師，這是因爲他自編禮書，對三禮經典進行學術研究，而且在「禮」的學理致思上建立起一套精緻而又務實的思想學說，與其理學思想相得益彰。從朱熹禮學新思想的形成來說，儒家傳統禮學思想是其歷史淵源，而宋代士大夫政治成熟所需要的禮經治道取向，以及宋代儒學發展中「禮」的價值與本質的深入闡發，則都是朱熹禮學思想形成的現實緣由。總體而言，朱熹禮學思想的形成有以下鮮明特點：

首先，朱熹禮學思想的形成具有明確的主旨。

第一章討論「儒家」與「禮」的淵源時，曾經說到「禮制」規範社會秩序是一種良好的歷史經驗傳統，因而成爲儒家的爲學宗旨所在。事實上，任何一位對「禮」有所認識和思考的學者，都不可否認儒家禮學思想的主旨就在於維持人倫社會秩序。但這並不是說人倫社會秩序是一成不變的，每一位學者是異口同聲地表達禮學思想的標準學說。如果是這樣，儒學發展也就毫無生命力可言，更不用說禮學思想會歷久彌新。

從朱熹禮學思想形成的現實緣由來看，士大夫進入國家政治權力系統與趙宋最高統治者共治天下，既是一種政權運作方式，也是社會結構層級存在的一種現實反映。因爲，與宋代以前的門閥士族相比，士大夫往往多來自寒門庶民，是通過科舉考試才進入國家權力機構的，也就是說，他們所獲取的政治權力並非世襲而來，而是憑藉自身能力得來，這就使士大夫政治地位提升後所帶來的社會名譽與家族組織的發展建立一種微妙聯繫，家族成員的凝聚是分享其他成員獲得士大夫政治身份的現實出路。因而，朱熹順應社會發展需要，在士大夫政治的社會背景下，倡導宗法思想，通過祖先祭祀加強親屬成員的團結和聯繫，宗法思想由此成爲《家禮》的主要特徵。另一方面，作爲士庶階層通用的《家禮》，固然是爲士大夫和庶民的日常生活提供禮儀規範，但其實也是理學思想對家族內部人與人之間相親相敬、上下有序的親屬關係的一種滲透。因爲每一種「禮儀」的背後都有「禮義」的支撐，「禮義」的存在總是需要「禮儀」的表現。人倫社會秩序的存在，在朱熹禮學思想中是「理」當如此，而對它的實際維護，對於每一個人而言，既是職責所在，

又是個人發自內心的心安理得的一種自然要求，這種人倫社會秩序的實現才是真正意義上的自然「和」。所以，朱熹禮學思想的主旨從其社會層面來說，是要維護宋代的士大夫政治。

而從儒家對人倫規範的一貫重視來看，朱熹在佛道思想流行並影響人們日常生活的情形下，毅然將禮學思想的認同和發展作為其畢生思想學說的重要課題，不能不說也具有闢佛老、光大儒學的學術意義上的主旨所在。在這一點上，朱熹將儒家人倫規範的「實理」與佛家的「虛理」相對，在他看來，人倫道德實踐中外在倫理規範意義的實現，說到底是源於人心本性中內在道德本性的發用，因此，「天理」落實在人身上的「性理」仁義禮智，是實行外在禮儀規範的內在根據，而具有「事理」準則的外在禮儀規範則是內在德性的作用表現。因而，道德主體對於心性內在德性的「主敬」涵養與外在事物之「理」的反躬體認，正是提高人自身的道德修養水平進而自覺履行倫理規範的基本工夫。這種以人倫道德實踐作為禮學修養的切實工夫，也是朱熹對宋代儒家禮學思想發展自程頤以後在「敬」的涵養工夫上滑下釋氏禪學的一種糾正。所以，朱熹禮學思想的主旨從學術層面來說，就是要捍衛儒家以人性道德修養來促進社會倫理規範實現的思想學說。

其次，朱熹禮學思想的形成是貫穿其一生的學術實踐。

在朱熹禮、理合一的禮學新思想中，他曾經對人性道德修養與禮治社會理想的關係有過詳細地論證闡發。在他看來，人性道德修養根據個人成長經歷，可以從「學」的角度分成兩個階段：「小學」和「大學」。孩提時代接受基本的禮儀訓練，並在潛移默化中形成身心儀態的規範合「禮」，只是一種禮儀習慣的養成，但卻是個人心智成熟以後，對禮儀習慣之所以實行的來龍去脈及其價值作用進行理性認知和合理把握的基礎，而成年以後的身心修養以家、國、天下有序的禮治社會理想為最終目標，是對禮制規範社會秩序的一種學理上的理解。所以，朱熹大力表彰《大學》，認定成年以後對幼時就已身體力行的各種人倫道德實踐的「窮理」認識，是為學修養的基本方式，也是實現「修身」基礎上齊家、治國、平天下的禮治社會理想的起點。

事實上，朱熹對由禮儀習慣到禮治社會理想的闡發，是其禮學理論的重要內容，但更是其個人為學修養經歷的一種真實寫照。朱熹出生在一個具有禮學研究淵源的家庭，父親朱松治《周禮》，他自幼就受到儒家經典教育。九歲時，朱熹就在父親的安排下拜師學習司馬光的禮學著作，瞭解禮儀知識。

十四歲時，朱熹的父親過世，他在守喪期間，意識到按家中舊禮祭祀，禮文未備，隨即在十八歲時，他就著成生平第一部禮學著作《諸家祭禮考編》，從而對後來作《祭儀》、《家禮》以及《古今家祭禮》都有深遠影響。可見，與其說朱熹考正禮儀的方式具有實事求是的精神，毋寧說這是朱熹爲學「窮理」精神的親身示範。而且，無論是從朱熹作爲朱氏家族的成員回歸故里祭祀祖先，還是到他後來爲婺源茶院朱氏宗族纂修世譜，都具有從禮儀實踐到對其進行「窮理」認識的爲學意義。另外，朱熹在擔任地方行政官員期間，往往依據宋代社會習俗舉行各種祈雨、祈晴的祭祀活動，也是立足在他對祭祀禮儀的「窮理」認識之上。他晚年對「三禮」經典進行整合研究，既包涵著由家禮、鄉禮、學禮、邦國禮、王朝禮組成的禮制構想，也是爲禮儀實行提供文本依據的一項學術活動。然而，最令人感慨朱熹爲學精神的，是他在生命的最後時刻都還在堅持對《大學》注解的修改。朱熹以其一生的各種禮學實踐，具有典範意義的昭示出實現禮治社會的理想需要個人爲學修養的不斷精進。

再次，朱熹禮學思想的形成是對前人禮學成果的整合提升。

儒家禮學思想的構成有其自身結構和獨特性，舉凡禮儀制度在人倫社會生活中的實際意義、思想家對「禮」的價值與本質的理論思考以及禮經文本研習的價值追求，都是禮學思想的基本內容。

原始儒學的核心是「禮」，包括先秦時期的孔子、孟子、荀子乃至漢代的董仲舒、鄭玄等人在內的儒家學者，他們的思想學說都是圍繞著「禮」而展開，但也正如現代學者的研究所示，「禮」在他們那裡都只是形而下的制度、規範，缺乏形而上的本體根據，直到朱熹的出現才解決了這一禮學問題。朱熹從體用視角規定：「天理之節文」是「禮」之「體」，「人事之儀則」是「禮」之「用」。將「天理」作爲「禮」的本體根據，而「禮」看成「天理」的現象作用，這種禮、理合一密不可分的思想學說既是對儒家禮學的理論提升，也是對理學向日常生活層面的浸潤。但實事求是地說，朱熹這種體用合一的禮學新思想的形成絕非孤明自發，而是廣泛吸收了前人的禮學研究成果，尤其是北宋理學家周敦頤、張載、二程融「禮」入「理」的禮學見解對朱熹更具有直接啓發意義。

體用合一的思維方式來自程頤，但程頤過於強調「理」和「事」的「體用一源」，而朱熹則主張從邏輯上區分體用的先後之別，認爲「理」先「事」

後，對應「形而上」與「形而下」的區分，這有助於他將「天理之節文」作爲「禮」的形上根據。理一分殊的思想理論由張載開啓，張載因在〈西銘〉中描述了天道運行與人倫道德相合的天人合一圖景而被二程稱頌，程頤更概括表明「理一而分殊」、「分立而推理一」是「仁之方」，朱熹進而用理氣關係說明「理一」和氣稟差異的「分殊」的價值所在，從形上學的角度拓展「理一分殊」的倫理意義，這就使自然界天道運行的秩序法則與人倫道德實踐的準則建立一致聯繫，「天理之節文，人事之儀則」成爲「禮」內涵的雙重規定。宇宙萬事萬物生成的學說是朱熹在綜合吸收周敦頤、張載、二程思想的基礎上形成，「天理」是產生世間萬事萬物的本原，其在人身上的落實表現就是存在於人心本性之中的「性理」，即仁義禮智的道德本性，而「天理」在各種具體事物中的存在則是「事理」、「物理」，是決定事物之所以存在及其價值屬性的本質，因而，「天理」與「人事」雙重規定下的「禮」，實際上就是要將外在人倫社會秩序的維持建立在個人內在道德修養的基礎之上，從而使對心性道德本性的「主敬」涵養與對外在事物之理的「格物致知」相結合，成爲「下學人事，便是上達天理」這個禮學精髓的基本修養方法。

　　除了對宋代理學家的禮學成果有所吸收並超越之外，朱熹其實也吸納了先秦儒家的禮學思想，這從其闡發禮學思想往往夾雜在《四書章句集注》的行文中就可以體會。如果說朱熹從體用合一的角度闡發禮學思想離不開前人的研究成果，大多是因爲思想學說的發展有其一脈相承的內在聯繫，那麼，朱熹在禮經研究中吸收前人成果，則往往表現出價值取向上的根本不同。比如，《儀禮經傳通解》的編撰，雖然在文字上吸收了鄭玄《三禮注》的成果，但在「三禮」觀上，朱熹以《儀禮》爲本經與鄭玄將《周禮》作爲「三禮」核心的禮經認識截然不同，這是因爲朱熹特別看重《儀禮》詳細記錄了各種禮儀事項，可以作爲裁定現實生活中一些禮儀問題的文本依據。

　　總之，正因爲朱熹禮學思想的形成具有維護宋代士大夫政治以及捍衛儒家思想學說的明確主旨，並在終其一生的學術研究中吸收前人成果，才使其建構出體用合一的禮、理新思想，因而也造就了他在中國禮學思想史上具有獨一無二的歷史地位。

參考文獻

一、古籍譯注

1. 〔漢〕班固撰、〔唐〕顏師古注:《漢書》,北京:中華書局,1962 年版。

2. 〔漢〕賈誼:《賈誼集》,上海:上海人民出版社,1976 年版。

3. 〔漢〕司馬遷撰、〔宋〕裴駰集解、〔唐〕司馬貞索隱、〔唐〕張守節正義:《史記》,北京:中華書局,1959 年版。

4. 〔漢〕許慎撰、〔清〕段玉裁注:《說文解字注》,杭州:浙江古籍出版社,1998 年版。

5. 〔宋〕范曄撰、〔唐〕李賢等注:《後漢書》,北京:中華書局,1965 年版。

6. 〔宋〕陳淳:《北溪字義》,熊國禎、高流水點校,北京:中華書局,1983 年版。

7. 〔宋〕陳騤:《南宋館閣錄》,文淵閣四庫全書電子本。

8. 〔宋〕陳亮:《陳亮集》(增訂本),鄧廣銘點校,北京:中華書局,1987 年版。

9. 〔宋〕程顥、程頤:《二程集》(上、下),王孝魚點校,北京:中華書局,2004 年版。

10. 〔宋〕范仲淹:《范仲淹全集》(上、中),李勇先、王蓉貴校點,成都:四川大學出版社,2007 年版。

11. 〔宋〕胡宏:《胡宏集》,吳仁華點校,北京:中華書局,1987 年版。

12. 〔宋〕李覯:《李覯集》,王國軒校點,北京:中華書局,1981 年版。

13. 〔宋〕李燾撰:《續資治通鑒長編》,上海師範大學古籍整理研究所、華東師範大學古籍研究所點校,北京:中華書局,1995 年版。

14. 〔宋〕黎靖德編:《朱子語類》,王星賢點校,北京:中華書局,1986 年版。

15. 〔宋〕陸九淵:《陸九淵集》,鍾哲點校,北京:中華書局,1980 年版。

16. 〔宋〕聶崇義:《新定三禮圖》附〈三禮圖記〉,四部叢刊續編電子版。

17. 〔宋〕歐陽修:《歐陽修全集》(第二冊),李逸安點校,北京:中華書局,2001 年版。

18. 〔宋〕石介:《徂徠石先生文集》,陳植鍔點校,北京:中華書局,1984 年版。

19. 〔宋〕蘇軾:《蘇軾文集》(第一冊),孔凡禮點校,北京:中華書局,1986 年版。

20. 〔宋〕蘇洵:《嘉祐集》,曾棗莊、金成禮箋注,上海:上海古籍出版社,1993 年版。

21. 〔宋〕蘇轍:《蘇轍集》(第三冊),陳宏天、高秀芳點校,北京:中華書局,1990 年版。

22. 〔宋〕王安石:《王文公文集》(上冊),唐武標校,上海:上海人民出版社,1974 年版。

23. 〔宋〕衛湜:《禮記集說》,文淵閣四庫全書電子版。

24. 〔宋〕張栻:《張栻全集》,楊世文、王蓉貴校點,長春:長春出版社,1999 年版。

25. 〔宋〕張載:《張載集》,章錫琛點校,北京:中華書局,1978 年版。

26. 〔宋〕周敦頤:《周敦頤集》,陳克明點校,北京:中華書局,1990 年版。

27. 〔宋〕朱熹:《晦庵先生朱文公文集》,朱傑人等主編,《朱子全書》第 20 ～25 冊,上海、合肥:上海古籍出版社、安徽教育出版社,2002 年版。

28. 〔宋〕朱熹:《家禮》,朱傑人等主編,《朱子全書》第 7 冊,上海、合肥:上海古籍出版社、安徽教育出版社,2002 年版。

29. 〔宋〕朱熹:《紹熙州縣釋奠儀圖》,朱傑人等主編,《朱子全書》第 13 冊,上海、合肥:上海古籍出版社、安徽教育出版社,2002 年版。

30. 〔宋〕朱熹:《四書或問》,黃坤校點,上海、合肥:上海古籍出版社、安徽教育出版社,2001 年版。

31. 〔宋〕朱熹:《四書章句集注》,北京:中華書局,1983 年版。

32. 〔宋〕朱熹:《太極圖說解》,朱傑人等主編,《朱子全書》第 13 冊,上海、合肥:上海古籍出版社、安徽教育出版社,2002 年版。

33. 〔宋〕朱熹:《小學》,朱傑人等主編,《朱子全書》第 13 冊,上海、合肥:上海古籍出版社、安徽教育出版社,2002 年版。

34. 〔宋〕朱熹:《西銘解》,朱傑人等主編,《朱子全書》第 13 冊,上海、合肥:上海古籍出版社、安徽教育出版社,2002 年版。

35. 〔元〕脫脫等撰:《宋史》,北京:中華書局,1977 年版。

36. 〔清〕陳立撰:《白虎通疏證》,吳則虞點校,北京:中華書局,1994 年版。

37. 〔清〕黃宗義原著、全祖望補修:《宋元學案》(全四冊),陳金生、梁運華點校,北京:中華書局,1986 年版。

38. 〔清〕皮錫瑞:《經學歷史》,周予同注釋,北京:中華書局,2008 年第 2 版。

39. 〔清〕皮錫瑞:《經學通論》,北京:中華書局,1954 年版。

40. 〔清〕王懋竑:《朱熹年譜》,何忠禮點校,北京:中華書局,1998 年版。

41. 〔清〕王先謙撰:《荀子集解》,沈嘯寰、王星賢點校,北京:中華書局,1988 年版。

42. 〔清〕章學誠:《文史通義》,葉瑛校注,北京:中華書局,1985 年版。

43. 陳鼓應:《莊子今注今譯》,北京:中華書局,1983 年版。

44. 陳俊民輯校:《藍田呂氏遺著輯校》,北京:中華書局,1993 年版。

45. 程俊英:《詩經譯注》,上海:上海古籍出版社,2004 年版。

46. 荊門市博物館編:《郭店楚墓竹簡》,北京:文物出版社,1998 年版。

47. 李民、王建:《尚書譯注》,上海:上海古籍出版社,2004 年版。

48. 黎翔鳳撰:《管子校注》(下),梁運華整理,北京:中華書局,2004 年版。

49. 屈守元、常思春主編:《韓愈全集校注》,成都:四川大學出版社,1996 年版。

50. 徐元誥撰:《國語集解》,王樹民、沈長雲點校,北京:中華書局,2002 年版。

51. 《十三經注疏》整理委員會整理:《禮記正義》(全四冊),北京:北京大學出版社,2000 年版。

52. 《十三經注疏》整理委員會整理:《儀禮注疏》(上、下),北京:北京大學出版社,1999 年版。

53. 《十三經注疏》整理委員會整理:《周禮注疏》(上、下),北京:北京大學出版社,1999 年版。

54. 四庫全書研究所整理:《欽定四庫全書總目》(整理本),北京:中華書局,1997 年版。

55. 蘇輿撰:《春秋繁露》,鍾哲點校,北京:中華書局,1992 年版。

56. 楊伯峻編著:《春秋左傳注》(修訂本),北京:中華書局,1990 年版。

二、研究性專著

1. 蔡方鹿:《朱熹經學與中國經學》,北京:人民出版社,2004 年版。

2. 蔡尚思：《中國禮教思想史》，上海：上海古籍出版社，2006 年版。

3. 陳來：《古代宗教與倫理：儒家思想的根源》，北京：生活・讀書・新知三聯書店，2009 年版。

4. 陳來：《中國近世思想史研究》，北京：商務印書館，2003 年版。

5. 陳來：《朱子書信編年考證》（增訂本），北京：生活・讀書・新知三聯書店，2007 年版。

6. 陳來：《朱子哲學研究》，上海：華東師範大學出版社，2000 年版。

7. 陳其泰等編：《二十世紀中國禮學研究論集》，北京：學苑出版社，1998 年版。

8. 陳榮捷：《朱學論集》，上海：華東師範大學出版社，2007 年版。

9. 陳榮捷：《朱子新探索》，上海：華東師範大學出版社，2007 年版。

10. 陳戍國：《中國禮制史》（先秦卷、宋遼金夏卷），長沙：湖南教育出版社，2002 年版。

11. 陳寅恪：《金明館叢稿初編》，上海：上海古籍出版社，1980 年版。

12. 陳植鍔：《北宋文化史述論》，北京：中國社會科學出版社，1992 年版。

13. 崔大華：《儒學引論》，北京：人民出版社，2000 年版。

14. 鄧小南：《祖宗之法：北宋前期政治述略》，北京：生活・讀書・新知三聯書店，2006 年版。

15. 杜維明著、郭齊勇、鄭文龍編：《杜維明文集》第 4 卷，武漢：武漢出版社，2002 年版。

16. 何忠禮：《科舉與宋代社會》，北京：商務印書館，2006 年版。

17. 馮友蘭：《中國哲學史》（下），上海：華東師範大學出版社，2000 年版。

18. 馮友蘭：《中國哲學史新編》（下冊），北京：人民出版社，1999 年版。

19. 高春花：《荀子禮學及其現代價值》，北京：人民出版社，2004 年版。

20. 干春松：《制度儒學》，上海：上海人民出版社，2006 年版。

21. 龔建平：《意義的生成與實現——《禮記》哲學思想》，北京：商務印書館，2005 年版。

22. 龔鵬程：《儒學新思》，北京：北京大學出版社，2009 年版。

23. 郭沫若：《中國古代社會研究》（外二種）（上、下），石家莊：河北教育出版社，2000 年版。

24. 何俊：《南宋儒學建構》，上海：上海人民出版社，2004 年版。

25. 侯外廬：《中國古代社會史論》，石家莊：河北教育出版社，2000 年版。

26. 侯外廬等：《中國思想通史》（第一卷）、（第二卷），北京：人民出版社，1957 年版。

27. 侯外廬等：《中國思想通史》（第四卷）（上），北京：人民出版社，1959年版。

28. 侯外廬、邱漢生、張豈之：《宋明理學史》（上），北京：人民出版社，1997年第 2 版。

29. 李乃禮：《三綱六紀與社會整合——由《白虎通》看漢代社會人倫關係》，北京：中國人民大學出版社，2004 年版。

30. 姜廣輝主編：《中國經學思想史》（第一卷），北京：中國社會科學出版社，2003 年版。

31. 姜廣輝主編：《中國經學思想史》（第三卷），北京：中國社會科學出版社，2010 年版。

32. 姜義華主編：《胡適學術文集·中國哲學史》（上、下），北京：中華書局，1998 年版。

33. 金春峰：《漢代思想史》（增補第三版），北京：中國社會科學出版社，2006年第 3 版。

34. 金景芳：《古史論集》，濟南：齊魯書社，1981 年版。

35. 荊雲波：《文化記憶與儀式敘事：《儀禮》的文化闡釋》，廣州：南方日報出版社，2010 年版。

36. 梁啟超：《中國近三百年學術史》，北京：東方出版社，2004 年版。

37. 梁濤：《郭店楚簡與思孟學派》，北京：中國人民大學出版社，2008 年版。

38 勞思光：《新編中國哲學史》一卷，桂林：廣西師大出版社，2005 年版。

39. 李曉東：《中國封建家禮》，西安：陝西人民出版社，2002 年第 2 版。

40. 李澤厚：《中國古代思想史論》，天津：天津社會科學院出版社，2003 年版。

41. 林存陽：《清初三禮學》，北京：社會科學文獻出版社，2002 年版。

42. 劉豐：《先秦禮學思想與社會的整合》，北京：中國人民大學出版社，2003年版。

43. 柳詒徵：《中國文化史》（下），上海：上海古籍出版社，2001 年版。

44. 呂大吉：《宗教學通論新編》，北京：中國社會科學出版社，1998 年版。

45. 陸建華：《荀子禮學研究》，合肥：安徽大學出版社，2004 年版。

46. 蒙培元：《理學範疇系統》，北京：人民出版社，1989 年版。

47. 蒙培元：《朱熹哲學十論》，北京：中國人民大學出版社，2010 年版。

48. 牟宗三：《宋明儒學的問題與發展》，上海：華東師範大學出版社，2004年版。

49. 彭林：《中國禮學在古代朝鮮的播遷》，北京：北京大學出版社，2005 年版。

50. 彭林：《《周禮》主體思想與成書年代研究》（增訂版），北京：中國人民大學出版社，2009 年版。

51. 錢穆：《國史大綱》（下），北京：商務印書館，1994 年版。

52. 錢穆：《朱子新學案》（上、中），成都：巴蜀書社，1986 年版。

53. 束景南：《朱子大傳》（上、下），北京：商務印書館，2003 年版。

54. 束景南：《朱熹年譜長編》（上、下），上海：華東師範大學出版社，2001年版。

55. 宋大琦：《程朱禮法學研究》，濟南：山東人民出版社，2009 年版。

56. 唐君毅：《中國哲學原論・導論篇》，北京：中國社會科學出版社，2005年版。

57. 唐君毅：《中國哲學原論・原性篇》，北京：中國社會科學出版社，2005年版。

58. 王鍔：《三禮研究論著提要》，蘭州：甘肅教育出版社，2001 年版。

59. 王暉：《商周文化比較研究》，北京：人民出版社，2000 年版。

60. 王啓發：《禮學思想體系探源》，鄭州：中州古籍出版社，2005 年版。

61. 王國維：《觀堂集林》（外二種），石家莊：河北教育出版社，2003 年第 2版。

62. 韋政通：《中國哲學辭典》，北京：世界圖書出版公司，1993 年版。

63. 吳國武：《經術與性理：北宋儒學轉型考論》，北京：學苑出版社，2009年版。

64. 吳雁南、秦學順、李禹階主編：《中國經學史》，福州：福建人民出版社，2001 年版。

65. 徐復觀：《中國人性論史・先秦篇》，上海：上海三聯書店，2001 年版。

66. 徐洪興：《思想的轉型——理學發生過程研究》，上海：上海人民出版社，1996 年版。

67. 徐旭生：《中國古史的傳說時代》（增訂本），北京：文物出版社，1985年版。

68. 閻步克：《士大夫政治演生史稿》，北京：北京大學出版社，1996 年版。

69. 楊寬：《古史新探》，北京：中華書局，1965 年版。

70. 楊寬著、高智群編：《先秦史十講》，上海：復旦大學出版社，2006 年版。

71. 楊華：《先秦禮樂文化》，武漢：湖北教育出版社，1997 年版。

72. 楊天宇：《鄭玄三禮注研究》，北京：人民出版社，2008 年版。

73. 楊向奎：《宗周社會與禮樂文明》（修訂本），北京：人民出版社，1997年第 2 版。

74. 楊澤波：《孟子評傳》，南京：南京大學出版社，1998 年版。

75. 楊志剛：《中國禮儀制度研究》，上海：華東師範大學出版社，2000 年版。

76. 余英時：《現代儒學的回顧與展望》，北京：生活‧讀書‧新知三聯書店，2004 年版。

77. 余英時：《朱熹的歷史世界：宋代士大夫政治文化的研究》（上、下），北京：讀書‧生活‧新知三聯書店，2004 年版。

78. 張岱年：《中國倫理思想研究》，南京：江蘇教育出版社，2005 年版。

79. 張岱年：《中國哲學大綱》，北京：中國社會科學出版社，1982 年版。

80. 張光直：《中國青銅時代》（二集），北京：生活‧讀書‧新知三聯書店，1990 年版。

81. 張豈之：《張豈之自選集》，北京：學習出版社，2009 年版。

82. 張豈之主編、王宇信、方光華、李健超撰述：《中國近代史學學術史》，北京：中國社會科學出版社，1996 年版。

83. 張豈之主編：《中國思想史》，西安：西北大學出版社，1989 年版，2003 年重印。

84. 張豈之主編：《中國思想學說史》（先秦卷）（上）、（秦漢卷）（上），桂林：廣西師範大學出版社，2007 年版。

85. 張壽安：《以禮代理——凌廷堪與清中葉儒學思想之轉變》，石家莊：河北教育出版社，2001 年版。

86. 張壽安：《十八世紀禮學考證的思想活力——禮教論爭與禮秩重省》，北京：北京大學出版社，2005 年版。

87. 鄭開：《德禮之間：前諸子時期的思想史》，北京：生活‧讀書‧新知三聯書店，2009 年版。

88. 鄒昌林：《中國古代國家宗教研究》，北京：學習出版社，2004 年版。

89. 鄒昌林：《中國古禮研究》，臺北：文津出版社，1992 年版。

90. 鄒昌林：《中國禮文化》，北京：社會科學文獻出版社，2000 年版。

91. 朱維錚編：《周予同經學史論著選集》（增訂本），上海：上海人民出版社，1996 年版。

三、國外譯著

1. 〔德〕羅哲海：《軸心時期的儒家倫理》，陳詠明、瞿德瑜譯，鄭州：大象出版社，2009 年第 2 版。

2. 〔法〕孟德斯鳩：《論法的精神》（上冊），張雁深譯，北京：商務印書館，1961 年版。

3. 〔韓〕盧仁淑：《朱子家禮與韓國之禮學》，北京：人民文學出版社，2000年版。

4. 〔加〕秦加懿：《朱熹的宗教思想》，曹劍波譯，廈門：廈門大學出版社，2010年版。

5. 〔美〕包弼德：《歷史上的理學》，〔新加坡〕王昌偉譯，杭州：浙江大學出版社，2010年版。

6. 〔美〕包弼德：《斯文：唐宋思想的轉型》，劉寧譯，南京：江蘇人民出版社，2001年版。

7. 〔美〕本傑明‧史華茲：《古代中國的思想世界》，程剛譯，南京：江蘇人民出版社，2004年版。

8. 〔美〕E‧博登海默：《法理學：法律哲學與法律方法》，鄧正來譯，北京：中國政法大學出版社，2004年修訂版。

9. 〔美〕赫伯特‧芬格萊特：《孔子：即凡而聖》，彭國翔、張華譯，南京：江蘇人民出版社，2002年版。

10. 〔美〕郝大維、安樂哲：《通過孔子而思》，何金俐譯，北京：北京大學出版社，2005年版。

11. 〔美〕劉子健：《中國轉向內在——兩宋之際的文化內向》，趙冬梅譯，南京：江蘇人民出版社，2001年版。

12. 〔美〕克利福德‧格爾茨：《文化的解釋》，韓莉譯，南京：譯林出版社，1999年版。

13. 〔美〕歐文‧拉茲洛：《系統哲學引論——一種當代思想的新範式》，錢兆華等譯，北京：商務印書館，1998年版。

14. 〔美〕田浩：《功利主義儒家：陳亮對朱熹的挑戰》，姜長蘇譯，南京：江蘇人民出版社，2012年版。

15. 〔美〕田浩：《朱熹的思維世界》（增訂版），南京：江蘇人民出版社，2009年版。

16. 〔美〕余紀元：《德性之鏡：孔子與亞里士多德的倫理學》，林航譯，北京：中國人民大學出版社，2009年版。

17. 〔日〕井上徹：《中國的宗族與國家禮制：從宗法主義角度所作的分析》，錢杭譯，上海：上海書店出版社，2008年版。

18. 〔日〕吾妻重二：《朱熹《家禮》實證研究》，吳震等編譯，上海：華東師範大學出版社，2012年版。

19. 辛冠潔等編譯，《日本學者論中國哲學史》，北京：中華書局，1986年版。

四、研究性論文

1. 安國樓：〈朱熹的禮儀觀與《朱子家禮》〉，《鄭州大學學報》（哲學社會科學版），2005 年第 1 期。

2. 晁福林：〈商代的巫與巫術〉，《學術月刊》，1996 年第 10 期。

3. 蔡方鹿：〈胡宏對王安石經說及《周禮》的批評〉，《中國社會科學院研究生院學報》，2008 年第 4 期。

4. 陳彩云：〈朱子《家禮》中的禁奢思想及對後世的影響〉，《孔子研究》，2008 年第 4 期。

5. 陳峰：〈宋朝的治國方略與文臣士大夫地位的提升〉，《史學集刊》，2006 年第 1 期。

6. 陳來：〈朱子《家禮》真偽考議〉，《北京大學學報》（哲學社會科學版），1989 年第 3 期。

7. 高晨陽：〈自然與名教關係的重建：玄學的主題及其路徑〉，《哲學研究》，1994 年第 8 期。

8. 郭學信：〈科舉制度與宋代士大夫階層〉，《山東師大學報》（社會科學版），1996 年第 6 期。

9. 郝虹：〈試論漢末名家思想的興起與魏晉「名教」一詞的出現——兼談與湯用彤先生名教觀點之異同〉，《中國哲學史》，2006 年第 4 期。

10. 何俊：〈由禮轉理抑或以禮合理：唐宋思想轉型的一個視角〉，《北京大學學報》（哲學社會科學版），2007 年第 6 期。

11. 郝鐵川：〈周公本為巫祝考〉，《人文雜誌》，1987 年第 5 期。

12. 景海峰：〈朱子哲學體用觀發微〉，《深圳大學學報》（人文社會科學版），1995 年第 4 期。

13. 李宗桂：〈關於漢代經學的若干思考〉，《學術研究》，2011 年第 11 期。

14. 劉學智：〈「三綱五常」的歷史地位及其作用重估〉，《孔子研究》，2011 年第 2 期。

15. 陸建華、夏當英：〈南北朝禮學盛因探析〉，《孔子研究》，2000 年第 3 期。

16. 羅稟祥：〈儒禮之宗教意涵——以朱子《家禮》為中心〉，《蘭州大學學報》（社會科學版），2008 年第 2 期。

17. 牟堅：〈朱子對「克己復禮」的詮釋與辨析——論朱子對「以理易禮」說的批評〉，《中國哲學史》，2009 年第 1 期。

18. 潘斌：〈宋代《禮記》學文獻綜論〉，《古籍整理研究學刊》，2008 年第 6 期。

19. 彭兆榮：〈人類學儀式研究評述〉，《民族研究》，2002 年第 2 期。

20. 彭林：〈張淳《儀禮識誤》校勘成就論略〉，《北京圖書館館刊》，1996 年第 3 期。

21. 粟品孝：〈文本與行爲：朱熹《家禮》與其家禮活動〉，《安徽師範大學學報》（人文社會科學版），2004 年第 1 期。

22. 史向前：〈朱子《家禮》與道德建設〉，《合肥學院院報》（社會科學版），2007 年第 6 期。

23. 孫顯軍：〈朱熹的《大戴禮記》研究〉，《蘇州大學學報》（哲社版），2009 年第 1 期。

24. 童恩正：〈中國古代的巫〉，《中國社會科學》，1995 年第 5 期。

25. 王四達：〈「深察名號」與漢儒對禮制秩序的價值探索——以《春秋繁露》和《白虎通義》爲中心的考察〉，《學術研究》，2011 年第 3 期。

26. 夏微：〈宋代周禮學文獻述論〉，《史學集刊》，2008 年第 4 期。

27. 顏世安：〈禮觀念形成的歷史考察〉，《江蘇行政學院學報》，2003 年第 4 期。

28. 顏世安：〈原始儒學中禮觀念神聖性價值的起源〉，《中國哲學史》，2005 年第 4 期。

29. 楊世文、李國玲：〈宋儒對儀禮的注解與辨疑〉，《四川大學學報》（哲學社會科學版），2004 年第 4 期。

30. 楊志剛：〈《司馬氏書儀》和《朱子家禮》研究〉，《浙江學刊》，1993 年第 1 期。

31. 楊志剛：〈中國禮學史發凡〉，《復旦學報》（社會科學版），1995 年第 6 期。

32. 殷慧、肖永明：〈學術與政治糾結中的朱熹祧廟之議〉，《湖南大學學報》（社會科學版），2009 年第 4 期。

33. 殷慧：〈朱熹道統觀的形成與釋奠儀的開展〉，《湖南大學學報》（社會科學版），2010 年第 3 期。

34. 詹子慶：〈對禮學的歷史考察〉，《東北師大學報》（哲學社會科學版），1996 年第 5 期。

35. 張其凡：〈「皇帝與士大夫共治天下」探析——北宋政治架構探微〉，《暨南學報》（哲學社會科學），2001 年第 6 期。

36. 張玉春、王禕：〈由《四庫提要》看經學變古時代的《周禮》學〉，《史學月刊》，2009 年第 4 期。

37. 趙華富：〈朱熹與婺源茶院朱氏宗族〉，《安徽大學學報》（哲學社會科學版），2010 年第 4 期。

38. 鄭萬耕：〈程朱理學的體用一源說〉，《孔子研究》，2002 年第 4 期。

39. 諸葛憶兵：〈宋代士大夫的境遇與時代精神〉，《中國人民大學學報》，2001
    年第 1 期。

40. 祝尚書：〈宋代登第進士的恩例與慶典〉，《四川師範大學學報》（社會科
    學版），2006 年第 2 期。

41. 〔日〕上山春平：〈朱子的人性論與禮論〉，滕穎譯，《中國哲學史研究》，
    1986 年第 3 期。

42. 白壽彝：〈《儀禮經傳通解》考證〉，《白壽彝史學論集》（下），北京：北
    京師範大學出版社，1994 年版。

43. 戴君仁：〈書朱子儀禮經傳通解後〉，李曰剛等，《三禮研究論集》，臺北：
    黎明文化事業公司出版，1981 年版。

44. 彭林：〈論朱熹的禮學觀〉，蔣秋華、馮曉庭主編，《宋代經學國際研討會
    論文集》，臺北：中央研究院中國文哲研究所，2006 年版。

45. 孫以楷：〈朱子理學——禮學的本體提升與普世效應〉，龍念主編，《朱子
    學研究》，2008 年版。

46. 王貽梁：〈《儀禮經傳通解》與朱熹的禮學思想體系〉，朱傑人主編，《邁
    入 21 世紀的朱子學：紀念朱熹誕辰 870 週年、逝世 800 週年論文集》，
    上海：華東師範大學出版社，2001 年版。

47. 〔日〕上山春平：〈朱子《家禮》與《儀禮經傳通解》〉，吳震等編譯，《思
    想與文獻：日本學者宋明儒學研究》，上海：華東師範大學出版社，2010
    年版。

48. 殷慧：〈朱熹禮學思想研究〉（博士學位論文），長沙：湖南大學，2009
    年 11 月。

後　記

　　《朱熹禮學思想淵源研究》是我的博士學位論文，時隔一年能夠出版面世，得益於我的博士導師張豈之先生的傾力推薦和花木蘭文化出版社的大力敦促。論文完成時，我曾用「痛並快樂著」總結了自己的研究生學習階段。而今，修訂完原稿之後，我又多了一份興奮與不安！

　　我在西北大學中國思想文化研究所度過了碩士研究生和博士研究生兩個階段，期間一直以中國儒學思想史爲研究方向。博士論文從選題、初稿、定稿到答辯，都讓我深感爲學不易，所幸有思想所諸位老師的教導和指正，才讓我於 2013 年順利通過博士學位論文的答辯。論文在評審時被校研究生院抽中，安排盲審，五位匿名專家都對論文予以充分肯定，但也指出了一些問題。湖南大學的陳戍國教授是我通過評審意見唯一能夠確定的一位評閱專家，巧合的是我的碩士學位論文也曾由陳先生評閱。他的批評和褒獎，令我感動。答辯委員會主席劉學智教授和委員趙馥潔教授雖然都曾對論文提出了一些修改意見，但還是和所裏老師一樣寬容地將論文評定爲優秀博士學位論文。

　　各位專家、委員和老師的鼓勵，令我汗顏。尤其是他們提出的一些問題，論文還沒有很好地解決，這有待於今後進一步研究完善。文稿有機會出版，也是多了一個向專家和學者請教的途徑。未盡人意的地方，敬請方家批評指正。

　　論文出版之際，請允許我再一次表達內心的謝意……

　　我要深深地感謝導師張豈之先生！先生學識淵博、品行高潔，是一位樂於分享人生經歷而又甘於奉獻教育事業的好老師！有幸成為先生的學生，當面聆聽他老人家對於思想史與社會現實問題深入淺出地剖析，以及先生作為一名學者的那份發自肺腑的學術責任和使命感，都令我難以忘懷。論文從選題到定稿，都離不開先生的親切指導。當初準備的兩個選題報告都曾得到先生的一一親筆批示，先生教我將「北宋禮學思想研究」所搜集到的相關成果作為朱熹禮學思想研究的背景材料來加以利用、要求我集中研究朱熹的禮學思想、考察朱熹在禮學發展史上的地位和影響。這些寶貴意見自始至終伴隨著我的研究過程，雖然現在的文稿有一定體現，但我知道這離他老人家的要求和期望還有不小的差距。先生治學嚴謹，卻對我這樣的學生還是更多了一份寬容！在我向先生彙報研究進度時，他老人家更是當面鼓勵我作好論文；先生對我的研究思路、文字表達以及論證方式的充分肯定，都大大增添了我的研究信心！

　　衷心感謝我的碩士導師張茂澤教授！張老師一直關心我的學業研究，得知研究中遇上的痛苦經歷時，他及時將我可能把問題引向困境和複雜化糾正過來，使我能夠順利地量力完成論文！我要真誠地感謝方光華教授和謝陽舉教授！方老師在開題報告會上，根據我的研究提綱所給予的信任，令我感動！謝老師對我的選題以及研究由始至終都格外關注，在我遭遇研究挫折時，他總是一次又一次的包容我、相信我，他對我關於學術研究和人生關係的教導，都讓我銘記在心！我要特別感謝南京大學中國思想家研究中心的許蘇民教授，與許老師的聯繫交流是愉快的！許老師知道我的博士論文選題，特別吩咐他的博士研究生、我的師弟田探同學寄來相關材料，這份關心和熱情難以回報，謹此多謝許老師和田師弟！

　　謝謝西北大學中國思想文化研究所的諸位年輕老師，宋玉波老師、陳戰峰老師、鄭熊老師、李江輝老師、夏紹熙老師和李友廣老師，在平時的學習研究和課餘活動中，他們給了我諸多的幫助！在此，還要將我最誠摯的謝意致以劉薇老師！劉老師一向給我們學生親如家長般的溫暖，她對我的教導，讓我能夠一步一步地從容面對各種實際事務！

　　感謝西北大學中國思想文化研究所的各位同窗學友，平常學習和生活中的種種共同經歷、相互支持和鼓勵，將令我終生難忘！多謝趙虎、石宏亮、張雅君、汪敏、湯嫻等同學好友在查找資料時提供的幫助！

　　最後，謝謝我的父親、母親和弟弟！多年來，他們對我學業上的鼎力支持和無私奉獻，給了我最實實在在的「幸福」！感謝我的諸多親友對我的默默關愛！

王云云　謹記

2014 年 9 月 26 日